政治学理论前沿十八讲

庞金友 著

Eighteen Lectures on the
Frontier of Political Theory

中国社会科学出版社

图书在版编目（CIP）数据

政治学理论前沿十八讲 / 庞金友著. —北京：中国社会科学出版社，2019.7（2024.4 重印）

ISBN 978-7-5203-4574-3

Ⅰ.①政… Ⅱ.①庞… Ⅲ.①政治学—理论研究 Ⅳ.①D0

中国版本图书馆 CIP 数据核字（2019）第 115314 号

出 版 人	赵剑英
责任编辑	赵 丽
责任校对	郝阳洋
责任印制	王 超

出　　版	中国社会科学出版社
社　　址	北京鼓楼西大街甲 158 号
邮　　编	100720
网　　址	http://www.csspw.cn
发 行 部	010-84083685
门 市 部	010-84029450
经　　销	新华书店及其他书店
印　　刷	北京明恒达印务有限公司
装　　订	廊坊市广阳区广增装订厂
版　　次	2019 年 7 月第 1 版
印　　次	2024 年 4 月第 3 次印刷
开　　本	710×1000 1/16
印　　张	23.5
字　　数	313 千字
定　　价	69.00 元

凡购买中国社会科学出版社图书，如有质量问题请与本社营销中心联系调换
电话：010-84083683
版权所有　侵权必究

目 录

1 导 论

第一编 国家理论

13 **第一讲 新自由主义的国家理论**
13   一 积极国家观：大政府的逻辑起点
15   二 从自由到权利：大政府的理论依据
21   三 国家限度：大政府不是无限政府

25 **第二讲 保守自由主义的国家理论**
25   一 从市场有效到政府失灵：弱政府的内在逻辑
31   二 从经验主义到消极自由：弱政府的理论根基
37   三 从新自由主义到社群主义：弱政府的批评者

44 **第三讲 诺齐克的国家理论**
44   一 现实与理论：最弱国家观的提出
47   二 个人权利至上：最弱国家观的理论起点
49   三 从自然状态到元乌托邦：最弱国家观的内在逻辑
55   四 最弱国家与当代发展中国家

59 **第四讲 佩迪特的国家理论**
59   一 无支配自由：干涉并非永远为恶
63   二 积极国家：无支配自由的题中之义

· 1 ·

66	三	论辩式民主:无支配自由的必然关联
69	四	协商共和国:希望还是偶像?

第二编　民主理论

75	**第五讲**	**佩迪特与论辩式民主**
75	一	无支配自由:论辩式民主的逻辑起点
78	二	协商、包容和回应:论辩式民主的内在要求
82	三	能否超越协商民主:论辩式民主的优势及困境
87	四	希望还是偶像:后自由主义时代的民主趋势
91	**第六讲**	**公民社会与民主化关系的新解读**
92	一	公民社会概念的差异
94	二	公民社会对国家及民主的依赖
97	三	虚假的政治变量
101	四	脆弱的公民社会决定论
104	**第七讲**	**国家极化与当代欧美民主危机**
104	一	国家极化的逻辑与特征
114	二	国家极化的时代诱因
125	三	国家极化的现实影响
134	四	国家极化的当代启示

第三编　全球化理论

139	**第八讲**	**全球化时代政治秩序的构建路径**
140	一	多元化时代中自由主义的困境

144	二	从主权决断到政治神学:卡尔·施米特的秩序逻辑
151	三	从理性多元到重叠共识:罗尔斯的秩序想象
156	四	从多元冲突到竞争民主:墨菲的秩序策略

162	**第九讲 全球化视野中的国家与公民社会**
162	一 国家:明日黄花?
169	二 公民社会:希望所在?
176	三 全球化对国家与社会的关系:双刃剑?

180	**第十讲 全球化进程中国家与社会关系的模式之争**
180	一 "弱政府、强社会":自由主义的终极目标
185	二 "强政府、弱社会":新左派的理想建构
189	三 "中政府、中社会":"第三条道路"的中道选择

第四编 政治发展理论

197	**第十一讲 国家为什么会失败:当代西方国家失败理论的路径与逻辑**
198	一 权力过剩与国家干预的过度
202	二 能力缺失与现代政治的焦虑
206	三 权威衰落与全球化的挑战
209	四 信任危机与支持度的下降
214	五 制度差异与国家的不同命运

221	**第十二讲 国家为何不能超限:当代西方国家限度理论的逻辑进路**
221	一 国家权力自主性的限度

226	二 国家权威合法性的限度
231	三 国家能力有效性的限度
238	**第十三讲 "回归国家"学派的国家能力理论**
239	一 自主性与国家能力
246	二 渗透力与国家能力
254	三 强政府与国家能力的生成
259	**第十四讲 族群身份与国家认同：多元文化主义的政治策略**
259	一 个殊还是普遍：族群身份与公民身份
266	二 一致还是冲突：族群认同与国家认同
271	三 多元还是一体：族群差异与政治认同

第五编 国家治理理论

281	**第十五讲 人工智能时代的秩序困境与治理原则**
282	一 人工智能时代：大幕初启的数字革命
285	二 人工智能引发的秩序困境
297	三 人工智能的精准治理原则
304	**第十六讲 网络政治参与的限度与国家治理现代化**
304	一 当代网络政治参与的兴起
309	二 当前网络政治参与的困境与限度
315	三 当代网络政治参与及国家治理现代化
320	**第十七讲 "后真相"政治的生成与治理**
321	一 "后真相"的前世今生
327	二 "后真相"政治的逻辑与危机

334	三	"后真相"政治的应对策略

第十八讲　当代民粹主义的影响与消解

338	一	当代民粹主义的现实动因
344	二	当代民粹主义的负向影响
346	三	当代民粹主义的合理消解

350　**参考文献**

369　**后　记**

导　　论

　　国家理论是当代政治学理论的基本议题。19世纪末20世纪初，在国内政治和国际环境的双重夹击下，长期稳居主流地位的自由放任原则江河日下，消极国家观和有限政府理论遭遇空前危机。如果政府不是越小越好，那又该如何？于是乎，围绕国家规模和权限的大或小、国家职能与效度的强或弱而展开的贯穿整个20世纪的理论之争由此拉开序幕。

　　在这场百年鏖战中，新自由主义（New Liberalism）与保守自由主义（Neo-liberalism）的纠葛缠斗是理解当代国家理论的重要线索。与传统自由主义不同，新自由主义反对消极国家观，坚持积极国家观，倡导以福利国家和政府干预为特征的"大政府"理论。新自由主义认为，大政府不仅可以增进社会的团结与和谐，促进个人与公共利益的平衡，实现社会权利与国家权力的统一，还与权利优于善的价值论和多元民主观协调一致。这一理论充分肯定了国家的地位，突出强调了政府的作用，虽然也主张将政府干预控制在一定限度内，但随即受到保守自由主义的猛烈批评。20世纪70年代，随着推行了近半个世纪的国家干预和福利国家遭到普遍质疑，保守自由主义的弱政府理论应运而生。这一理论承继传统自由主义的消极国家观，认为在自发秩序的引导下，市场经济可以自足自治；国家行为存在悖论，政府也会失灵；政府干预作用有限，弱政府才是最佳选择。借助认识论、自由观和民主观，自由主义阵营内部围绕消极国家观是否可能展开了激烈的争论。社群主义、新左派和"第三条道路"等思潮也前后加入战团，在批判自由主义国家观的同时提出自己的观点和主张。

在自由主义的当代批评者中，保守自由主义阵营中的诺齐克和共和主义阵营中的佩迪特表现最为明显，因为他们分别将罗尔斯和伯林作为批判对象。针对罗尔斯式的积极国家观，诺齐克提出，最弱国家才是最好的国家形式。通过对无政府主义和多功能国家的批判，诺齐克认为，最弱国家不仅有产生的必要性，而且是功能发挥最为充分的国家，任何主张扩大国家功能的做法势必侵犯个人权利。最弱国家是可欲的，它为个人自由实现其权利提供了理想的乌托邦架构。考虑到现实社会经济等因素，这种最弱国家并不适合处于转型期的发展中国家。当代共和主义者也坚持积极国家观，因此，佩迪特将矛头直指伯林的消极国家观。他主张以无支配自由观取代伯林式的无干涉自由观。这种自由观将"无支配的干涉"纳入自由的范围的同时，将"无干涉的支配"排除在自由之外，认为国家非专断、非任意的干涉无害于自由，国家应积极作为以消除各种支配性因素的存在，从而改变国家的"守夜人"形象，确立积极国家的合理性。

进入20世纪80年代，当代国家理论的重心发生转向：从"应然"转向"实然"，从规范性研究转向操作性研究，从发达国家转向发展中国家，从强调国家与社会的对立冲突转向强调国家与社会的合作与双赢。在这样的背景下，出于对"社会中心主义"的全面反思，"回归国家"学派迅速崛起并逐渐形成以斯考切波等为代表的"国家中心主义"和以米格代尔等为代表的"国家—社会互动主义"两大路径，开始围绕何为国家能力、国家能力如何生成、国家能力受何影响等重要议题展开争论。"国家中心主义"强调国家自主性的关键性作用，认为国家与社会越是"隔离"则国家能力越强；"国家—社会互动主义"则认为，国家能力生成与变化的决定性因素在于国家对社会的渗透能力，在于国家与社会的嵌入结构。从这个意义上,两派达成共识:所谓"强国家"就是实现了对社会的有效渗透并成功抵御了来自社会渗透的国家,反之则是"弱国家"。

民主理论是当代政治学理论的焦点议题。深度研讨民主的基础理论并跟踪考察民主的最新动向,是当代民主理论的两大重心。显然,从国内外学界的成果产出和探讨热度来看,人们对当代民主实践的反思与焦虑远胜于对民主传统与历史的追忆与爬梳。

多数原则一直是民主制度最基本、最核心的原则,也是现代民主遭遇的诸多困境中最为棘手的一个。当政治方案遇到冲突和分歧需要借助多数原则选择时,这一原则往往无法回避两大风险:一是"多数暴政";二是"热情的少数遇到冷漠的多数"。这时,少数人权利与强度因素就成为一个重要变量。借助权力制衡进行制度设防,倚重公民力量提供社会保障,培育民主观念筑造文化支撑,是比较可行的应对方案。

毫无疑问,关注当代民主的最新动向和发展,仍是民主理论的重中之重。这里,当代新共和主义者的努力值得一提。针对自由主义者提出的"自由并不预设任何政体形式"的主张,共和主义的领军人物佩迪特给予迎头痛击。他明确提出,无支配自由与现代民主之间存在逻辑上的内在关联,论辩式民主就是其中可供选择的制度形式。在充分解构伯林式的消极—积极自由观的基础上,佩迪特提出了区别于自由主义传统的"第三种自由"。为确保这种无支配自由的最终实现,佩迪特主张以论辩式民主弥补自由民主的缺陷,从而为新共和主义提供更佳的制度保障。论辩式民主并非在法治和分权之间简单取舍,而是强调协商、包容和回应。这种新型民主虽然存在诸多不足,但也为更好地解决自由与民主的张力问题进而重释当代民主的新内涵提供了新的理论范式。另外,近些年,人们对待公民社会的态度也在发生重大转变。20世纪90年代始,公民社会一度被寄予重望。尤其对当代公民社会与民主化的关系，西方学术界长期以来一直持比较乐观的态度，甚至有学者断言公民社会就是民主化的充分条件。但人们忽略了公民社会概念的差异、公民社会对国家及民主的依赖、虚假的政治变量的存在，以及"公民社会决定论"的误导等诸多重要因素。反思这种乐观的理论态势，重新审视当代的公民社会与民主化，才能全面而谨慎地解读两者的关系。

值得一提的是，极化国家现象是当代欧美民主政治发展的最新趋势，也是理解当前欧美政治危机的症结所在。极化国家现象具有简单而线性的演进逻辑和复合且显著的现实特征：贫富差距不断加剧，政党政治乱局横生，精英与民众的阶层裂痕加大，极右与极左思潮同步崛起，社会断裂危机加重；经济极化为必要条件，政治极化为突出表现，社会和文化极化则是其深度扩张。在经济获益失衡、多元文化主义困境、公民价值观念扭转、政治传播转型以及政治版图与选民阵营重组等现实诱因的强势推动下，极化国家现象不断升级、愈演愈烈。极化国家内含强大的破坏力、解构力和重塑力，对欧美国内政治形势、国际关系格局和未来政治走向影响深远，其中尤以否决政体、极端政治、信任危机、"后真相"政治以及全球秩序重构最值得关注。极化国家现象在激化当代欧美民主政治危机的同时，也为未来政治发展提供了新的可能，为发展中国家带来了挑战与机遇，值得我们高度关注。

全球化理论是当代政治学理论的热点问题。如何构建全球化时代的政治秩序，如何理解全球化带给民族国家和公民社会的挑战和机遇，如何看待全球化进程中国家与社会关系的模式转变，如何认识全球化进程中新兴大国的崛起和超级大国的歧路，是近些年学术探讨的中心议题。

对于如何在全球多元化时代构建并维系政治秩序尤其是如何处理"多元"与"一元"关系这一问题，西方学界形成了三大解决方案：施米特提出"主权决断论"，主张以政治领域统领其他领域，以政治决断确保民主制度的同质性，从而抑制多元化对政治统一体的侵蚀；罗尔斯提出"重叠共识论"，主张在理性多元论的基础上通过制度设计实现重叠共识，以正义理念统辖政治秩序，从而促成"多元"与"一元"的调和；墨菲则提出"多元竞争论"，主张通过政治共同体内部的紧张和冲突来实现民主价值，借助多元抗争实现均衡、妥协基础上的政治共识。这三种方案代表着当代西方最具典型意义的政治秩序建构路径，几乎穷尽了自由主义所能提供的可能路径，更凸显出全球化时代多元化社会政治秩序建构的复杂与艰难。

对于全球化对传统民族国家框架下的主权国家和公民社会的影响，学界基本达成共识：全球化是一把双刃剑。传统民族国家框架下的国家与公民社会日益受到全球化的挑战。一方面是民族国家的某些职能与角色正备受冲击；另一方面则是跨国公司和非政府组织等社会行为体的地位与作用日显其重。基于对民族国家内在的适应性和不可替代性、公民社会脆弱的独立性及其对国家的依赖性的考虑，西方学者大多肯定全球化进程中国家的地位与作用，承认全球化在打破国家与社会的传统边界和力量均衡的同时，也使两者合作与冲突的机会相应增加。在他们看来，欲求两者间和谐与健康的关系模式，必须在国家和公民社会这两个支点上同时着力，进行双向的、多维的良性建构。

对于全球化进程中的国家与社会关系，保守自由主义继承并发展了传统自由主义的消极国家观和"小政府"理论，倡导"弱政府、强社会"的关系模式，并提出民族国家收缩、公民社会扩张和全球治理兴起三大假设。以哈贝马斯为首的新左派基于"合法性危机"理论，反对市场逻辑和新殖民主张，寄希望于"超民族国家共同体"，使现代国家摆脱全球化困境。"第三条道路"则走在两者之间，既兼顾民主和福利，又重视市场和公民社会，力求在国家与社会、安全感与灵活性、理性调节与自发秩序之间寻求新的平衡。

对于当代以美国为代表的超级大国,谢尔登·沃林从福利化、公司化和极权化三个层面展开深入的批判。在他看来,强势的福利国家会引发公民危机,造成公共领域急剧萎缩,致使政治被经济绑架;越界的公司化国家模糊了政治与经济的传统界限,结果是经济与政治同化,公民被弱化甚至虚化;"颠倒的极权国家"则导致被删除的公民、被豁免的权限、被颠倒的极权主义、被阉割的公民教育、被无限驱动的扩张本能的出现。警惕全球化时代一些超级大国的发展歧路,是沃林国家理论的最大启示。

政治发展理论是当代政治学理论的重点议题。其中,国家为什么会失败、国家权力为什么不能超限,这是传统话题的深度再释,而多元文化主义的衰落、新保守主义的崛起,则是当前全球政治的最新变化。

探究现代国家失败的原因,寻找防范国家失败的策略,是当代西方国家失败理论的核心议题。围绕这一核心议题,学者们提出了诸多理论路径和分析框架。从权力路径入手探索的学者们认为,国家权力过度干预直接导致"政府泡沫"的出现,在破坏市场的同时也将部分发达国家推向崩溃边缘。从能力路径展开研究的学者们指出,部分发展中国家最欠缺的是强大而高效的政府能力,政府质量远比政府规模重要得多。从权威路径反思的学者们认为,全球化进程的加速、市场力量的崛起、技术发展的冲击,正在使国家权威不可避免地衰落。一些学者从政治信任的角度,提出由经济、社会与文化等诸因素合力引发的政府信任危机是多数国家失败现象的根本原因。一些学者则借助制度经济学的方法,提出汲取性制度是现代国家失败的根源,这一制度无法带来长期、持续和稳定的经济增长。当代西方学界对国家失败问题的最新思考,可以为发展中国家的国家建设和政治发展提供某种借鉴与启示。

国家权力自主性、国家权威合法性和国家能力有效性是西方国家限度理论的基本框架。国家权力发展不足,自主性就会缺失,从而滋生腐败,甚至威胁稳定;但若发展过度,自主性则会扩张,社会陷入权力困境。国家权威离不开社会认同,否则合法性就会出现危机;但若权威增长不加节制,国家就难以维系公民认同与服从。国家能力的增长,有利于国家目标的实现;但若越过合理界限,则容易导致国家行动无节制,进而失去有效性。国家权力、国家权威和国家能力必须约束在合理的界限内,超限的国家是随时可能引爆国家失效的炸弹。

族群身份与国家认同的关系,是当代多族群国家无法回避的一大难题。多元文化主义在传统族群身份的基础上提出"差异公民"概念,重申族群身份并不必然威胁公民身份,族群权只是一种特殊的公民权。族群身份内含认同与差异两方面的张力:族群认同关注族群的文化归属,尊重并承认族群认同是形成国家认同的前提和基础;族群差异侧重族群的权利取向,过分强调族群差异与过分忽略族群差异同样不利于国家认同。针对自由主义的普遍公民观、一元文化论和消极国家观,多元文化主义主张差异政治、多元文化和积极国家,倡导"和而不同,多元并存"的族群与国家关系。

新保守主义的强势崛起是当前欧美政治的最新变化,对国内政治乃至全球格局影响深远。二战后,在巴克利的努力下,古典自由主义、传统主义和激进主义者结成联盟,当代美国保守主义阵营初步建立。20世纪六七十年代后,新保守主义和宗教保守主义相继加入,加上里根总统的强大影响,保守主义一度空前强盛。进入20世纪90年代后,在内忧外患双重压力下,保守主义遭遇了前所未有的危机,内部分歧加剧。在各派围绕保守主义原则和灵魂展开论争之际,特朗普意外当选总统,增加了这场思想内战的变数。特朗普主义能走多远,美国未来政治何去何从,理解当代美国保守主义的变迁、谱系与当下境遇至关重要。

国家治理理论是当代政治学理论的崭新议题。它打通了传统意义上政治学和公共管理的学科藩篱,涵盖了当前涉及国家治理体系和国家治理能力的诸多重要议题。其中，人工智能引发的秩序困境、网络政治参与的双重影响、"后真相"政治的潜在危机以及民粹主义的可能风险等问题尤其值得关注。

人工智能是20世纪以来最为深刻、最有影响的技术革命和社会进步。它在深度挑战传统生产方式和经济关系的同时，也在广泛改变着现代人的日常行为和社会生活。人类长期既定的认知体系、价值观念和生活方式，习以为常的法律规则、道德信条甚至决策机制都面临着前所未有的危机和挑战。全新的AI时代，内在地需要全新的治理理念和治理形式。这就意味着，治理体系和治理能力必须实现跨级飞跃：从传统治理到互联网治理，再到AI精准治理。AI精准治理必须坚持创新、适度、平衡和多元四大原则，建构由政府、市场和社会组织等多元主体携手合作、共同参与的多层次、多样化的新型治理模式，既能合理应对可能出现的诸多风险，又能积极支持人工智能的有序发展。

随着信息化的应用、网络技术的普及，加之权利意识的觉醒、民主化趋势的加强、公民借助网络表达政治主张并诉求政治利益，成为政治生活的常态。这一参政渠道既具积极意义，也有消极影响。网民身份的虚名化和模糊化、网民政治表达的非理性和极端化、网民政治情感的情绪化和民粹化，使得网络政治参与的限度引起越来越多的人关注。拓宽参政渠道、推进制度化建设、树立信息权威、规范网络秩序、培育公民文化、提高网民素质，是破解这一时代课题的必由路径。

贫富差距造成的社会分化、媒体垄断催生的恶性竞争、互联网技术革新带来的传播转型、社交平台导致的认知偏见、公民政治信任危机等因素，是"后真相"政治形成与发展的前提和条件。"后真相"政治强调价值先于事实、真相让位于情感的秩序逻辑，在催生传统政治传播格局解体和新兴社交媒体生态成熟的同时，也加速了精英群体的集体溃退和"后政治"心理的初具雏形，并在一定程度上引发了理性坍塌、信任异化、道德相对主义泛滥和"第三种现实"滋生等政治危机。面对新时代社会主要矛盾转化与全面深化改革的大背景，按照新时代中国特色社会主义政治发展逻辑，可能需要建设共享、发展的利益格局，打造开放、有序的媒体环境，营造包容、规范的公共领域，保持谦逊、开放的政治心态，建构权威、共识的舆论话语，来应对网络时代"后真相"政治的挑战，破解其消极影响。

当代西方各国民粹主义思潮势头强劲，在现实政治中，民粹主义宣扬平民主义，仇官仇事，反精英、反体制，热衷激进立场与非理性政治。消解当代民粹主义的负向影响，必须准确认识并正确对待，既要将民粹情绪与民意表达区别对待，还要约束和规制民粹主义的极端立场，更要消解民粹主义滋生的土壤。

本书无意于构建当代政治学理论前沿研究的完整框架，更无力描画国内政治学理论前沿问题的整体图景，仅以笔者多年阅读和写作所涉猎的领域和议题为主线，以图呈现一个难掩个人色彩的独特视角和虽用心竭力却未必深刻的研究结论。

第一编
国家理论

第一讲　新自由主义的国家理论
第二讲　保守自由主义的国家理论
第三讲　诺齐克的国家理论
第四讲　佩迪特的国家理论

第一讲　新自由主义的国家理论

19世纪末20世纪初,随着西方国家从自由竞争资本主义向垄断资本主义转变,特别是1929—1933年席卷全球的资本主义经济危机,社会自我规范和市场自我调节的"神话"被打破,自由放任原则的弊端逐渐显露,传统自由主义的消极国家观受到怀疑。现实的发展内在地要求强化国家的作用,转变国家的角色。应时代而生的新自由主义倡导国家干预,反对自由放任。因此,它的首要任务就是论证"小政府"的缺陷、积极国家观的必要性以及"大政府"的合理性。这一主张受到了以保守自由主义为首的诸多流派的猛烈批判。

一　积极国家观:大政府的逻辑起点

保守自由主义与新自由主义是传统自由主义的两个现代变体,在19世纪末20世纪初相伴而生。虽然从现实政治的角度看,20世纪上半叶是新自由主义的天下,但实际上两者之间的论争一直没有停歇,只是前者一直占据优势而已。[1]

显然,传统自由主义是新自由主义的假想敌。传统自由主义

---

[1] Roger King, *The State in Modern Society*, London: Macmillan Education LTD., 1986, pp. 88–96.

倡导自由放任，反对国家干预，坚持消极国家观，主张将国家的权力限制在最低限度。新自由主义"大政府"的理论逻辑是：市场会失灵，这种失灵将带来诸多弊端，如资源浪费、垄断、恶性竞争、社会不公，甚至限制和妨碍人们的自由，因此，应该通过国家干预来弥补市场的不足、协调社会的自治。而在新自由主义者看来，国家不应是"守夜人"，管得最少的政府未必是最好的政府，自由放任更是"过时"的理论。在新的历史时期，国家的作用应是积极的，应该扩大国家对经济和社会生活的必要干涉，通过政府的高效率来建设自由主义的福利国家。任何借口都不能阻碍国家职能的积极发挥。显然，传统自由主义的消极国家观就成为新自由主义首先回应的论点。

格林明确提出要建立"积极国家"。在他看来，具有道德特性的国家不再是"必要的恶"，而是"必要的善"。国家不仅可以为共同善的实现扫清障碍，还可以为共同善的实现提供条件、创造机会。国家不仅要干预经济活动，还要干预社会生活，一些干预土地买卖、强迫义务教育、干涉劳动事务以及立法保护工人健康的福利活动，是合情合理的。他提出"积极自由"概念，作为"积极国家观"的理论根基。在他看来，国家权力增加，并不意味着个人自由就会受到损害。相反，只有国家积极作为，主动干涉，才能保证个人自由的增长。一个消极被动、无所作为的政府未必是一个好政府，但一个积极作为、关心全体公民福利与自由的政府一定是一个好政府。

霍布豪斯同样重视国家积极作用的发挥。他认为，国家不仅要为每个公民的自由发展提供条件和环境，还要通过有力的国家干涉，在政治、经济、教育等领域为公民谋取更多的福利。其理由是：如果社会条件改善、公共福利增多，国家与社会就可给予个人以更大的安全、更多的自由。国家的积极职能尤其表现在经济领域，应该运用国家权力促进经济体制的改革，以积极的措施清除大众对社会危机的恐慌，以行之有效的就业计划和最低限度的收入标准维护弱势群体利益。

鲍桑葵则把国家的作用形象地描绘为"排除障碍"。为了实现社会的共同善,国家可以采取种种积极的行动加以干预,排除所有不利于实现国家目的的障碍,甚至可以使用暴力制止妨碍共同利益的行为。在鲍桑葵看来,国家主要有两大重要责任,一是维护并促进公共利益;二是维护权利,"权利是得到社会承认并由国家加以维系的要求"。① 不过,他也看到了国家作用的消极一面。国家干预的作用是有限度的,如果过度,就会造成国家与个人之间关系的失衡,违背国家维护社会有机体统一和平衡的责任。因此,处理国家与社会关系时要慎之又慎,更不能操之过急。②

令传统自由主义者叹为观止的是,国家对社会及其成员的约束与限制,在新自由主义者看来,不仅不是祸害,反而是充分实践个体价值的第一步,是实现真正自由的必然前提。也就是说,人们不应敌视国家,而应对国家干预拍手称赞。显而易见,由于新自由主义的锋芒直指传统自由主义的消极国家观和"小政府"理论,因此,它所面临的最大挑战就是论证"大政府是如何可能的"这一问题。

二 从自由到权利:大政府的理论依据

对于这一论题,现实因素是最具说服力的因素。沃克在《美国大政府的兴起》中一再重申,大政府的相对增长,正是源自时代之需,"导致该现象的强大内在力量是更加先进、高收入的工

---

① [英]鲍桑葵:《关于国家的哲学理论》,汪淑钧译,商务印书馆1995年版,第207页。

② 同上书,第20页。

业化社会"。① 尽管对大萧条时代政府对社会和经济的诸多干预，多数人认为这是暂时的权宜之计，然而现实社会的发展却使这些干预逐渐成为市场经济和社会发展"持久的组成部分"。罗伯特·希格斯也持相近观点，他倾向于从政府应对危机这一角度考虑，"长期以来政府的作用越来越大，是由于政府对经常发生的各种类型的危机做出的反应，持续不断的反应导致政府作用的飞跃性扩大"。② 也就是说，如果社会经济系统的变革引起持续的内在危机，就会诱发新的政府干预，"政府扩大是系统的产物，是'棘轮效应'的必然结果"。③ 当然，只有现实因素做支撑是不够的，还必须为"大政府"提供一种规范性的论证。我们先来考察新自由主义者所做的这一努力。

第一，"大政府"理论倡导个人利益与公共利益的一致、个人自由与社会发展的和谐、社会权利与国家权力的统一，试图改变国家与社会的二元对立的倾向。

国家是个人和社会的敌人抑或朋友？这是一个引人争议的问题。人们的认识经过了一个变化的过程。维护个人权利与自由，是自由主义思想传统的核心价值，不仅为古典自由主义所高扬，更是"小政府、大社会"模式的根基和归宿。"大政府、小社会"模式同样承认这一价值，但它认为，现代社会中个人的自由不只是传统社会中安全与财产的自由，更是个人发展的自由，但由于社会是一个有机的整体，个人的发展离不开社会的进步，个人的自由离不开国家的认可和维护。没有国家、社会和其他所有社会成员的支持，个人权利与自由的实现是难以想象的。国家不再是个人的威胁、社会的对立面，而是个人的朋友、社会的

---

① [美] 约翰·F. 沃克、哈罗德·G. 瓦特：《美国大政府的兴起》，刘进、毛喻原译，重庆出版社 2001 年版，第 326 页。

② 参见 Neil Elder, "The Functions of the Modern State", Jack Hayward & R. N. Berki ed., *State and Society in Contemporary Europe*, Oxford: Martin Robertson, 1979, pp. 59–60。

③ Ibid., p. 72.

伙伴。

另外,国家、社会和个人存在道德上的一致。"小政府、大社会"模式以个人权利和自由为本,对国家心存戒备,甚至将国家设定为个人的敌人,硬生生地拉远了国家与社会的距离。为弥合这一缺憾,"大政府、小社会"模式抛弃了19世纪的功利主义原则,选择了至善论,试图用道德将国家、社会和个人缝合在一起。在这一模式的倡导者之一格林看来,人是道德的存在物,每个人都在追求道德上的满足,追求道德善的实现。任何个人的道德实现,与整个社会成员的道德实现息息相关,个人的自我满足和完善往往依赖社会其他成员的发展与完善。个人的道德善良就是共同的善,个人道德与公共道德是一致的。共同善的实现,需要一个良好的外部条件,而这个外部条件的最好提供者就是国家。为此,国家必须有所作为,积极发挥其应有作用,惩恶扬善。

而且,社会发展与个人自由离不开国家。霍布豪斯认为,一切社会问题和政治问题的解决在于使个人自由与社会的发展和谐一致。而这种和谐一致的达致,需要国家有意识的指导和有目的的控制管理。个人自由与国家权力并不矛盾,后者往往会为前者提供必要的保障。"社会有通过国家制止这种危害以保护自己的权利……在良心不成问题的地方,国家活动的范围是提供便利的设施、健全的组织和确定个人的自发行为与集体调节活动的相关的法律依据。"①

尽管许多主张这一模式的人认为,国家权力的加强和活动范围的扩大不应意味着政治上和经济上的专制。但正如"小政府、大社会"过分强调个人自由就会削弱政府地位一样,过分强调政府的作用同样也会影响社会的地位。虽然"大政府、小社会"的

---

① [英] L. T. 霍布豪斯:《形而上学的国家论》,汪淑钧译,商务印书馆1996年版,第89页。

支持者们一再声称国家权力的加强不会影响社会的能力,一再声称要给社会以空间和自由,但"大政府"下的"社会"一定要比"小政府"下的"社会"要小,也是一个不争的事实。"大政府、小社会"试图改变国家与社会矛盾状态的美好愿望,在20世纪上半叶极权主义的暴虐面前,瞬间化为泡影。

第二,"大政府"可以促进社会和谐。当时的西方各国正面临着经济与社会的重重危机,社会矛盾日益激化,各利益阶层与群体之间的矛盾与冲突愈演愈烈。针对这一点,这一模式在强调政府干预的基础上,还提升了社会团结、和谐与合作的地位和作用,以求缓和社会机体内的各种矛盾和冲突。格林的"共同善"、霍布豪斯的"和谐论"、鲍桑葵的"国家的单位社会论"、霍布森的"社会福利论"、杜威的"新个人主义"等理论,都体现了这一方向上的努力。杜威认为,传统自由主义过分强调了个人权利与自由,结果产生了个人的单子化的封闭状态,导致了严重的文化分裂和道德危机,最终使个人与社会日益疏离,因此必须倡导一种新的个人主义,使个人摆脱单子状态,融入社会合作之中。鲍桑葵的"国家的单位社会论"的倾向更为明显。他认为国家与社会既相互区别,又彼此联系,法律就是两者间的黏合剂,[①]社会自身就是一个涵盖着一切制度和习惯的整体,各部分应该相互包容,彼此协作,国家作为公共意志的体现,其目的与个人及社会的目的是一致的。

第三,"大政府"代表权利优于善的价值取向。一个社会应该依据什么样的原则来分配物质利益、配置基本权利和义务,是社会政治哲学家们探讨的焦点问题之一。对于这个问题,近现代西方思想界形成了两大阵营,即"功利论"(Utilitarianism)和"契约论"(Contractarianism)。针对功利论暗含着的、为了社会

[①] [英]鲍桑葵:《关于国家的哲学理论》,汪淑钧译,商务印书馆1995年版,第42页。

或多数人的利益而侵犯个人正当权利的潜在危险，罗尔斯提出了一种新的契约理论，坚持权利（right）优于善（good）。罗尔斯首先假设了一个以自由社会为蓝本的原初状态，在"无知之幕"下，人们最有可能或最有理性的选择方法是按照"最大的最小值规则"来选择，即选择那种其最坏结果和其他选择对象的最坏结果相比是最好结果的选择对象。如此一来，就排除了功利主义的以最大利益总额为目标的选择对象。而这样选择的结果，必然产生两个正义原则即①平等自由原则，以及②公平平等原则和差别原则。① 罗尔斯认为，这两个正义原则内含两个优先性规则：一是自由的优先性；二是正义对效率和福利的优先。"第二个正义原则以一种词典式次序优先于效率原则和最大限度追求利益总额的原则；公平的机会优先于差别原则。"② 罗尔斯对正义原则的探讨，其最终目的就是一种事实的平等，而非形式上的平等。罗尔斯对先天不利者和先天有利者持不同态度，"所有的社会基本善——自由和机会、收入和财富及自尊的基础——都应被平等地分配，除非对一些或所有社会基本善的一种不平等分配有利于最不利者"。③ 这种明显的平均主义的倾向以及对先天有利者的"不平等"，显然是值得商榷的。

但必须看到的是，罗尔斯的正义理论触及了当代西方社会理论和现实的深度脉动，涉及了权利和善孰先孰后、自由与平等孰轻孰重的核心问题，探讨了道德哲学和政治哲学的研究基点是"功利论"还是"权利论"的重大命题，而这些问题实际上都直指西方国家福利制度的根基。罗尔斯及其理论引起的长期争议，本身就说明了这一探讨的重要意义。

第四，"大政府"以多元民主观为支撑。传统民主观是资产

---

① ［美］约翰·罗尔斯：《正义论》，何怀宏、何包钢、廖申白译，中国社会科学出版社1988年版，第292页。
② 同上。
③ 同上。

阶级革命的有力思想武器。资产阶级革命胜利后，人民大众要求继续推进民主、普及选举权，而自由主义者一直对民主心存戒备，他们担心"多数暴政"，更对"人民主权"充满恐惧，因此极力限制民主权利的扩大。二战后，世界性的民主化浪潮再度兴起，民主权利与自由之间的张力日渐膨胀。为了打破自由主义与民主自古以来的僵局，一些学者开始修正传统的民主理论，避免其内在的革命性倾向，增强民主理论的现实解释力，从而缓和自由主义与民主主义、国家权力与民主权利之间的对立与冲突。达尔是其中最杰出的代表。

达尔批判古典民主理论即麦迪逊式民主与平民主义民主。在他看来，麦迪逊式民主过于倚重宪法的制衡作用，忽略了社会制衡的重要性；[①] 而平民主义民主的多数原则并不可靠，存在诸多缺陷。深刻剖析以上两种民主的解释力和操作性的不足后，达尔提出了自己的"多元民主观"。在他看来，民主社会中存在着各种类型和大小各异的群体，但实际上，数量意义上的多数人其实很少有机会控制政治决策，"选举和政治竞争并不以任何颇具重要意义的方式造成多数人的统治，但是却极大地增加了少数人的规模、数量和多样性，领导人在做出决策选择时必须考虑他们的偏好。……正是在选举的这一特征……即不是多数人的统治，而是多重少数人的统治中，我们一定会找到专制和民主之间的某种基本差异"。[②] 达尔将这种"多重少数人的统治"称作多元民主、多元政体或多头统治。

与古典民主相比，这种多元民主确实具有更多的现实解释力和可操作性。但这种民主也不是完美的，也存在诸多弊端。从国家与社会关系的角度看，值得注意的是，多元民主可能会导致个人利益与公共利益的对立、社会与国家的分裂，尤其是基于宗

[①] ［美］达尔：《民主理论的前言》，顾昕、朱丹译，生活·读书·新知三联书店1999年版，第28页。

[②] 同上书，第181页。

教、种族或族裔集团以及地区差异的亚文化之间的冲突。[1] 达尔也敏锐地意识到了这一点。20 世纪 80 年代后,针对现实政治的发展以及理论界对多元民主的批判,达尔开始重新诠释多元民主,进而实现向新多元主义的转变。新多元主义民主认为,政治不平等是多元主义民主的主要弊端,[2] 而这种不平等又直接源自现代社会的所有制形式和企业控制形式。"主要的问题不是一种制度是社会主义的还是非社会主义的,企业是'私'还是'公',而是允许给经济企业以多少自治以及内部和外部控制的性质如何。"[3] 他的解决方案是:建立一种广泛的、合作型的所有制和企业控制制度,将民主原则扩展到公司层面,甚至一般性的经济生活层面,以经济民主带动政治民主。

对现代生活而言,个人利益与自由的实现、个人权利与民主价值的追求,不能消极地等待国家来给予以及依赖政府政策的保障,应在法律与道德的框架内积极争取。从这个意义上讲,一个积极的国家,一个有所作为的政府,就是可能的,而且是必需的。这就是新自由主义大政府理论的依据和根基。

三 国家限度:大政府不是无限政府

值得关注的是,"大政府"理论虽然突出强调国家的作用和地位,但它并不想把国家推至顶峰,置于社会之上。它与"国家主义"模式和"极权主义"模式相比,最大的区别就在于将国家的行为约束在一定的限度之内。因此,这一理论的倡导者对极权主义和乌托邦主义都有着深刻的反思。其中,最有代表性的是

---

[1] [美] 罗伯特·达尔:《多头政体——参与和反对》,谭君久、刘惠荣译,商务印书馆 2003 年版,第 118—137 页。
[2] [美] 罗伯物·A. 达尔:《多元主义民主的困境》,尤正明译,求实出版社 1989 年版,第 41—56 页。
[3] 同上书,第 116 页。

波普、阿伦特和塔尔蒙的理论。

波普的政治思想以批判历史决定论为起点。① 他的逻辑是：历史决定论导致乌托邦主义的产生，乌托邦主义又催生出极权主义。② 为破解这一致命的逻辑，他提出了"开放社会"的概念，这种社会坚持平等主义和个人主义，实行民主制度，实行渐进的零星社会工程，尊重社会的自发秩序，本着"最大多数人的最小痛苦"原则，把目标放在消除当前社会最重大、最急迫的事务上，而不奢望追求至高至善的终极目标。③ 但遗憾的是，波普过于强调个人的选择自由，反而忽略了社会及历史对个人选择的约束，从而陷入了主观主义的泥沼。

阿伦特则将极权看作是国家依靠宣传和恐怖对社会实行全面控制的一种全新的、史无前例的统治形式，在她看来，"不管有什么特殊的民族传统，或其意识形态有什么特殊的精神来源，极权主义政府总是把阶级转变成群众，用群众运动而不是一党专政代替政党制度，把权力中心由军队转移给警察，并制定公然指向世界统治的外交政策"。④ 如此一来，法西斯主义和斯大林主义都可以成为极权主义的范本。阿伦特没有简单地把极权主义的原因归结为计划经济，或某种意识形态或种族观念，相反，她从资本主义的发展这一宏观的历史视野中寻找极权主义的根源，并将其归结为：资本主义的扩张、公共领域的缺失以及个人的原子化状态。⑤

塔尔蒙的注意力集中于极权主义民主的起源，在他看来，极

---

① ［英］卡尔·波普：《历史决定论的贫困》，杜汝楫、邱仁宗译，华夏出版社1987年版，第1—10、91—93页。
② 同上书，第58、67页。
③ 同上书，第291—298页。
④ Hannah Arendt, *The Origins of Totalitarianism*, London: Allen & Unwin, 1958, p. 460.
⑤ ［加拿大］菲利普·汉森：《历史、政治与公民权：阿伦特传》，刘佳林译，江苏人民出版社2004年版，第179—180页。

权主义既是欧洲民主主义传统秩序的延续，又是18世纪法国救世主义的复活；极权主义民主与自由主义民主来源于共同的历史背景和人类本能，只是表现形式不同而已，因此应格外注意。①

由此可见，现代社会的发展离不开国家作用的积极发挥，个人的权利与福利需要国家的有力保障；一个积极的、强大的政府不仅可以协调利益关系，促进社会和谐，更有多元民主为合法性根基。这就是新自由主义主张积极国家观和"大政府"的理由。

显然，这一论证是现实的、合理的，反映在现实政治层面，经由罗斯福新政的试用、凯恩斯主义的论证，二战后的20世纪五六十年代，国家干预与福利国家政策已在西方各国普遍流行。也应该看到，尽管新自由主义者在努力均衡国家与社会的角色定位和力量对比，但他们在克服"社会路线"牵引的同时，又向"国家路线"偏离，未能真正改变国家与社会的二元分离与对立的关系格局，在充分论证社会的不自足与国家干预的必要与可能后，只能将传统自由主义的"小政府、大社会"简单置换为"大政府、小社会"。这就为保守自由主义的批判设立了最佳的理论标靶。②

大政府抑或小政府，强政府抑或弱政府，这是当代政治理论与实践的焦点问题。自由主义消极国家观的当代困境、新自由主义"大政府"理论的几度沉浮，都在论证一个结论：现实政治的需要，是决定国家权限大小和国家职能强弱的关键因素；没有一种国家观念或政府理论可以适用于任何时代，终极理论是不存在的。西方的理论变迁与现实发展，可以为我们提供积极的借鉴和有益的启示，但中国的政治发展最终还是要基于自己的基本国情

---

① ［以］J. F. 塔尔蒙：《极权主义民主的起源》，孙传钊译，吉林人民出版社2004年版，第1—14页。

② Christopher Pierson, *The Modern State*, London and New York：Routledge，1996，pp. 81 – 83.

和政治现状，走属于自己的特色道路。

拓展阅读

1. ［英］鲍桑葵：《关于国家的哲学理论》，汪淑钧译，商务印书馆 1995 年版。
2. ［英］L. T. 霍布豪斯：《形而上学的国家论》，汪淑钧译，商务印书馆 1997 年版。
3. ［美］约翰·F. 沃克、［美］哈罗德·G. 瓦特：《美国大政府的兴起》，刘进、毛喻原译，重庆出版社 2001 年版。
4. ［美］约翰·罗尔斯：《正义论》，何怀宏、何包钢、廖申白译，中国社会科学出版社 1988 年版。
5. ［美］达尔：《民主理论的前言》，顾昕、朱丹译，生活·读书·新知三联书店 1999 年版。
6. ［以］J. F. 塔尔蒙：《极权主义民主的起源》，孙传钊译，吉林人民出版社 2004 年版。
7. Roger King, *The State in Modern Society*, London：Macmillan Education LTD.，1986.

第二讲　保守自由主义的国家理论

20世纪70年代初,新自由主义所倡导的国家干预和福利国家政策遭遇空前危机,各种弊端日益显现,甚至出现了前所未有的"滞胀"现象。"大政府"理论及其相关模式逐渐失去了现实解释力和说服力。以保守自由主义为首的保守派,在与新自由主义的论争中逐渐占据上风。这一流派继承并发展了传统自由主义的"小政府"理论,反对新自由主义的积极国家观,主张社会自治和自由市场,倡导"弱政府、强社会"的关系模式。这一主张受到新自由主义、社群主义和新左派等诸多流派的猛烈批判。

一　从市场有效到政府失灵:弱政府的内在逻辑

新自由主义与保守自由主义是传统自由主义的两个现代变体,在19世纪末20世纪初相伴而生。虽然从现实政治的角度,20世纪上半叶是新自由主义的天下,但实际上两者之间的论争一直没有停歇,只不过前者一直占据优势而已。[1] 随着美国总统里根和英国首相撒切尔夫人上台,保守自由主义对以凯恩斯主

---

[1] Roger King, *The State in Modern Society*, London: Macmillan Education LTD., 1986, pp. 88–96.

义、国家干预和福利国家为特征的"大政府"理论发起了攻势。① 众所周知，新自由主义"大政府"的理论逻辑是：市场会失灵，这种失灵会带来诸多弊端，如资源浪费、垄断、恶性竞争、社会不公，甚至限制和妨碍人们的自由，因此，应通过国家干预来弥补市场的不足、协调社会的自治。对于这一观点，保守自由主义借助自由市场、政府失灵、消极国家等理论范式给予了有力的回应。

（一）"自发秩序"催动自由市场

保守自由主义的代表人物哈耶克通过"自发秩序"来证明自由市场的内在合理性。在他看来，人类的社会经济秩序可以划分为两种，即自生自发的"自发秩序"和人们刻意设计的"人造秩序"。前者是社会成员相互交往中保持的并非他们有意建构的一种行动的状态，一种在他们的行动和交往中表现出来的常规性和划一性，是自由市场的真正根基和灵魂；而后者则是一种致命的错误。

哈耶克借助三部力作完成了"自发秩序"三部曲式的论述。他首先在《通向奴役之路》中指出：适度的、符合法治形式的政府活动是允许的，但福利国家与计划经济却是一条通向极权和奴役的道路，是"最坏形式的当代蒙昧主义"。② 然后通过《自由秩序原理》告诉人们，"大凡认为一切有效用的制度都产生于深思熟虑的设计的人，大凡认为任何不是出自于有意识设计的东西都无助于人的目的的人，几乎必然是自由之敌"。③ 最后在《致命的自负》中，哈耶克又继续对那种对社会经济秩序进行整体设

---

① ［英］安东尼·阿巴拉斯特：《西方自由主义的兴衰》，曹海军等译，吉林人民出版社2004年版，第450—459页。
② ［英］弗里德里希·奥古斯特·哈耶克：《通往奴役之路》，冯兴元、王明毅等译，中国社会科学出版社1997年版，第226页。
③ ［英］弗里德利希·冯·哈耶克：《自由秩序原理》（上），邓正来译，生活·读书·新知三联书店1997年版，第70页。

计和建构的做法进行抨击，并认定那是一种理性的"致命的自负"。①

弗里德曼则从另一个角度论证了这一点。在他看来，"广泛地使用市场可以减少社会结构的紧张程度……市场所涉及的范围愈广，纯然需要政治解决的问题愈少，从而需要达成协议的问题愈广"；反之，社会生活中的政治手段往往"趋向于削弱一个稳定的社会所必需的社会结合在一起的力量"。②

倡导自由市场与社会自治并非保守自由主义的首创。正如阿巴拉斯特所言，保守自由主义的这些主张，"不能说它们代表了自由主义传统内部新的或原创性的要素"。③ 但关键的问题是，这一主张提供了强有力的论证依据：自生自发的秩序，排斥外在的干预；政府干预自然属于被排除之列。

（二）"国家悖论"引发政府失灵

市场失灵一直为新自由主义所诟病，这也是其主张政府干预的基本理由。保守自由主义借助"经济人"假设指出：不仅市场会失灵，政府也会失灵；政府干预存在诸多隐患。

公共选择学派的布坎南首先提出了国家的"经济人"假设：无论公民、政治家还是政府官员，都是理性而自私的经济人，他们的一切均以成本—收益计算为依据，并通常借助契约建立起交换关系，在政治市场中追求着自己最大的政治利益。政治家或政府官员考虑自己利益时很可能根本不顾及公共利益，尽管他们都有维护公共利益的愿望。而普通公民要么对政治情况知之甚少，要么由于无力支付政治成本或自觉力量微不足道而不参加投票。

---

① ［英］F. A. 哈耶克：《致命的自负》，冯克利、胡晋华等译，中国社会科学出版社2000年版，第73—100页。
② ［美］米尔顿·弗里德曼：《资本主义与自由》，张瑞玉译，商务印书馆1988年版，第25页。
③ ［英］安东尼·阿巴拉斯特：《西方自由主义的兴衰》，曹海军等译，吉林人民出版社2004年版，第459页。

结果是，政府往往为代表特殊利益集团的政治家所操纵，政府的决定并不真正反映公民的意愿。从这个角度来讲，政府的干预实际上有内在的缺陷，过分依赖政府干预也会产生不尽如人意的后果。市场会失灵，政府同样也会失灵。布坎南甚至断言，现代社会的主要问题不是出自市场制度，而是出自政治制度；当前最大挑战是能不能发明一种可以有效约束特殊利益集团的政治制度。①他倡导制度选择理论，其宗旨就在于削弱政府干预的强度，克服政府干预的局限。

同样基于经济人假设，诺思则提出了"国家悖论"。由于国家既具"经济人"身份，又是公共利益的代表，这就注定国家在现实生活中面临两难：一方面，国家要制定竞争与合作的基本规则，界定要素和产品市场的所有权结构，使统治者的租金或收入最大化；另一方面，它还要降低交易费用，使全社会总产出最大化，从而增加国家的税收。这两个目的有时是彼此冲突的，国家难免要在二者之间作出抉择。如诺思所言，"在使统治者（和他的集团）的租金最大化的所有权结构与降低交易费用和促进经济增长的有效率体制之间，存在着持久的冲突。这种基本矛盾是使社会不能实现经济持续增长的根源"。②"国家悖论"有力地揭示了国家干预的内在矛盾性：社会经济的发展需要国家提供制度安排；国家权力一旦介入市场领域，极易侵害个人的财产权，进而造成所有权残缺、产权失效甚至经济衰退。这一点在现实生活中处处可见。③ 在诺思看来，这一悖论的根源在于：有效率的产权制度的确立与统治者的利益最大化之间存在矛盾。只有约束国家权力的限度，建立有效率的产权制度，才是消解国家悖论的

---

① ［美］詹姆斯·M. 布坎南：《自由、市场和国家：20世纪80年代的政治经济学》，吴良健、柔伍、曾荻译，北京经济学院出版社1988年版，第110页。

② ［美］道格拉斯·C. 诺思：《经济史中的结构与变迁》，陈郁、罗华年等译，上海三联书店、上海人民出版社1994年版，第25页。

③ Christopher W. Morris, *An Essay on the Modern State*, Cambridge: Cambridge University Press, 1998, pp. 197–198.

关键。

诺齐克的"持有正义"理论，也从另一个侧面证明国家干预的有限性。如果一个人按照获取原则和转让原则，或者按矫正原则对其持有是有权利、有资格的，那么他的持有就是正义的。如果社会中每个人的持有都是正义的，那么这个社会的持有的总体分配也就是正义的。这种"持有正义"的最大敌人就是以国家干预为表现的模式化原则。① 因此，他反对罗尔斯将差别原则视为社会合作的公平条件，然后按社会利益总额进行再分配，并取消由天赋等自然资质所引起的分配差别，认为这是一种侵犯个人权利的模式化分配原则。

（三）"最弱国家"限定政府职能

与传统自由主义承认国家是一种"必要的邪恶"一致，保守自由主义也承认政府是必要的，应对其进行约束和限制。但与前者关注政府规模和权力范围的大小不同，后者更重视政府职能和行政效率的强弱。前者认为政府越小越好，最小的才是最好的，而后者主张应削减或弱化政府的部分职能，尤其是经济干预职能。

诺齐克提出"最弱意义的国家"概念，阐释国家职能的必要性和限制国家职能的合理性。这种国家观的思路是：从自然状态发展为"支配的保护性社团"，然后通过"禁止"，形成"超弱意义的国家"，再通过"赔偿"达至"最弱意义的国家"。从道德观的角度看，"禁止"必然伴随"赔偿"，强力的垄断权也必然意味着给所有公民提供保护，因此，国家的职能与干预是必要的且合乎道德的。但他也认为，"最弱意义的国家"既是国家的下限，也是国家的上限，其作用仅限于防止暴力、偷窃、欺骗和

---

① ［美］罗伯特·诺齐克：《无政府、国家与乌托邦》，何怀宏等译，中国社会科学出版社1991年版，第37—40页。

强制履行契约等消极功能。国家是且只能是仅限于保护个人自由权利的充分实现和绝对安全的"守夜人",是个人权利和财产的忠实看守者。它能给个人提供充分的自由和选择的余地,却不能干预个人做他愿意做的一切。① 任何比"最弱意义国家"权力更大、职能更多的国家,都会威胁公民的权利,都不具备道德的合法性和可证明性。

阐释国家的性质及作用之界域,是哈耶克政治哲学的目的之一。在哈耶克看来,自由与权利问题属于私域问题,而其法律形式即自由权项问题则属国家问题。国家对私域的关切并无不可,但必须以与私域无直接关涉的层面为前提。此时国家行为的合法性,表现在防止任何他者对私域的强调。这样,人们才能相信"他所依赖的并不是他人为其蓄意安排的发展境况"。② 哈耶克的观点很明确:私域为个人主持,无须他人介入;自由权项并非自由的充分条件,如果他者可以规定权项,也就可以通过操控这些权项来寻求其他的目的,这是自由的真正隐患。因而,国家的作用在于且只能在于对可能危及私域的任何举动进行强制。换句话说,政府可以运用强制,但强制的运用必须本着这样唯一的目的:实施旨在确保个人活动处于为大众所认可的规则。

对于政府在自由社会中应起什么样的作用,弗里德曼与其他保守自由主义者有着较大的分歧。他认为,为了维护个人的自由,作为"裁判员"的政府是必要的,因为它可以"提供我们能够改变规则的手段,调解我们之间对于规则意义上的分歧,和迫使否则就不会参加游戏的少数几个人遵守这些规则"。③ 通过政府这一工具,自由人可以行使自己的自由。然而,不幸的是,

---

① [英]迈克尔·H. 莱斯诺夫:《二十世纪的政治哲学家》,冯克利译,商务印书馆 2001 年版,第 329—336 页。

② [英]弗里德利希·冯·哈耶克:《自由秩序原理》(上),邓正来译,生活·读书·新知三联书店 1997 年版,第 172 页。

③ [美]米尔顿·弗里德曼:《资本主义与自由》,张瑞玉译,商务印书馆 1988 年版,第 27 页。

政府权力往往集中在当权者手中,时刻威胁着自由。为了能从政府的有利之处得到好处,同时又能回避政府对自由的威胁,必须坚持两个基本原则:政府的职责范围必须有限度;政府的权力必须分散。在弗里德曼看来,出于个人权利与国家安全的考虑,人类不可能完全依靠市场的个人行动,必须借助政治行为来协调。但政治行为必将削弱一个稳定的社会所必须具有的使社会结合在一起的力量;政治行动涉及的范围越大,削弱的程度就越高。他的结论是:真正的自由主义并不是无政府主义;但政府应该自己约束,只从事有正当的理由应当由政府从事的活动,否则,政府的干预只能走向反面。这一主张与斯科特的研究结论一致。[①]

由上可见,保守自由主义"弱政府"的理论逻辑十分清晰:依凭自发秩序,市场可以实现自主自足,根本就不需要过多的外部干预。更何况,政府干预存在内在缺陷,政府也会失灵。鉴于此,政府是越弱越好;"最弱政府"才是最好的政府。

二 从经验主义到消极自由:弱政府的理论根基

作为一种国家观念,"弱政府"理论本身并非孤立。经验主义的认识论、消极的自由观、自由至上论和主流民主观都是证明其合理性与必要性的重要根基。透过保守自由主义与新自由主义的当代论争,我们可以清晰地爬梳保守自由主义国家观的理论依据。

(一)经验认识论

新自由主义继承了欧洲大陆启蒙运动的理性主义传统,相信

[①] [美]詹姆斯·C. 斯科特:《国家的视角:那些试图改善人类状况的项目是如何失败的》,王晓毅译,社会科学文献出版社2004年版,第8页。

人有理性支配自己并控制社会，强调积极自由，倡导国家干预。而保守自由主义者则坚持英美启蒙运动的经验主义传统，坚决抵制理性至上，反对过分滥用理性，并对理性主义的实践危害做了详细的剖析。

在保守自由主义者看来，理性主义具有一种天生的傲慢，以至于"从不怀疑他的'理性'决定事物的价值，观点的真理，或行动的适当与否的力量"。[①] 任何观念的真理性、任何制度的合法性，都要被推至理性法庭前接受审判。理性主义引导的政治，往往成为感知的、至善的和划一的政治。奥克肖特曾如此分析：对理性主义者来说，"每一代人，每一行政机关，都应该看到在其面前展开着的无限可能性的白板。如果这白板偶尔被受传统支配的祖先们非理性的涂鸦损坏了，那么理性主义者的首要任务就一定是把它擦干净"……[②]他们相信，任何政治问题都有一个尽善尽美的解决办法，而且这一办法具有超越特定环境的普适性。这种至善的、普适的政治只有一个结果，那就是整齐划一。由于理性主义不承认经验与实践的重要性，否认真理是经验中"被给定的""被达致的"东西，[③] 因此，理性知识只能是"半截子知识"（half-knowledge），理性主义政治只是"书本政治"（the politics of the book）。这种政治暗藏危机，一旦失败，其代价就是昂贵的。即便它正值春风得意，危险也可能随时降临。基于这种理性主义的批判，奥克肖特毫不留情地宣判："大政府"的末日终将来临。

社会的发展离不开理性的支持，关键问题是：什么样的理性以及如何利用理性。现代知识界大体有两种理性主义：一是建构

---

① [英]迈克尔·奥克肖特：《政治中的理性主义》，张汝伦译，上海译文出版社2004年版，第2页。

② 同上书，第5页。

③ [英]迈克尔·奥克肖特：《经验及其模式》，吴玉军译，北京出版社出版集团、文津出版社2005年版，第27—28、310页。

的理性主义，相信理性的至上性，相信通过一个组织或国家的计划实现对社会及个人生活的安排是社会进步的唯一正道;① 二是进化的理性主义，认为人们的知识在事实上尚未自足，因而人类行为根本不能构成可被理性预知并规划的结构。"即使那些最为复杂、表面上看似出于人为设计的政策规划，亦几乎不是人为设计或政治智慧的结果。"② 人类社会的发展过程，只是人类长期摸索、不断试错而达致文明进化的过程，是"自生自发"得到进步而绝非设计的结果。哈耶克努力倡导进化的理性主义。他认为，人类行动结构只不过是见诸众人行为互动过程中某种非意识而形成的东西，社会进步就是在众人经验的不断累积之中实现的。

显然，这种分析的结论只有一个：人类进步是一个自生自发的过程，试图依据理性并通过计划安排人类生活的做法，不仅会压抑个人自由和阻碍社会进步，而且还会导向暴政。没有经验论证的理性，只有形而上的合法性；没有实践根基的理性，只会导致悲观的结局。

（二）消极自由观

19世纪末20世纪初，当自由主义尚处于从传统到现代的转型期时，新自由主义的奠基人格林就提出了"积极自由"的概念。在他看来，自由的实现需要一个关心全体公民福利的、积极作为的政府，一个有效促进社会自由和个人自由的政府。这种积极自由观等于重释了国家的作用，为国家发挥积极职能提供了新的论证，也为"大政府"理论提供了理论根据。而在保守自由主义看来，追求这种积极自由，只能导致政府权力的扩张和强制的

---

① ［英］F. A. 哈耶克:《致命的自负》，冯克利、胡晋华等译，中国社会科学出版社2000年版，第73页。
② ［英］弗里德利希·冯·哈耶克:《自由秩序原理》（上），邓正来译，生活·读书·新知三联书店1997年版，第65页。

产生，最终破坏自由；真正的自由应该是"消极自由"，即摆脱他人干涉的自由，或不受制于他人专断意志的自由。这时，国家自然也属于"他者"之列。这种消极的自由观，不仅是传统自由主义的真谛，更是"弱政府"理论的基核。

伯林是"消极自由"的系统阐发者。在他看来，自由是指一个人能够不受别人阻碍地行动的领域，"自由就意味着不被别人干涉。不受干涉的领域越大，我的自由也就越广"。① 一个人没有能力达到某个目的，并不意味着没有政治自由。但如果别人阻止他做他本来能够做的事，那他就是不自由的；如果一个人不被干涉地行动的领域被别人挤压至某种最小的程度，那他就是被强制的，或者说，处于一种奴役状态。伯林认为，只有消极自由才最符合人类福祉，才能使人在多元的价值中有权做出自己的选择；而积极自由则很容易走向反面即强制和不自由。② 但他也承认，这两种自由观同时代表着某种终极价值，不能以一方取代另一方，有时甚至还需要两者进行折中。即便在最自由的社会中，个人自由也不一定是唯一的、支配性的标准。一个人或一个民族所享有的自由，往往要与其他价值相均衡，如平等、正义、安全或公共秩序等。

（三）自由至上论

毫无疑问，自由是自由主义者追求的首要目标，新自由主义者与保守自由主义者都首肯自由的价值。但对于平等，两者就各持己见了。如果自由与平等位于价值谱系的两端，显然新自由主义更倾向于平等这一端，而保守自由主义倾向于自由这一端。由于民主是实现平等最为直接的政治途径，因此，围绕民主问题，尤其是应扩大民主还是限制民主，双方展开了激烈的论争。新自

---

① ［英］以赛亚·伯林：《自由论》，胡传胜译，译林出版社2003年版，第191页。
② 同上书，第200页。

由主义者主张扩大民主，倡导积极的政治参与，实现更深层次的社会与国家的整合。而保守自由主义者则对民主心存芥蒂，害怕民主力量侵袭个人权利与自由，担心民主的过度生长，因此主张恢复传统的自由主义民主即间接民主，并把政权交给那些选举出来的精英，实行"能人统治"。

在哈耶克的眼里，政治的主要价值在于自由而非民主，因为民主存在缺陷，如盲目的参与、脆弱的多数原则和参与行为的个体化等，如果过分凸显民主并把参与程度作为现代政治的合法性根基，则会使政治巨型化和私域板结化。基于此考虑，他主张约束民主参与，倡导现代政治服膺宪政诉求。显然，哈耶克的本意是想通过节制政治参与来赢取对自由与权利的保障，殊不知，这种节制参与引发了公民对国家的远离与冷漠，加大了公民与国家之间的距离，在削弱公众对国家的控制的同时，给予国家更多的自由裁量权，其结果可想而知，自由与权利的保障反为节制政治参与所累。正如桑德尔所说：极权主义的根源恰恰在于对政治领域的限制，这其中当然包括对政治参与的限制。

（四）主流民主观

萨托利并没有哈耶克激进，他认为自由与民主既可相容，又并存着张力。从纵向上看，民主追求的是自由，实行民主就是要防范任意的或无节制的权力，确保个人权利不受权力侵犯，保护少数人的权利不受多数人侵犯。从横向上看，民主追求的是平等，一种权利上的平等。人们的分歧往往出在"权利平等"这一问题上。如果平等权利是指法律层面的人人平等，那么自由与平等是相容的；但如果平等权利是指物质层面的经济平等或分配平等，那么自由与平等就是冲突的，追求这种平等甚至会毁灭自由。因为追求经济平等或结果平等势必要赋予国家以巨大的权力，在国家与社会之间造成一种真实而可怕的权力差距，这个差距足以使不服从国家权力者无从立足，个人自由更是无处藏身。因此，萨托利提出，对于平等的追求也要存在一个限度，"超过这个限度，平等就会毁掉自由，随之还会毁掉自由主义民主制度"。①对平等的追求往往要以国家的干预为基础，因此，萨托利这一主张的实质是从另一个侧面反对国家对社会和经济生活的过分干涉。

萨托利致力于恢复"主流民主理论"，即传统自由主义的民主理论。这种主流民主理论并不强调如"大政府"理论提倡的人民主权和政治参与，而是强调分权和法治，强调对权力的限制，强调法律层面的平等和政治自由与个人自由的重要性。萨托利一再提醒世人，要警惕民主因素增长所带来的危险。"毁掉制度中的自由要素以换取少得可怜的一点东西，用这种方式寻求最大限度的民主，除了削弱作为整体的自由主义民主之外将一无所获。"②他将自由主义民主形象地比喻成由自由和民主拧成的一股绳，如果两者保持均衡与稳定，一切相安无事；一旦将两者拆散或由于片面追求某一方而损害了另一方，最终会两败俱伤，自由主义民主更无从保全。"只要自由主义的民主死了，民主也就死了。"③

以上四个方面在为"弱政府"提供论据的同时，也表明了另外一个问题：虽然"弱政府"与传统自由主义"小政府"理论渊源深厚，且具有一致的价值取向，但二者还是存在一定的差别。它们产生的时代背景和政治使命不同，更为关键的是，理论重心有所不同：后者侧重政府规模的大小，前者关注政府职能的强弱；前者并不如后者那样倡导政府越小越好，甚至要求政府完全从市场中退出，而是要求政府在充分尊重市场的前提下，该弱

---

① [美] 乔·萨托利：《民主新论》，冯克利等译，东方出版社1993年版，第367页。
② 同上书，第395页。
③ 同上书，第208页。

的职能要弱（如对市场和民主的干涉），该强的职能要强（如对危机和全球事务的应对）。正如考克斯所言，"弱政府"绝非向"小政府"的简单回归，而是一种否定之否定的嬗变和提升。①

三 从新自由主义到社群主义：弱政府的批评者

当代新自由主义与保守自由主义的关系十分微妙，两者同宗同源，却正如一对争强好胜的孪生子，整个20世纪都充斥着他们的争吵声。进入20世纪90年代后，占据优势地位不久的保守自由主义，由于其所倡导的市场化、私有化以及全球化引发的种种弊端逐渐显露，新自由主义、社群主义及新左派立刻群起而攻之。建基于消极国家的"弱政府"理论，再度成为众矢之的。

（一）强政府还是弱政府：新自由主义的选择

保守自由主义一直致力于论述市场的自发自治和政府作用的或强或弱，而这恰是新自由主义最难以接受的。

作为20世纪90年代后新自由主义的代表人物，斯蒂格利茨认为，政府一直扮演着重要的经济角色。因为"第一，政府是对全体社会成员具有普遍性的组织；第二，政府拥有其他经济所不具备的强制力"。② 由于市场具有信息不完善性和市场不完全性，因此会出现大量的市场失灵现象，表现为公共产品、外部性、垄断，尤其是自然性的垄断等。市场失灵的根源在于没有人对市场负责，没有人干预市场。那么由谁来对市场负责呢？只有政府。斯蒂格利茨通过对市场失灵现象的分析，为政府干预市场提供了

---

① ［加拿大］罗伯特·W.考克斯：《生产、权力和世界秩序：社会力量在缔造历史中的作用》，林华译，世界知识出版社2004年版，第286—209页。
② ［美］斯蒂格利茨：《政府为什么干预经济》，郑秉文译，中国物资出版社1998年版，第45页。

必要性与合法性，也为提高整体福利水平提供了空间，同时也基本界定了政府活动的范围。

当然，斯蒂格利茨也承认，虽然政府干预是必要的，但其干预形式必须是合适的。而且，政府干预的结果绝不可能十全十美，很容易产生浪费和无效率。因为，不完善的信息与不完全的市场不仅导致市场失灵，也同样会导致政府失灵。如何解决这一问题呢？斯蒂格利茨的思路是：市场失灵的存在为政府的介入提供了可能性，但市场的作用却是政府无法替代的，因此必须区分"私人产品"与"公共产品"，区分"政府提供"与"政府生产"，以调解公共利益与私人利益的张力；公共机构要引入创新、激励与竞争机制，以提高效率。这样，既可以使国家的强大成为其校正市场失灵的前提与能力的表现和基础，同时，也是干预市场的理性要求与客观结果。也就是说，可以实现成熟、发达的市场与日益扩大的政府干预"共生共存"，"强政府"与"强社会"并行。

斯蒂格利茨打破传统，从另外的角度思考政府干预的必要性与可行性，兼顾市场失灵与政府失灵，提出了"强政府"理论，确实值得我们深入思考。

（二）公益政治还是权益政治：社群主义的反思

社群主义兴起的间接的理论根源就是，对20世纪70年代以来盛行的以罗尔斯为代表的新自由主义和以哈耶克为代表的保守自由主义的回应。因此，它是以反自由主义的形象出现的，并且一直致力于对自由主义理论的反思与解构，保守自由主义的国家观自然是它所批判的首要内容。

"国家中立"是保守自由主义"弱政府"理论的隐性原则。社群主义对此提出了自己的看法。首先，国家的中立会损害公共利益。公共利益的维护需要公民的美德和善行，但公民良好道德的形成，需要国家积极引导，否则很难形成正确的道德和价值观,很难使道德倾向于公共利益的维护。为了社群共同的善,必须摒弃中立原则,倡导"公益政治"。其次,国家的中立会削弱民主政治的合法性根基。泰勒认为,个人的选择自由只有在一个倡导多样化的社会中才能得以实现,而多样化选择的存在需要一个重要的前提,即,社会对这种价值存在具有共识,如果没有国家的引导和扶植,这种共识实难实现。

保守自由主义将公民与国家之间的距离视为"正面形象",应该越远越好。它既不鼓励公民积极参与国家政治生活,也不鼓励国家积极争取公民参与政治生活。而社群主义则将公民与国家之间的距离视为"负面形象",主张尽量缩短这种距离,动员公民对国家事务的关注,对国家政治生活的参与。① 之所以如此,是因为社群主义提倡一种积极的政治生活观,倡导公民积极参与社会的公共生活,并且尽可能地扩大政治参与的范围。积极的政治参与是自我价值实现的途径,是个人权利得以实现的保证,更是防止专制集权的根本。

"权利政治"和"公益政治"孰优孰劣,是社群主义与自由主义争论最为激烈的问题。这种争论的实质就是"弱国家"与"强国家"的优先性问题。保守自由主义者认为政治进步和现代化的过程,就是国家范围不断缩小、公民自由活动不断扩大的过程,大政府是滋长极权政治的温床,因此必须尽可能扩大个人私人生活的范围,拓展个人的社会空间,同时尽可能限制国家公共政治生活的范围和空间。而社群主义者认为,一个政治社群应该把推行公共利益作为己任,这样它提供的公共利益的范围越大,受益的人数或者同一个人受益的次数就越多,越符合良善生活的要求。正如桑德尔所言,如果一个政治社群所能提供的公共利益很少,或者公共利益的享受者寥寥无几,这样的社会纵使再公

---

① [加拿大]泰勒:《公民与国家之间的距离》,载汪晖、陈燕谷《文化与公共性》,生活·读书·新知三联书店1998年版,第199—220页。

正，也不能算是一个良好的社会。麦金太尔也认为，"所有这一切有时唯有通过政府制度机构的运作才是可能的"。① 沃尔泽一再强调："国家必须为全球市场对它的公民们的影响设定界限；它必须保卫它自己的福利、教育和政治过程的自治。"②

总体来看，保守自由主义与社群主义在国家观上存在着较大的差异。保守自由主义更多看到的是国家的消极作用，主张制约国家权力，倡导国家无所作为，从而保护公民更多的消极权利。而社群主义更多看到的是国家的积极作用，相信国家是善的，应加强国家职能，通过积极作为增进公民的权益。社群主义的"强政府"理论对"弱政府"理论的某些反思十分中肯，值得我们分析和借鉴。但也必须注意到，社群主义如果过分强调社群对个人的优先性，就极可能抹杀个性，忽视个人的主观能动作用；同时，如果一味强调公益政治，过分强化国家的政治职能，正如桑德尔提醒的那样，会包含极大的危险。③

（三）弱社会还是强社会：新左派的回应

新左派主张，在全球化的语境中重新审视保守自由主义的"弱政府"理论。在他们看来，这种国家观实际暗含着"经济优于公益"的价值取向，而这一取向很容易使现代国家陷入困境：自由市场需要一个"最小的国家"，而市场危机和全球化问题的解决却需要一个强大的国家。④ 这样，全球化进程中的民族国家就处在全球范围的经济自由主义与国内社会福利和民主压力的双重夹击之下。鉴于此，在新左派看来，保守自由主义的国家观是

---

① ［美］A. 麦金太尔：《追寻美德》，宋继杰译，译林出版社2008年版，第324页。
② ［美］迈克尔·沃尔泽：《正义诸领域》，褚松燕译，译林出版社2002年版，第4—5页。
③ ［美］迈克尔·J. 桑德尔：《自由主义与正义的局限》，万俊人等译，译林出版社2001年版，第225—239页。
④ W. Clyde Barrow, *Critical Theories of the State: Marxist Neo-Marist, Post-Marist*, Madison: The University of Wisconsin Press, 1993, p. 101.

不足取的。

新左派的代表人物哈贝马斯认为，保守自由主义"弱政府"理论背后隐含着"强社会"的理论取向，现实政治中保守自由主义推行的市场化、私有化和全球化就是明证。但这种"强社会"取向具有诸多弊端。因为技术工具理性的泛滥与日常生活中交往理性的萎缩，正像欧洲资本主义在全世界范围内的扩张曾导致广泛殖民化一样，资本主义市场经济必然王国的无限膨胀，在任何一个现代社会内部都可能导致再度"殖民化"，即对诸如日常生活秩序、传统道德、政治生活、文化领域、生态环境、国际关系等领域的侵害。① 同时，晚期资本主义又将自身的危机从经济领域转嫁到其他社会领域，使生态平衡、人类平衡以及国际平衡被破坏，最终导致晚期资本主义社会的政治系统"产出的合理性危机"和"投入的合法性危机"，以及文化系统"产出性的动因危机"，形成日常生活意义与资源的虚无性、匮乏性和短缺性危机。② 这一切，最终会使国家日益陷入两难困境。

同时，新左派还从其他角度进行回应。首先，经济全球化并不必然导致国家权力弱化。全球化进程虽然在一定程度上限制了国家权力的行使，但当前许多国际问题的解决仍然只能以民族国家为基本行动单位。如哈贝马斯所说："要使利益协调和普遍化的程序以及创造性地策划共同利益的程序制度化，不能靠根本不受欢迎的世界国家这一组织形式来实现，而要靠以前各主权国家的自主、自愿和独特性来实行。"③ 其次，当前民族国家框架内的公民社会尚无力量足以摆脱市场逻辑、倾向民主自由。相比较而言，资本的力量依然无比强大，它不仅掌握权力，还通过影响

---

① ［德］尤尔根·哈贝马斯：《交往行动理论·第一卷——行动的合理性与社会合理化》，洪佩郁、蔺青译，重庆出版社1994年版，第428—477页。
② ［德］尤尔根·哈贝马斯：《合法化危机》，刘北成、曹卫东译，上海人民出版社2000年版，第85—95页。
③ ［德］尤尔根·哈贝马斯：《超越民族国家？》，载［德］乌·贝克、哈贝马斯等《全球化与政治》，王学东、柴方国等译，中央编译出版社2000年版，第83页。

和占有媒体来操控舆论,使任何敌对势力在尚未构成威胁之前就被扼杀在摇篮中。① 再次,全球公民社会不容乐观。全球公民社会的构成成分多元而复杂,甚至包括许多彼此排斥、相互对立的团体组织。② 如果以为只要诉诸公民社会就可以解决国家无法解决的问题,无疑就是陷入了"公民社会决定论"(civil society determinism),③ 不仅将实际问题简单化,还会"由于流于制度层面的分析,忽视了现有国际关系中的不平等"。④

拓展阅读

1. [英]弗里德利希·冯·哈耶克:《自由秩序原理》(上),邓正来译,生活·读书·新知三联书店1997年版。
2. [美]米尔顿·弗里德曼:《资本主义与自由》,张瑞玉译,商务印书馆1988年版。
3. [美]詹姆斯·M. 布坎南:《自由、市场和国家:20世纪80年代的政治经济学》,吴良健、柔伍、曾获译,北京经济学院出版社1988年版。
4. [美]道格拉斯·C. 诺思:《经济史中的结构与变迁》,陈郁、罗华年等译,上海三联书店、上海人民出版社1994年版。
5. [美]罗伯特·诺齐克:《无政府、国家与乌托邦》,何怀宏等译,中国社会科学出版社1991年版。

---

① [美]B. 盖伊·彼得斯:《政府未来的治理模式》,吴爱明、夏宏图译,中国人民大学出版社2001年版,第27页。
② 庞金友:《当代公民社会与民主化关系的再思考》,《教学与研究》2004年第1期。
③ Li Xiaorong, "Democracy and Uncivil Societies: A Critique of Civil Society Determinism", Robert K. Fullinwider ed., *Civil Society, Democracy, and Civic Renewal*, New York: Rowman & Littlefield Publishers, Inc., 1999, pp. 403 – 421.
④ [英]戴维·赫尔德:《全球大变革——全球化时代的政治、经济与文化》,杨雪冬等译,社会科学文献出版社2001年版,第24页。

6. ［英］迈克尔·奥克肖特：《政治中的理性主义》，张汝伦译，上海译文出版社 2004 年版。
7. ［英］以赛亚·伯林：《自由论》，胡传胜译，译林出版社 2003 年版。
8. ［美］乔·萨托利：《民主新论》，冯克利等译，东方出版社 1993 年版。
9. ［美］斯蒂格利茨：《政府为什么干预经济》，郑秉文译，中国物资出版社 1998 年版。
10. ［美］A. 麦金太尔：《追寻美德》，宋继杰译，译林出版社 2008 年版。
11. ［美］迈克尔·沃尔泽：《正义诸领域》，褚松燕译，译林出版社 2002 年版。
12. ［美］迈克尔·J. 桑德尔：《自由主义与正义的局限》，万俊人等译，译林出版社 2001 年版。
13. ［英］安东尼·阿巴拉斯特：《西方自由主义的兴衰》，曹海军等译，吉林人民出版社 2004 年版。
14. Christopher W. Morris, *An Essay on the Modern State*, Cambridge：Cambridge University Press, 1998.
15. W. Clyde Barrow, *Critical Theories of the State*：*Marxist Neo-Marist, Post-Marist*, Madison：The University of Wisconsin Press, 1993.

第三讲 诺齐克的国家理论

作为当代西方保守自由主义的代表人物，为回应罗尔斯在《正义论》中过分重视平等而忽视自由的思想，诺齐克极力强调自由的价值，反对任何国家干预和再分配，主张建立一个最弱意义的国家。如何具体把握最弱意义国家的内在逻辑与特点，思考其对于发展中国家的意义与启示，具有重要的理论价值和现实意义。

一 现实与理论：最弱国家观的提出

每一种政治理论观点的提出都有其深刻的时代背景，诺齐克的最弱意义国家观正是基于当时的经济社会现实，是基于对新自由主义的代表人物罗尔斯积极国家观批判的基础上提出的。

19世纪随着自由资本主义发展到垄断资本主义阶段，自由放任的市场经济逐渐暴露出诸多弊端，特别是19世纪二三十年代经济危机的爆发，造成社会矛盾激化，打破了自由市场的神话，传统的"守夜人"国家已不适应经济社会发展的需要。基于此，凯恩斯的国家全面干预理论和新自由主义的积极福利国家应运而生，认为政府不应扮演消极的角色而应倡导一种积极的国家干预政策，对财富进行再分配，对放任的市场经济进行调节。但发展到20世纪70年代，凯恩斯主义全面干预的政策，导致了更严重的经济危机，产生经济滞涨的困境。新自由主义为国家干预辩护最有力的理由——经济合理性受到质疑，而且由于国家的过分干预，导致行政机构膨胀、官僚主义滋生以及政府权威衰落，这就促使政治思潮中保守自由主义的崛起。保守自由主义者认为，"全能国家"和过度的国家干预会不可避免地在政治上危及社会和个人自由，危及西方的多元民主制度，从而助长极权主义政治（德、意、日法西斯）的抬头；在经济上，国家的过度干预（斯大林式的计划经济和西方福利国家）带来经济滞胀，造成官僚腐败和生产效率低下等问题。哈耶克指出："适度的、符合法治形式的政府活动是允许的，但福利国家与计划经济等违背自发秩序的行为，只能指向极权和奴役的道路，是最坏形式的当代蒙昧主义。"① 于是，保守自由主义者认为必须放弃关于国家的神话，限制国家权力，维护个人权利。由此可见，以上所涉三大历史事件正是诺齐克提出最弱意义国家的现实基础。②

当代新自由主义的主要代表罗尔斯在其政治哲学代表作《正义论》中基于分配正义的原则，通过借助传统的社会契约思想，提出建立积极国家的合法性。在罗尔斯看来，正义的主题是社会基本结构，是社会主要制度分配基本权利和义务、决定由社会合作产生的利益之划分的方式。他看到当代社会、经济领域的不平等是由先天所处的不平等的政治、经济、社会状态以及自然禀赋的差异造成的，而且这种原有的差异和不平等会进一步加剧人与人之间的差异和不平等。因此，他主张用分配的正义来尽量缩小不平等。"罗尔斯不仅把有形资产当作一种适合于再分配的公共

---

① [英]弗里德里希·奥古斯特·哈耶克：《通往奴役之路》，王明毅、冯兴远译，中国社会科学出版社1997年版，第226页。

② 张铭、苗爱芳：《诺齐克保守自由主义国家观评析》，《福建论坛》（人文社会科学版）2001年第4期。

财产或遗产，而且把人的自然能力也当作了这种财产。"① 主张通过政府四个基本职能部门（调配部门、稳定部门、转让部门与分配部门）的宏观调控实现社会资源分配上的公正，即以严密的逻辑推理论证国家重新分配方式的合理性，提出了他的积极国家观主张。他认为："某些主要利益的不可分性、公共性以及所产生的外差因素和吸引力，使得有必要由国家来组织和推行集体协议。"②

罗尔斯这种基于注重平等的分配正义论建立的积极国家观，强调为了维护社会的平等权利的实现，而加强国家对个人权利的干涉，"任何人或团体除非以一种有利于最少受惠者的方式谋利，否则就不能获得一种比他人更好的生活"。③ 尽管这种干涉也是有限的，但它削弱了传统自由主义理论中的自由理想，实质上是以削弱个人权利来调和自由与平等的矛盾，因而遭到以诺齐克为代表的保守自由主义的抨击。

诺齐克反对罗尔斯主张把国家的功能扩展到分配领域来纠正社会不平等现象的观点。他认为不平等虽然是一种不幸，但是不能因为对不平等的改变而孕育出另外一种新的不平等，不平等不可能得到彻底解决。国家功能的扩大必定会损害人们的权利。他认为个人权利具有优先性，个人权利留给国家的，只能是国家在最弱意义上存在。"别人拥有的正当权利就构成了你运用权力的外部限制，你须求得别人的同意，才能使用别人的资源。从这个意义上讲，国家没有进行强制性干预的权利。"④ 只有最弱意义上的国家才能充分保障个人的自由权利，在道德上才是合法

---

① ［英］诺尔曼·P. 巴利：《古典自由主义与自由至上主义》，竺乾威译，上海人民出版社1999年版，第160页。
② ［美］约翰·罗尔斯：《正义论》，何怀宏、何包钢、廖申白译，中国社会科学出版社1988年版，第269页。
③ 同上书，第7页。
④ 张铭、苗爱芳：《诺齐克保守自由主义国家观评析》，《福建论坛》（人文社会科学版）2001年第4期。

的，为此他提出了自己的最弱意义国家理论。他不仅完成了对"最弱意义国家"的合理性证明，而且完成了对这种最弱国家观的唯一合法性的证明。因此，沃尔夫指出："诺齐克不是仅仅在为一种合法的最弱意义国家的可能性作论证，而是为其道德上的必然性论证。即是说，最弱意义国家是社会组织的唯一合法形式。"①

二　个人权利至上：最弱国家观的理论起点

个人权利是自由主义政治哲学的逻辑起点。诺齐克在《无政府、国家与乌托邦》的开篇就提出："个人拥有权利，有些事情是任何他人或团体都不能对他们做的，做了就要侵犯到他们的权利。这些权利如此强有力和广泛，以致引出了国家及其官员能做些什么事情的问题（如果能做些事情的话）。"② 这一命题构成诺齐克国家理论的基本前提。个人权利在诺齐克看来具有逻辑的先在性，国家正义与否的标准就在于是否充分保护了个人的权利。

诺齐克沿袭了洛克的古典自由主义传统的自然权利，认为人生来具有生命权、自由权、财产权等自然权利。"人类天生都是自由、平等和独立的，如不得本人的同意，不能把任何人置于这种状态之外，使受制于另一个人的政治权利。"③ 这些自然权利不是被约定的或者被任何行动创造出来的，它们不是依政府机构的存在而定的，这些权利在政府存在之前的自然状态中就已经存在了。而且它是所有人都有的一种权利，如果人们能够选择的

---

① ［英］乔纳森·沃尔夫：《诺齐克》，王天成、张颖译，黑龙江人民出版社1999年版，第51页。
② ［美］罗伯特·诺齐克：《无政府、国家与乌托邦》，何怀宏等译，中国社会科学出版社1991年版，第1页。
③ ［英］洛克：《政府论》（下篇），叶启芳、瞿菊农译，商务印书馆1964年版，第59页。

话，他们是以人的身份拥有权利，而非只有当他们是某个社会成员或出于相互的特定关系之中时才拥有自然权利。由此一来，个人权利就成为一种先在于国家的自然权利。

诺齐克的个人权利是一种消极的权利，即个人有不受侵犯和干涉的权利。在他看来，由于世界上有价值的仅仅与个人生活相关，而不是与某种超验的、形而上学的或社会的背景或实体有关，因而不存在这样的道德基础，即某人未经他人同意便侵犯其道德空间。这些权利从根本上涉及不侵犯、不攻击、不干涉等，即这些都是消极的权利。与之相应的附加限制要求其他人不得做某些事，即使是以某种社会或国家利益的名义也不能成立，因为这样做已经侵犯了个人权利。对于这些否定意义的权利国家不但不能侵犯，还应保护其不受他人侵犯，对消极权利的保护正是诺齐克"最弱意义国家"的职责所在。

诺齐克之所以重视权利，是因为他把权利视为是道德的根本标准，无论个人或国家，只要侵犯了个人权利就是不正义的。所以，它对任何行动特别是国家行动始终都是有效的道德边际约束。诺齐克批判了把权利作为目的的"权利功利主义"（为使较大的侵犯不致发生而允许对个人权利的较小侵犯），因为在他看来，这样一种侵犯同样是不正义的。而把权利作为对任何行动的边际约束则要求，不管一个行动的目的或动机是什么，都不能侵犯他人的权利。所以，国家的职能虽然是保护个人的权利，但并不是说国家以最大限度地减少对个人权利的侵犯为目的，而是意味着任何个人权利都是不可侵犯的，"这构成了国家权力扩张的界限和底线，国家不能因某种目的——哪怕是扩大个人权利的目的——而为它侵犯个人权利的行为辩护"。[①]

诺齐克认为，把权利作为边际约束反映了其根本的康德式原则："个人是目的，而不仅仅是手段；他们若非自愿，不能够被

---

① 赵勇：《罗尔斯、诺齐克的国家观之比较》，《广西社会学》2003年第2期。

牺牲或被使用来达到其他目的；个人是神圣不可侵犯的。"① 那么，为什么个人是目的并且神圣不可侵犯呢？为什么不能牺牲某个人或少数人的利益以促进整体或多数人的利益呢？诺齐克在《无政府、国家与乌托邦》中指出："并不存在为它自己的利益而愿承担某种牺牲的有自身利益的社会实体。只有个别的人存在，只有各个不同的有他们自己的个人生命的个人存在。"② 社会并不是一种生物体，不是一个放大的个人。对个人来说，不仅他的生命是他拥有的唯一生命，而且他还必须安排自己的生活。所以，没有什么理由要求一个人为他人或社会而牺牲，国家也无权以"社会""公共利益"等名义侵犯个人权利，干涉个人生活；他人的权利确定了对个人行为的约束。国家只能小心谨慎地在其公民当中保持中立，为每个人的个人权利提供保护。可见，"道德边际约束"是诺齐克国家观所依托的灵魂，是"个人权利目标的最大化和损害最小化的基线"。③

三　从自然状态到元乌托邦：最弱国家观的内在逻辑

诺齐克以个人权利的神圣不可侵犯性为理论前提，从肯定和否定两方面论证了只有最弱意义的国家才是道德上正当的国家，任何比最低限度国家功能更多的国家都是不当的。而且这个最弱意义的国家是可欲的，即它提供了一种用于乌托邦的结构，这种结构能允许和鼓舞人们各种基于自愿的探索、冒险与合作的乌托邦理想。诺齐克最弱意义国家观的论证逻辑是，他先批判了无政

---

① [美]罗伯特·诺齐克：《无政府、国家与乌托邦》，何怀宏等译，中国社会科学出版社1991年版，第39页。
② 同上书，第41页。
③ 罗克全：《最小国家的极大值——诺齐克国家观研究》，社会科学文献出版社2005年版，第82页。

府主义、多功能国家，然后在此基础上阐述了乌托邦理想，即最弱意义的国家。

首先，诺齐克从洛克式的自然状态（即非政治状态）出发，用一种"看不见的手"的解释方法，通过对无政府主义的批判，论证了最弱意义国家可由自然状态经"看不见的手"的作用合乎道德地演化而成，从正面论证了最弱意义国家产生的正当性和必要性。

传统自由主义理论论证国家的起源都运用契约论，诺齐克则反其道而行之，用一种"看不见的手"的解释方法，分三步对国家的产生进行论证，证明了最弱意义国家可以通过不侵犯任何个人的权利，从无政府状态中产生。

诺齐克运用"看不见的手"①的解释机制，论证了从自然状态可自然演化到最弱意义的国家。也即国家并非人为设计的结果，而实际上是自发产生的。诺齐克认为，政治行动与国家的合法性得以产生的方法论程序不是"契约"这只"看得见的手"，而是市场这只"看不见的手"。就像货币的产生过程一样，过程中的人谁都没有想要建立一个国家，他们只是在合理自利地活动，保护自己的权利和利益，而这些活动却自然而然地把他们引到了一个最弱意义的国家。这双"看不见的手"消解了自由主义的正统国家理论——"契约论"，填平了"自然状态"与"国家"之间的传统鸿沟。"它能以一种不侵犯洛克式自然权利的方式从自然状态过渡到市民社会。"②他认为在自然状态下人们享有生命、自由、财产等权利，人人可以维护自己的权利，但由于在道德和认识功能上的缺陷，这就不可避免地会造成诸多不便。为解决这些不便，个人会先与他们的家庭和朋友形成互惠性的保

---

① [美]罗伯特·诺齐克：《无政府、国家与乌托邦》，何怀宏等译，中国社会科学出版社1991年版，第27页。

② Jeffery Paul, *Reading Nozick: Essays on Anarchy, State and Utopia*, Lanham, MD: Rowan and Little Field, 1981, p. 68.

护性社团，之后发展到以地域、村镇为基础的联合。但对于内部冲突，社团可能会采取不干预政策，这将在内部造成不和，导致一些相互斗争的亚团体的形成。在这种情况下，就会形成一个支配性保护社团。但这种类似国家的支配的保护性社团，还不是真正意义上的国家。诺齐克认为，一个国家的存在必须满足两个条件："一是它拥有一种必要的在这个地区对使用强力的独占权；二是它保护这个地区内的所有人的权利。"① 那如何从支配性保护社团发展到最弱意义国家呢？诺齐克将其分为两步证明：超弱意义国家（出现独占因素）到最弱意义国家（出现再分配因素），"说明这种独占和再分配因素本身在道德上是合法的"。② 成立超弱意义国家的目的，就是要禁止个人对侵犯自己权益的行为进行报复和惩罚，也就是由国家垄断裁判权和处罚权，以便避免私自报复导致的无休止仇杀。但超弱意义国家只为那些出钱购买了它的保护的人提供保护，况且仅仅根据独立者强行正义的危险和行动程序的不可靠性来禁止他们使用报复来保护自己，这种权力获取的理由既不充分，也不合法理，它侵犯了独立者的权利。因此，超弱意义国家必须通过赔偿原则，给予独立的损失以赔偿，使得自己的禁止和强力垄断成为合法和合乎道德的。而赔偿独立者的最省钱方式，就是也为他们提供保护。这样，既有强力独占权，又为所有人提供保护的最弱意义国家便合乎自然地形成了。

诺齐克的思路很明显，先从自然状态发展为支配性保护社团，然后通过禁止，形成了出现独占因素的最弱意义国家，由于其还存在不合乎道德的因素，只得再通过赔偿原则以形成最弱意义国家。"从道德观的角度，'禁止'必然伴随'赔偿'，强力的垄断权也必然意味着给所有公民提供保护，因此，国家的职能与

---

① [美]罗伯特·诺齐克：《无政府、国家与乌托邦》，何怀宏等译，中国社会科学出版社 1991 年版，第 118 页。
② 同上书，第 118 页。

干预是必要的和合乎道德的。"① 其产生过程没有侵犯任何个人的权利，而是有助于有效和切实地保护个人权利。因此最弱意义国家的产生既是合乎道德的，又有其必要性。这样，诺齐克就完成了对国家存在的合理性论证，否定了无政府主义。② 指出国家不仅优于自然状态，且其产生并未侵犯个人权利。

以此为前提，诺齐克又通过对罗尔斯分配正义论的批判，论证了任何比最弱意义国家管事更多的国家都是不正当的。从否定的角度证明了最弱意义国家的合法性。

诺齐克既反对无政府主义观点，认为最弱意义国家不仅是必要的，而且是合乎道德的，又反对罗尔斯的平等主义和福利国家理论，认为功能扩大的国家势必侵犯个人权利，因此在道德上不合理。诺齐克认为："可以得到证明的是一种最弱意义上的国家（a minimal state），即一种仅限于防止暴力、偷窃、欺骗和强制履行契约等较有限功能的国家。"③ 在该部分，诺齐克主要通过持有正义理论重点批驳了以罗尔斯为代表的以分配正义为由扩大国家功能的理论。

国家功能的扩大主要体现在社会经济方面，尤其体现在罗尔斯的分配正义中。罗尔斯认为任何初次分配都必定是不平等的，而不平等的分配则是不正义的，所以需要国家通过再分配来改变初次分配的不平等，以改善那些社会处境最差者，达到最大可能的平等。"所有的社会基本善——自由和机会、收入和财富及自尊的基础——都应被平等地分配，除非对一些或所有社会基本善的一种不平等分配有利于最不利者。"④ 诺齐克认为，罗尔斯的

---

① 庞金友：《大政府是如何可能的：当代西方新自由主义国家观及其批评》，《甘肃行政学院学报》2007年第4期。
② [美]罗伯特·诺齐克：《无政府、国家与乌托邦》，何怀宏等译，中国社会科学出版社1991年版，第13页。
③ 同上书，第1页。
④ [美]约翰·罗尔斯：《正义论》，何怀宏、何包钢、廖申白译，中国社会科学出版社1988年版，第292页。

正义伦理具有太多人为的平等倾向，这样的分配正义在诺齐克看来是"模式化的、非历史的"，"模式化的分配正义原则使再分配的活动成为必需"，① 这就必然要求一种功能更多的国家。但这种积极国家势必会造成对个人权利的侵害，"从一种权利理论的观点来看，再分配的确是一件涉及侵犯人们权利的严重事情"。② 因为它只重视接受者的利益而忽视了给予者的利益。诺齐克指出："人类社会中的财富、物品、利益并不是从天而降、无中生有的，它们大体上都是有主的，都是糅合了人的智力、劳动在其中的。贸然地进行某种统一的平等的分配，就意味着剥夺一些人的权利给另一些人，侵犯这一部分人的权利就完全有可能是没有道理的。"③ 在此意义上，正义不可能体现在任何由国家推行的"模式化"④的平等分配中。为此，诺齐克提出自己的持有正义理论以反对分配正义要求扩大国家功能的主张。他认为："一听到'分配'这个词，大多数人都会想到由某个体系或机制使用某个原则或标准来提供某些东西。一些错误的可能已经顺势溜进了这种分配份额的过程。"⑤ 即诺齐克认为，这种模式化的分配正义必然会侵犯个人权利。而他的持有正义则是历史的、非模式化的正义观，⑥ 这种正义观认为正义与否并不在于分配的正义与否，而在于其对某物的最初获得及转让是否合法。即如果持有的最初获得是合法的，且转让的过程也是合法的，则其持有就是正义的。可见，诺齐克的持有正义理论是基于权利的，一个人的持有是否正义，看其是否对之拥有权利。由这种正义理论进行的分配必然是一种非模式化的分配，因此不需要国家发挥多于保

---

① ［美］罗伯特·诺齐克：《无政府、国家与乌托邦》，何怀宏等译，中国社会科学出版社1991年版，第173页。
② 同上。
③ 同上书，第11页。
④ 同上书，第165—169页。
⑤ 同上书，第155页。
⑥ 同上书，第159—161页。

护功能的其他功能。

通过上述两个重要论证，诺齐克不仅证明了国家的诞生是合法的、合乎道德的，是必要的，即最弱国家能更好地保护个人权利而不是侵犯个人权利。而且论证指出，这种职能仅限于防止暴力、欺诈、偷窃功能的最弱国家是可欲的，是对个人具有吸引力的。因为它为每个人自由实现其权利提供了理想的乌托邦架构。"它保存了我们从乌托邦传统中所能保留下来的全部东西，而把这一传统的其余成分分别留给我们个人的渴望。"①

在传统的自由主义政治哲学中，国家与乌托邦是对立的、冲突的，诺齐克则将二者统一起来，宣布"我们所描述的这种乌托邦结构就等于最弱意义国家"。②可见，诺齐克所论证的最弱国家并不是善和价值的体现，而是一个不具有内容的形式，所有善和价值的内容都存在于"共同体"中的乌托邦构架。在此，诺齐克找到了一条由最弱国家通往乌托邦的道路，在他理想的乌托邦架构中就实现了国家、个人、共同体三者的统一。国家位于政治体系的一极，另一极是个人，在国家和个人之间存在着各种各样的"共同体"。③作为强力独占的国家，它不是实现善和价值的适当地方，在这些观念上它应保持中立，其职能仅限于防止暴力、偷窃、欺诈。作为众多地位相等的共同体，它是由一些追求共同价值的人们自愿缔约组成的，它随时产生、消失，形式各异。每个人都可以按照自己的兴趣，自由地选择自己愿意居住的联合体。"作为拥有自我所有权的个人，其权利具有逻辑在先性，只有个人才是最终的目的。"④最低限度的国家就是为每个人自

---

① ［美］罗伯特·诺齐克：《无政府、国家与乌托邦》，何怀宏等译，中国社会科学出版社1991年版，第330页。
② 同上书，第329页。
③ 姚大志：《反契约论——评诺齐克的新自由主义》，《哲学研究》1997年第9期。
④ 同上。

由实现个人权利，提供一个较好共同体的理想框架。在这一框架中，人们可以进行各种不同的乌托邦试验，以便发现一个对自己而言最好的世界。在试验的过程中，人们按照自己的意愿去生活，自愿选择组成自己的"共同体"，从而实现各种不同的善和理想。

至此，诺齐克重新界定了基于个人权利的保守自由主义国家观念：国家依据正义原则保护个人，共同体按照价值原则满足个人；个人则是以其权利规制着国家存在的道德合法性，决定着共同体的去留。个人因其价值需要缔结组建共同体，众多共同体构成联合体，从而实现了理想的乌托邦架构即最弱意义国家。

四　最弱国家与当代发展中国家

诺齐克的最弱国家观不仅在理论上促进了西方政治哲学的发展，而且对解决当时西方由福利国家所造成的弊端具有重要的现实意义。那么，这种在诺齐克看来不仅是可能的而且是最好形式的最弱国家观对于发展中国家，尤其是转型中的发展中国家而言是否可能？

诺齐克这种最弱意义国家观是基于西方古典自由主义传统的影响，并针对特定的时代和理论背景而提出的，因此也就预设了这种国家观可能性的范围。由上述对诺齐克国家观的分析得出，它反映的是一种典型的"弱国家、强社会"的关系模式。这种模式强调古典自由主义"守夜人"式国家，主张充分发挥社会的自主性和自治力。"但它事实上很容易使人理解为社会可以代替国家的权威，而这将使国家陷于灾难之中。"[①] 福山指出，20 世纪

---

① 覃敏健：《"强国家、大社会"：现代国家构建之理想形态——基于国家与社会关系之分析进路》，《长白学刊》2010 年第 1 期。

最后20年世界政治的主流是抨击"大政府",但在发展中国家,政府软弱、无能或者无政府状态,却是严重问题的祸根。[①] 特别是处于转型期的发展中国家,它们常常面临更多的不稳定性和不确定性,更容易在国内外因素的综合作用下出现混乱、动荡甚至分裂的危险,因此尤其需要一个能够有效履行国家职能的"强国家"充当制度变迁的推进器和社会秩序的稳定器,而诺齐克倡导的最弱意义国家显然不适合当代发展中国家的现实要求。"诺齐克对其国家学说的论证在理论上是有启发意义的,但在现实上是完全行不通的。个人权利永远不能超出社会经济结构以及由经济结构所制约的社会的文化发展。"[②] 正如国内学者指出,诺齐克只看到了"个人善",而没有注意到"社会基本善",从而不能认识到国家所应具有的肯定功能。因此,诺齐克的"最弱意义国家"既不符合历史事实,又不足以成为社会理想。[③]

从世界历史的发展来看,众多发展中国家由于受特定历史任务(为摆脱西方列强的殖民掠夺,求得国家独立、民族解放)和现实经济发展及社会稳定的要求,国家在其中发挥着重大作用。这些客观现实条件要求国家发挥其职能,如果国家仅起到诺齐克所说的防止暴力、欺诈、偷窃的功能,显然不能满足社会发展的需要。特别是我国改革开放前,由于受历史上长期存在的专制国家观的影响和适应当时战争环境的要求,形成了"全能型"政府体制。而且我国没有经过资本主义社会,直接由帝制社会、半殖民地半封建社会过渡到社会主义社会,因此基本不存在西方由市场经济发展带动的充分类型的市民社会。随着我国市场经济的建立和经济体制改革的进行,国家为适应经济社会发展的要求,逐

---

① [美]弗朗西斯·福山:《国家构建:21世纪的国家治理与世界秩序》,黄胜强、许铭原译,中国社会科学出版社2007年版,第1页。

② 肖松涛、高跃辉:《诺齐克国家理论述评》,《湖南省政法管理干部学院学报》2002年第2期。

③ 姚大志:《反契约论——评诺齐克的新自由主义》,《哲学研究》1997年第9期。

步下放权力给社会，以促进社会力量的发育。但当前处于转型期的我国，与诺齐克描述的社会团体相差很大。这就决定了他的国家观在我国市民社会力量依旧薄弱的状况下是并不适用的。处于转型期的发展中国家为维护经济政治的发展和社会的稳定，需要国家提供一个坚固的政治和法律秩序。福山通过对众多"失败国家""无能国家"的考察，强调发展中国家的当务之急是国家建构，"强化它们的国家制度的基础力量"，① 增强国家的自主性，并使之与社会结合起来，实施对社会的改造。倘若把国家与社会相分离，国家仅发挥守夜人式的功能，必然将导致社会的无序化、分散化。正如俞可平所指出的："如果过分强调国家的消极无为，放任自流，则可能导致公共秩序的混乱、贫富差别的悬殊、生态环境的恶化、社会安全的缺乏和国家防卫能力的减弱等。"②

通过以上历史和现实两方面的分析，可见诺齐克这种在理论上看似非常完美的最弱国家，对转型期的发展中国家在现实实践上是很难行得通的，也不适合我国的现实发展需要。中国的政治发展最终还是要基于本身的基本国情和政治现状，走属于自己的特色道路。

拓展阅读

1. [美] 罗伯特·诺齐克：《无政府、国家与乌托邦》，何怀宏译，中国社会科学出版社1991年版。
2. [英] 乔纳森·沃尔夫：《诺齐克》，王天成、张颖译，黑龙江人民出版社1999年版。

---

① [美] 弗朗西斯·福山：《国家构建：21世纪的国家治理与世界秩序》，黄胜强、许铭原译，中国社会科学出版社2007年版，第40页。
② 俞可平：《权利政治与公益政治》，社会科学文献出版社2000年版，第252页。

3. ［美］罗克全：《最小国家的极大值——诺齐克国家观研究》，社会科学文献出版社 2005 年版。
4. ［英］弗里德里希·奥古斯特·哈耶克：《通往奴役之路》，王明毅、冯兴远译，中国社会科学出版社 1997 年版。
5. ［美］约翰·罗尔斯：《正义论》，何怀宏、何包钢、廖申白译，中国社会科学出版社 1988 年版。
6. ［英］诺尔曼·P. 巴利：《古典自由主义与自由至上主义》，竺乾威译，上海人民出版社 1999 年版。
7. Jeffery Paul, *Reading Nozick: Essays on Anarchy, State and Utopia*, Lanham, MD: Rowan and Little Field, 1981.

第四讲　佩迪特的国家理论

晚近以来，共和主义的复兴影响甚巨，继社群主义之后成为挑战当代自由主义的又一强劲思潮。在各路共和主义的主张中，佩迪特的理论体系最为完备。在深入剖解伯林式消极自由观弱势的基础上，佩迪特提出以"无支配的自由"取代"无干涉的自由"，重新审视国家干涉行为的性质，赋予共和主义的国家以不同于自由主义国家的积极形象。如何理解佩迪特的无支配自由，这种自由与消极国家观是否相容，又与论辩式民主有何关联，这是本章试图解答的问题。

一　无支配自由：干涉并非永远为恶

从共和主义的角度，佩迪特的理论路线与斯金纳相近，而与阿伦特和泰勒不同。他只是试图打破自由主义对自由概念的垄断，寻求界定一种新的自由观，而从未打算将共和主义建构成追求一种不同于自由价值和目标的理论体系。

佩迪特认为，无论自由主义还是共和主义，自由都是其最为根本的目标和价值，二者的区别仅为对于自由含义的理解上的分歧。斯金纳曾将"强制"和"奴役"作为自由主义追求的自由的对立物，从这个意义来看，自由的根本在于远离强制和摆脱奴役。"如果你希望去保有你的自由，你就必须确保你生活在没有任何专断权力成分的一种政治体制下。"① 佩迪特则明确将自由主义的自由定义为"无干涉的自由",即自由的本质在于"外部障碍之阙如"。② 具体而言,自由的存在是以其他事物的阙如为标志的,尤其是一些强制性因素的阙如——这些强制性因素阻碍了行为主体,使之不能追求他或她已经选定的目标,不能追求不同的选择,或者至少不能在两种可能性之间进行选择。在佩迪特看来,这一概念的最经典表述莫过于伯林关于"两种自由的划分",③ 而当今主流的自由主义捍卫者,从罗尔斯到德沃金再到诺齐克,无一不是在坚持这种无干涉的自由观。

消极国家观是"无干涉的自由"的必然结论,因此自由主义传统中的国家只具有"守夜人"的形象。在自由主义者看来,国家存在的目的就是要维护公民的自由,但任何一项国家行为(包括法律)本质上都是对个人行为的干涉,这种干涉对其他自由的增加是可能的,但干涉所波及的自由本身的丧失却是必然的。更为重要的是,公民必须拥有一定的最低限度的自由或者必须拥有一个最低限度的自我选择不受干涉的领域,任何国家干涉行为都不能进入这个领域之中。换言之,在无干涉的自由观看来,国家的干涉行为虽然可能因为其他方面的价值得到辩护,但就其损害了公民个人的自由来说,却绝对是一种"恶",通常人们忍受这种"恶"的唯一理由就是为了避免更大的恶的产生。因此,以这

---

① [英] 昆廷·斯金纳:《自由主义之前的自由》,李宏图译,上海三联书店2003年版,第51页。

② [澳] 菲利普·佩迪特:《共和主义:一种关于自由与政府的理论》,刘训练译,江苏人民出版社2006年版,第23页。

③ 佩迪特对伯林的自由划分法持明确的反对态度,他认为:"这种消极自由/积极自由的划分在政治思想中产生了恶劣的影响。姑且把细节问题搁在一边不论,它制造了这样一种哲学上的错觉,即认为只存在两种理解自由的方式……"同时,基于这种划分产生的哲学和历史叙述具有误导性,"尤其是它们忽视了一种全然不同的理解自由和自由之制度要求的方式,掩盖了第三种方式在哲学上的有效性和历史上的真实性"。参见 [澳] 菲利普·佩迪特《共和主义:一种关于自由与政府的理论》,刘训练译,江苏人民出版社2006年版,第23、24页。

种自由观为核心的自由主义所追求的目标无非是将国家的干涉最小化，或如潘恩所言"最小的国家是最好的国家"，或如诺齐克所言"最弱意义的国家就是最好的国家"，而对抗国家干涉最有力的论证就是声称这种干涉是对公民自由的侵犯。即便在支持一定程度国家干涉的罗尔斯那里，也有关于第一原则和第二原则的区别，即基本自由是必须首先被平等地分配和保护的。

为了从根本上挑战这种自由主义的国家观，佩迪特认为必须提出一种全新的共和主义的自由观。这种自由观必须能够为合理的国家干涉行为（如福利政策等）提供基础性的概念支撑。[1] 针对自由主义者的无干涉的自由，佩迪特从最早的"弹性无干涉"的自由，[2] 到"反权力"的自由，[3] 一直到1997年在《共和主义：一种关于自由与政府的理论》中正式提出系统的"无支配"的自由概念。

在佩迪特看来，支配是与干涉完全不同的两种情况，必须对两者进行区分。比如在主人和奴隶之间，或者由于主人的仁慈，或者由于奴隶的聪明，从行为角度来看，他从未受到来自主人的任何干涉，但作为一个奴隶，他有一个主人，从身份角度来看，他时时刻刻处于支配之下。再设想两个现代人之间，的确有人干涉了我，但这种干涉并非出于专断的目的，这个人与我发生了关联，但不是作为主人，只是一个利益关联者。前一种情况可以被称为"无干涉的支配"，后一种情况就是"无支配的干涉"。没有事实的干涉，并不意味着对利益没有影响，支配可能使利益彻

---

[1] 维罗里将当代理论界的自由观划分为三种："第一种是自由主义的自由观，它断言自由即不受干涉；第二种是共和主义的自由观，它主张自由（主要地）意指不依赖于他人的任意意志；第三种是民主的自由观，它认为自由主要意指能够决定治理社会的规则。"参见［意］诺伯托·博比奥、莫里奇奥·维罗里《共和的理念》，杨立峰译，吉林出版集团有限责任公司2009年版，第33页。

[2] ［澳］菲利普·佩迪特：《消极自由：自由主义的与共和主义的》，刘训练译，载应奇、刘训练编《第三种自由》，东方出版社2006年版，第184页。

[3] ［澳］菲利普·佩迪特：《反权力的自由》，彭斌、李安其译，载应奇、刘训练编《第三种自由》，东方出版社2006年版，第220页。

底丧失；干涉行为的客观存在，并不必然带来利益的损失，有些干涉是友好的、善良的，"当且仅当对我的干涉是为了我的进一步利益，并且是根据我所接受的观点而实施时，另一个人或行动者对我的干预就是可取的"。①

佩迪特认为，自由主义与共和主义对于既没有支配也没有干涉的情况都是支持的，对于既有支配又有干涉的情况是反对的。而问题的关键就在于，自由主义者认为一切干涉都会构成自由的对立面，而共和主义者则认为无支配的干涉虽然是一种干涉，但这种干涉并不对人的自由造成损伤。在他们看来，自由的对立面仅仅是支配，而单纯的干涉并不损害自由；而同样，佩迪特也认为，自由主义完全无视无干涉的支配的情况的存在，因为自由主义者仅仅关注干涉。共和主义者一再重申，支配才是一种对自由更严重的损害，即使当不存在干涉的时候，单纯的支配就已经对自由构成了严重损害，这一点是自由主义者没有意识到的。"仁慈的主人剥夺了其下属的自由，即便事实上他没有干预他们，他也在支配他们；制定良好的法律没有剥夺臣民的自由，尽管它干预了他们，却没有支配他们。"②

如果说，区别"干涉"与"支配"的标准就在于可能的干涉行为本身并不具有专断性的特征，正如佩迪特所说："无支配的自由不同于无干涉自由的地方在于，它不仅使用了干涉的概念，而且还使用了任意的干涉这一概念，即建立在一种武断基础上的干涉。……当我们说这是一项建立在任意基础上的干涉行为时，我们指的是它完全出于行为主体的喜好，特别是，对他人之干涉的实施与否根本不考虑对方的利益或观点。"③ 那么，无干

---

① [澳] 菲利普·佩迪特：《共和主义：一种关于自由与政府的理论》，刘训练译，江苏人民出版社 2006 年版，第 29 页。
② 同上书，第 54—55 页。
③ [澳] 菲利普·佩迪特：《共和主义的政治理论》，刘训练译，载许纪霖主编《共和、社群与公民》，江苏人民出版社 2004 年版，第 89 页。

涉的自由与无支配的自由也就不难区分了："无干涉的自由认为干涉之阙如就是自由的充分条件，而无支配的自由则要求，任何人都不得拥有任意地干涉其他人——个人或共同行动者——之生活或事务的能力。"①

显然，以自主或自我治理为本质的积极自由与免于干涉的消极自由截然不同。因为，以积极自由为基础自然会引发出一套独特的国家观。但无支配的自由绝不同于积极自由，无支配的自由与无干涉的自由一样不关注自主或自我治理的问题，二者本质上都是一种"免于……"的自由，可以说都是一种"消极"意义上的自由，只不过是"免于"的对象并不相同：一个是干涉，另一个是支配罢了。② 换句话说，"无干涉的自由将自由与干涉直接对立起来：自由就是不存在干涉。而共和主义的无支配自由则将这种对立转化为另外两种形式：自由的反面不再是干涉本身，而仅仅是建立在任意基础上的干涉；自由的反面并不一定指实际的任意干涉，而仅仅是指某些人拥有这种干涉的能力"。③

二 积极国家：无支配自由的题中之义

相对于自由主义的无干涉自由观，共和主义的无支配自由观在产生"更易失去自由的效应"的同时，也产生了"更难失去自由的效应"。④ 这意味着，从自由的内容和范围来看，一部分自由增加了，另一部分自由却减少了。具体而言，无支配自由观将原本被无干涉自由观排除在自由之外的"无支配的干涉"纳入

---

① ［澳］菲利普·佩迪特：《共和主义的政治理论》，刘训练译，载许纪霖主编《共和、社群与公民》，江苏人民出版社2004年版，第88页。

② Robert E. Goodin, Philip Pettit and Thomas Pogge ed., *A Companion to Contemporary Political Philosophy*, UK: Blackwell Publishing, p.733.

③ ［澳］菲利普·佩迪特：《共和主义的政治理论》，刘训练译，载应奇、刘训练编《公民共和主义》，东方出版社2006年版，第91—92页。

④ 同上书，第92—97页。

自由的范畴，从而增加了自由的内容。但与此同时，它又将无干涉自由观从未在意的"无干涉的支配"清理出自由的范围，从而减少了自由的内容。这种简单的"一加一减"，给人一种貌似自由本身的"量"并未改变的印象。①

自由是现代国家的基本价值诉求之一，国家的角色与功能往往与自由的内在规定紧密相连。无支配自由观对自由的简单加减，是否代表国家行为的范围也相应扩大或缩小，且几无变化呢？答案显然是否定的。在佩迪特看来，与自由内容的"一加一减"不同，国家行为的范围是在"一加"之上又加了一个"以减为加"，实际相当于"两个加"。这大大扩大了国家行为的合法范围。这也恰是佩迪特共和主义国家观最具特色的地方。

首先，依据无干涉自由观，任何来自外部的干涉必然是强制的，哪怕是服从法律，"也是自由的一种损失"②；而无支配自由观则主张要将干涉区分对待，一些干涉如基于正当程序通过的法律或福利政策，必定以考虑被干涉者的利益为前提，这种干涉并未形成专断和支配，也没有侵犯公民的自由，这种干涉不能被认定是损害自由的行为。如此一来，国家的某些行为，无干涉自由观认为可能形成干涉、侵犯自由因此必须被禁止，而无支配自由观却可能认为无关痛痒，甚至被允许。③ 显然，无支配自由观下的国家行动范围大大扩张了。

再来看另外一种情况。无干涉自由论者对干涉行为心存戒备，只要没有干涉，自由就是安全的。无支配自由论者则持不同意见，他们认为，一些行为也许并未形成客观的外在干涉，但存

---

① 当然如佩迪特所分析的，无支配的自由存在"量"的维度与"质"的维度，笔者这里使用的"量"并不是特指其中一个维度，而是自由所意指的内容的增加与减少。
② ［澳］菲利普·佩迪特：《共和主义的政治理论》，刘训练译，载应奇、刘训练编《公民共和主义》，东方出版社 2006 年版，第 92 页。
③ ［澳］菲利普·佩迪特：《共和主义：一种关于自由与政府的理论》，刘训练译，江苏人民出版社 2006 年版，第 165 页。

在一种更为可怕的实质支配。这种支配是自由的真正敌人，是自由的威胁性因素。自由的实现就要免于支配，除了无干涉自由观也反对的"有干涉的支配"，还包括"无干涉的支配"，只有消除这些支配的要素才能保障并扩大自由的范围。消除支配与消除干涉的方式有所不同，消除干涉可以通过分散的、个人的方式来完成，而消除支配往往需要借助大规模的、集体的政治行为来实现。① 一个奴隶如果对自己主人的干涉行为不满，他可以奋起反抗或悄悄逃跑，但如何想彻底消除主人与奴隶之间的支配关系，那就必须团结其他的奴隶揭竿而起。国家要想消除社会生活中处处存在的支配现象，只能通过更进一步的国家干涉行为，且这种干涉不能是支配性的，这样才不与自由价值诉求本身相悖。在佩迪特看来，从某种程度来讲，无干涉与无支配都是国家追求的价值目标，只不过，前者更多时候是一种消极形象，是国家行为的一种约束性因素，后者更具积极形象，是国家所要追求的政治价值或"最高理想"。②

这意味着，无支配自由观将"无支配的干涉"纳入自由的范畴，这扩大了国家行为的合法性，同时它又将"无干涉的支配"排除在自由之外，同样扩大了国家干涉的范围。自由内容形式上的"一加一减"，演变了国家行动范围的"两加"。无支配自由观改变了人们对国家行为性质的基本判断。国家的合理干涉不再是必要的"恶"，而是基本的"善"。③ 一些国家干涉性的行为，只要不是支配性的，就可以得到容许和辩护。更重要的是，国家承担了额外的责任，它必须积极主动地通过干涉消除现实生活中广泛存在的各种支配性因素，无论是"有干涉的"，还是"无干

---

① Geoffrey Brennan ed., *Common Minds*: *Themes from the Philosophy of Philip Pettit*, Oxford: Clarendon Press, 2007, pp. 123 – 124.

② [澳]菲利普·佩迪特：《共和主义：一种关于自由与政府的理论》，刘训练译，江苏人民出版社2006年版，第127页。

③ Geoffrey Brennan ed., *Common Minds*: *Themes from the Philosophy of Philip Pettit*, p. 122.

涉的"。国家不再是传统自由主义笔下的"守夜人",而是现代自由的积极开拓者。

从理论角度看,基于无支配自由的国家应当是一种"积极国家",但显然,这种共和主义的积极国家观与基于积极自由的自由主义积极国家观有所不同。自由主义的积极国家观预设了一种特定的人性追求,个人要想实现源自人性的理想与目标,只能通过积极的政治参与,此时的国家是一种积极的存在,而共和主义的积极国家观则没有人性预设,国家存在的合法性只是为了消除妨碍自由的支配性因素,不仅国家的目的是被动的、消极的,消除的方式也必须是非支配性的,以避免国家为消除支配性因素而产生额外的支配行为。更为关键的是,自由主义的积极国家观关注的重点仅仅在于:为实现自我治理的目的,个人如何借助政治参与从而积极分享国家的政治权力。它关注权力的性质,却对权力产生的效果不甚在意。至于权力行使行为是干涉的还是支配的,反而显得无足轻重。

三 论辩式民主:无支配自由的必然关联

对于自由的实现与政治形式之间的关联问题,传统自由主义者并未深入探讨,[①] 即便如贡斯当、密尔等诸多代议制民主的倡导者,也没有明确指出自由与代议制之间的内在关联,更未深入探讨自由应与何种民主相应,个人自由是否应以国家自由为前提等问题。

对于这一问题,当代学者较为关注。伯林提出,既然自由就是免于干涉,那么自由之实现只与干涉的存在与否相关,而与政

[①] Philip Pettit, *Made with Words: Hobbes on Language, Mind, and Politics*, Princeton and Oxford: Princeton University Press, 2008, p. 140.

府的形式关系不大，无论君主制还是民主制，政府行为都有可能造成对自由的威胁。一般来说，法律是政府干预个人的基本形式，个人自由无不处于法律的笼罩之下，在这一点上，人民自行颁布的法律与君主制定的法律没有实质的差异，民主政府所产生的对自由的压制未必就比君主政府的少。主权者干预的程度与范围，以及留给个人的自主领地有多大，这些关系到自由实现的关键问题对所有政府都是一样重要的。虽然人们早已习惯将自由与代议制联系在一起，但在伯林看来，二者之间实在没有什么逻辑性或必然性的关联，贡斯当和密尔对民主的过分乐观，只是夸大了自由与民主制之间的有限联系，因为如果严格地从无干涉自由观来看，自由并未预设任何政体形式，按他的话说："自由，在这个意义上，无论如何，并不与民主或自治逻辑地相关联。大体上说，与别的制度相比，自治更能为公民自由的保存提供保证，也因此受到自由主义者的捍卫。但是个人自由与民主统治并无必然的关联。"①

对于这一点，斯金纳显然难以接受。他指出，共和主义传统之所以有别于自由主义传统，恰恰在于"共和主义传统的思想是把对个人自由的分析置于一个更宽泛的讨论之中的，即对 vivere libero（自由生活）的讨论，对'自由国家'及其'生活的自由方式'的理想的讨论"，② 对于个人自由的实现，他倾向于在国家的背景和基础上思考，"只有在一个自由的国家个人才仅仅可能是自由的"。③ 这个"自由国家"对外不受国外势力的干涉，对内推行代表大多数人意志的法律。这意味着，自由必然与某种政体形式相关联。

---

① [英]以赛亚·伯林：《自由论》，胡传胜译，译林出版社2003年版，第198页。
② [英]昆廷·斯金纳：《论正义、共同善与自由的优先性》，达巍译，载达巍、王琛、宋念申编《消极自由有什么错》，文化艺术出版社2001年版，第133页。
③ [英]昆廷·斯金纳：《自由主义之前的自由》，李宏图译，上海三联书店2003年版，第42页。

虽然如伯林等人所批评的，斯金纳式的论证有将国家自由与个人混为一谈之嫌，且由于其自身理论的不完善也无法提供更为完善的论证，①但佩迪特原则上仍然接受了斯金纳的结论，认为自由与民主政体存在内在的关联，个人自由必然以某种形式的国家为前提。借助"无支配的自由"的概念，他有力地回应了伯林式的批评。

佩迪特如此分析，既然自由意味着没有支配，那么在那些存在支配性因素的地方，自由也就无从谈起。在君主制政府中，君主也许并没有经常干涉个人自由，按照无干涉自由观，此时个人是自由的，而在无支配自由观看来，君主统治的专断性、任意性，使得君主与个人呈现典型的支配关系，即便并未发生实际的干涉行为，两者之间支配性关系的性质也是现实存在的。在这种支配关系下，此时此刻无干涉事实的存在，并不影响下一秒干涉行为的扑面而来。当自由处于这种朝不保夕、随时可能被干涉的危险之下，个人自由何以保全呢？这意味着，要想实现无支配的自由，首要前提是国家的统治形式必须是非专断的、非支配的，无支配自由与非专断性统治之间具有必然关联。这种政府形式只能是民主制，这种制度可以确保所有的法律是无支配性的，因为法律基于全体人民的同意，而且，仅仅是同意还远远不够，程序意义上的"同意"往往只能代表多数人的意见，必须要让法律接受个人的论辩与质疑，"公共决策的非专断性来自于它们满足了如下条件，即如果它们与公民们明显的利益和观念发生了冲突，那么公民们就可以围绕它们展开积极的论辩；而不是因为它们起源或产生于某种同意的过程"。②基于此，佩迪特提出了共和主

---

① 斯金纳后来恰恰是接受了佩迪特的影响，调整了自己早期的理论，才能够较为清楚地论证个人自由与国家自由之间的关系。参见［英］昆廷·斯金纳《自由主义之前的自由》，李宏图译，上海三联书店2003年版，第41—69页。
② ［澳］菲利普·佩迪特：《共和主义：一种关于自由与政府的理论》，江苏人民出版社2006年版，第242页。

义的"论辩式民主",这种新型民主观容许干涉,又将专断性的支配拒之门外,实现了共和主义一直倡导的无支配自由的理念:"只有当我能够对任何这样的干涉提出有效的争议,只有当我能够强迫它对我的利益和想法作出回应时,干涉才不是专断的,干涉者才不是支配性的。"①

如此可见,共和主义国家观与自由主义国家观的又一重要差异就在于自由是否与政体形式关联。佩迪特提醒人们,无干涉自由论者将民主视为工具,他们也会倡导民主制,但这仅仅是因为相信民主制可以更好地保障并维护个人自由,而无支配自由论者对民主制的青睐,一定是出于对自由本身的追求。为了自由,自由主义者可能会选择民主制,共和主义者则必然会选择。基于无支配自由的论辩式民主,不仅有力地驳斥了自由主义的"反民主逻辑",更最大限度地重筑了自由与民主制的内在联系。

四 协商共和国:希望还是偶像?

为了实现个人自由,容许国家对个人进行干涉,只要这种干涉不达到支配的地步,就是佩迪特共和主义国家观的精髓。这种定位为国家的积极作为保留了余地,也为国家的行为扩张提供了有力的支撑。有了这一前提,国家对美德的主动倡导,公民对民主的积极参与,都可以得到辩护。② 而这恰是时下热议的论辩式民主的根基所在。这种民主观在反思自由主义的无干涉自由的前提下,提出确保国家干涉行为的非支配性的现实策略,无论对传统自由主义的消极国家观还是对现代自由主义的积极国家观都构成有力的挑战。

---

① [澳]菲利普·佩迪特:《共和主义:一种关于自由与政府的理论》,刘训练译,江苏人民出版社2006年版,第242页。

② Robert E. Goodin, Philip Pettit and Thomas Pogge ed., *A Companion to Contemporary Political Philosophy*, p. 732.

自由主义者不得不承认，20世纪以来，除了社群主义，共和主义的这次挑战威胁最大。佩迪特的无支配自由观把个人、社会和国家有机地联结在一起，开拓了思考国家与社会、国家与个人关系的新视域，在一定程度上弥补了传统自由主义自由观的缺陷。针对传统自由主义在现实政治中造成的诸多弊端，如公民政治参与程度低、认同感不足、国家行为过度消极化等，这种无支配自由以及建基于其上的无支配的国家观，无疑被人们寄予厚望，共和主义在当代的强势复兴便是承载了人们热望与期待的明证。人们有理由相信，共和主义的国家观就是破解当代政治顽症的一剂良药，甚至开始议论建立在无支配自由观基础上的国家与社会关系是否真的会在现实中到来。

然而，没有理论是完美无缺的。客观地说，佩迪特对自由主义传统的理解、对当代政治现状的估计确有偏颇：无干涉自由并不能全然概括整个自由主义传统；[1] 当代西方政治的现状是诸多思想观念合力作用的结果，也绝非仅仅源自自由主义的塑造。同时，佩迪特的共和主义国家观无法解答以下问题：支配和干涉是否可以清晰界分？无支配的干涉真的会使自由毫发无伤？国家的干涉行为，无论如何顾及个人利益，其实质难道不是在缩减个人选择的范围？虽然他一再强调"非专断的国家权力遵循的是公众的福利和世界观，而不是掌权者个人的福利和世界观。国家实施的干涉行为必须出于受动者共同利益的考虑，这种利益要求至少在程序意义上是为接受干涉者所共享的"，[2] 但究竟应如何确保国家的干涉是无支配的呢？他所主张的论辩式民主和协商共和国能够做到这一点吗？这些都是值得进一步商榷的问题。

---

[1] Philip Pettit, *Made with Words: Hobbes on Language, Mind, and Politics*, p. 116.

[2] ［澳］菲利普·佩迪特：《共和主义的政治理论》，刘训练译，载应奇、刘训练编《公民共和主义》，东方出版社2006年版，第91页。

佩迪特的理论不可能解决所有问题。他看到了自由主义的无干涉自由观的不足，并试图借助共和主义的无支配自由观加以弥补，针对当代自由主义者的批判，在最新出版的《行动自由与选择自由》中，佩迪特补充说，无支配的自由主要关注行动自由而不是选择自由，对当代共和主义来说，"成为一个自由人就是成为一个在他们社会的法律和习俗中与他人受到同等保护的公民；并且，这是一个共同意识问题"。① 这种修正与反思是我们所乐见的，只不过，一些结论仍需现实的检验。

拓展阅读

1. ［澳］菲利普·佩迪特：《共和主义：一种关于自由与政府的理论》，刘训练译，江苏人民出版社2006年版。
2. ［英］昆廷·斯金纳：《自由主义之前的自由》，李宏图译，上海三联书店2003年版。
3. ［意］诺伯托·博比奥、莫里奇奥·维罗里：《共和的理念》，杨立峰译，吉林出版集团有限责任公司2009年版。
4. ［英］以赛亚·伯林：《自由论》，胡传胜译，译林出版社2003年版。
5. 达巍、王琛、宋念申编：《消极自由有什么错》，文化艺术出版社2001年版。
6. 应奇、刘训练编：《公民共和主义》，东方出版社2006年版。
7. 应奇、刘训练编：《第三种自由》，东方出版社2006年版。
8. 应奇、刘训练编：《共和的黄昏：自由主义、社群主义和共和主义》，吉林出版集团有限责任公司2007年版。

---

① ［澳］菲利普·佩迪特：《行动自由与选择自由》，陈高华译，载刘训练编《后伯林的自由观》，江苏人民出版社2007年版，第341页。

9. 刘训练编:《后伯林的自由观》,凤凰出版传媒集团、江苏人民出版社2007年版。
10. 许纪霖主编:《共和、社群与公民》,江苏人民出版社2004年版。

第二编
民主理论

第五讲　佩迪特与论辩式民主
第六讲　公民社会与民主化关系的新解读
第七讲　国家极化与当代欧美民主危机

第五讲　佩迪特与论辩式民主

作为当代新共和主义的代表人物，佩迪特的无支配自由观一直是学界探讨和争论的核心议题。实际上，他的论辩式民主在其政治哲学中的地位也不容忽视。作为无支配自由的必然结论，论辩式民主是确保这种自由实现的最具创造性的制度设计。在协商民主的基础上，这种民主形式将协商、包容和回应作为题中之义，具有强大的理论解释力和现实必要性。

一　无支配自由：论辩式民主的逻辑起点

无支配自由被佩迪特视为"社会和政治制度设计的中心理念"，[①] 在其政治哲学中居于中心地位。这种自由观认为，自由的实现与是否受到干涉无关，应主要看其是否受到支配。如何既确保积极的干涉行为的存在，又排除无实际干涉的支配现象，是最为关键的问题。从这个角度来看，佩迪特的论辩式民主是无支配自由观逻辑推演的必然结果，因为这种民主的最终目的就是要更好地保障无支配自由的实现。

[①] ［澳］菲利普·佩迪特：《从共和到民主》，涂文娟译，《马克思主义与现实》2008年第1期。

在当代政治哲学领域中，新共和主义复兴的重要标志就是重构自由观，而这恰是自由主义的核心价值。维罗里曾说："自由主义在其漫长的历史进程中曾经遭到过各种各样的挑战，但它从来没有或者说很少遇到以自由——即自由主义的核心价值——的名义发起的挑战。"① 佩迪特从"无支配的干涉"和"无干涉的支配"两个重要论题出发，认为无支配自由观是超越于积极、消极自由之外的"第三种自由"。他认为与自由相对的并非干涉，而是奴役，因此伯林以干涉阙如来界定自由是难以保障自由的真正实现的，因为实际上存在大量无实际干涉情形的支配情况，如仁慈的主人对奴隶虽然没有干涉，但是奴隶的意志仍无形中受到主人的支配。因为这种自由的实现基于很多偶然的因素，是非常脆弱的，一旦主人稍微改变情绪，这种脆弱的自由是无法获得保障的。而有些干涉只要是非支配性的，则不仅对自由是无害的而且是保障自由的，如制定良好的法律，"法律的存在是对自由的一种制度性构成，是对专断性干涉的一种抑制物"。② 可见，佩迪特以是否受到支配为标准，对无干涉的自由观进行了加减运算，力图将其所忽视的无支配的干涉的"积极自由"成分及法律干涉的正当性重新统合进自由概念的范畴，同时又谨慎地削减了伯林的"消极自由"，避免无干涉的支配。

显然，佩迪特的理论诉求并非重构自由主义，而只是"试图打破自由主义对自由概念的垄断，从而界定一种新的自由观"。③ 以往，消极自由和积极自由二元划分已无法容纳无支配自由的内涵，因为无支配自由的"无支配的干涉"和"无干涉的支配"之间有一定的重合区域。换句话说，一方面，佩迪特使自由更为

---

① 应奇、刘训练编：《公民共和主义》，东方出版社2006年版，第154页。
② [澳]菲利普·佩迪特：《共和主义：一种关于自由与政府的理论》，刘训练译，江苏人民出版社2006年版，第108页。
③ 庞金友、刘影硕：《从概念选择到方法解构：佩迪特无支配自由观的逻辑与缺陷》，《教学与研究》2012年第1期。

严格，某些被消极自由论者视为自由的状态在他看来根本不是自由，因为自由已在无形中受到了支配，"自由不仅要求这种专断干涉权力的不实施，而且要求它的不存在"。① 另一方面，佩迪特又使自由更为宽泛，某些被消极自由论者认为受到干涉从而不自由的状态在他看来仍是自由的，因为这些干涉是非专断的。

当代新共和主义具有强烈的现实主义倾向，佩迪特不满足于将无支配自由作为一种空洞的理想悬浮至高空，不希望无支配的自由成为"一种应当留给个人通过一种分散的方式加以追求的理想"，② 他更希望它能成为一种国家应大力推动和增进的善。按照无支配自由的逻辑，为防止社会中因私人所有权导致的支配现象，国家必须发挥积极的作用。当然，如此一来，国家就有可能成为潜在的对无支配自由的威胁因素，谁都无法确保国家所采取的政策和实施的行为总是基于公共利益而非其他。与时刻提防国家干涉的自由主义不同，共和主义一直对国家持乐观态度，因为在共和主义者看来，问题的关键不在于政府的大小强弱，而在于政府行为的动机和目的。在佩迪特看来，"判断国家或政府的干涉行为，就是看是否遵循公众的福利和观念"。③ 如果政府的行为是基于考虑公众的福利和观念作出的，那么政府的这种干涉行为就是非专断的。而非专断的干涉行为在无支配自由观看来并非是对自由的威胁，而是保障自由的实现。可见，问题的关键所在就是要保证无支配自由这种最高价值的实现，就得确保国家的行为是非专断的，"国家实施的干涉行为必须出于受动者共同利益的考虑"，④ 而要做到如此就得需要制度性的程序来落实。

论辩式民主正是在这种自由观的逻辑预设下产生的，"论辩

---

① ［澳］菲利普·佩迪特：《共和主义：一种关于自由与政府的理论》，刘训练译，江苏人民出版社2006年版，第388页。
② 同上书，第126页。
③ 同上书，第58页。
④ 许纪霖主编：《共和、社群与公民》，江苏人民出版社2004年版，第91页。

式民主既是一个识别公共利益的过程，也是迫使和保证国家遵循公共利益的措施"。① 论辩式民主之所以是必要的，完全是为了实现无支配的自由；无支配自由的实现，是论辩式民主的最终价值归宿。

二 协商、包容和回应：论辩式民主的内在要求

佩迪特的论辩式民主是无支配自由观推导出的，是这种自由观的制度性落实。理清论辩式民主的产生和定位后，接下来需要把握的就是该民主观到底是什么样的民主，具有何种特征使其区别于其他种种民主观。

在实现无支配自由观的制度性落实上，佩迪特首先借助于宪政的约束机制，使政府按照法治的、分权的形式运行，为了保证法律的顺利实施和执行，需要政府拥有一定的自由裁量权。但这种自由裁量权的存在，使公共政策仍旧可能处于某些专断权威的控制下，即便实行分权，分权后的各部分内部也会出现权力的聚合，出现潜在的支配性。可见，无论通过法治还是分权，在宪政体制内部是无法完全消除专断性权力的，这就进一步产生了民主论辩的必要。正如佩迪特所言："但是仅仅这一政府组织形式又是不够的，因为多数的暴政以及精英主义统治都是可以与之并存的，这也就是论辩式民主的出现的必要性。"②

与传统民主观所认为的民主与同意联系在一起的思路不同，新共和主义认为"民主也可以按照一种首先是论辩的而不是同意的模式加以理解"。也就是说，"按照这种模式，只要人民单个地

---

① 刘训练：《从"无支配自由"到"论辩式民主"——佩迪特的共和主义政治哲学述评》，《天津师范大学学报》2009 年第 4 期。

② Philip Pettit, "Deliberative Democracy and the Discursive Dilemma", *Philosophical Issues*, Vol. 11, 2001, pp. 268–299.

和集体地对政府的决定享有永久的论辩之可能，那么这个政府就是民主的，它就是一种为人民所控制的统治形式"。① 佩迪特的论辩式民主就是遵循该模式的思路进行阐释的。他认为人民获得民主的事实就是，"他们随时能够对决策展开论辩，并且如果通过论辩发现它与其相关利益或观念不一致时，能够迫使它加以修正"。② 他主张现代政治除常规性的选举民主（electoral democracy）之外，还必须有争议民主（contestatory democracy）加以补足，才符合完整的共和主义宪制设计。③ 可见，佩迪特强调民主具有选举和争议两个方面，主要是针对政府可能出现的专断统治。在他看来，"民主的理想不是基于人民的所谓同意，而毋宁是基于政府所作所为的可论辩性"。④ 因此，为了保证公共政策是可论辩的，确保其始终是为公共利益服务的，佩迪特又进而提出满足其实现的三个前提条件，即基础性的协商共和国、具有发言权的包容性共和国和论坛式回应共和国，三者三位一体，缺一不可，构成了论辩式民主的独特性特征。

协商共和国，是论辩式民主的基本前提。当代新共和主义都相信这一点：要确保对公共政策始终是遵循公共利益和观念方面具有可论辩性，就需要将论辩建立在协商讨论的基础上，这是论辩得以展开的最基础性条件。"除非公共政策旨在以一种基于讨论的方式来回应恰当的考虑，否则就不会为不同的人围绕它展开论辩提供一个可靠的基础。"⑤ 佩迪特通过比较论辩的讨价还价和讨论基础，指出要想使得公共决策以一种共和主义的方式保持

---

① ［澳］菲利普·佩迪特：《共和主义：一种关于自由与政府的理论》，刘训练译，江苏人民出版社2006年版，第243页。

② 同上书，第244页。

③ Philip Pettit, *Republicanism: A Theory of Freedom and Government*, Oxford: Clarendon Press, 1997, p. 202.

④ 张芳山：《佩迪特的民主观及其启示——一种共和主义的视角》，《江西教育学院学报》2007年第1期。

⑤ ［澳］菲利普·佩迪特：《共和主义：一种关于自由与政府的理论》，刘训练译，江苏人民出版社2006年版，第248页。

其可论辩性，必须将其建立在协商讨论的基础上，这样才能考察各方面的意见，在讨论过程中形成偏好，而不是基于给定的偏好讨价还价。如果是建立在讨价还价的基础上，人民进行论辩只能依附于特定的利益集团，这无可避免地使人民处于受支配状态，违背了进行论辩的初衷。而"讨论之论辩的优点在于，它们对任何能够对公共决策路线提出合理异议的人来说都是开放的；为了向一项有充分理由的决策提出合理的挑战，你不必非得拥有特殊的势力或权力"。① 只有基于这种协商共和国的基础性存在，才能保证每个人有为维护自己的利益进行论辩的可能，而不必依附于其他的支配性力量。但佩迪特最后强调这种基于讨论的协商的基础，并非要最终达成一种高度的共识，而是说即便未达成共识，有效的论辩要求的决策也应当是在一种合理协商的基础上作出的。

包容性的共和国是论辩式民主的进一步保障。如果缺乏一种对公共政策进行论辩的可行性渠道，仅有论辩的基础其实是于事无补的，要确保论辩的可持续性，就必须在协商的基础上提供进一步的保障。也就是说民主的论辩性形象要求，一旦公共决策侵犯了某些人的利益或观念，无论这些人是多数还是少数，他们的利益和观念都应当有渠道得到维护。"民主不仅仅必须是协商的，而且还必须是包容的。"② 如果立法、行政或司法的决定不是出于公共利益的考虑作出的，侵犯了部分公民的权利，不论该受害群体有多大，哪怕只是很有限的小部分人，也能够对侵害其利益的公共政策提出一种有影响的抗议。他们所享有的抗议性权力是一种超越于传统自由主义民主所赋予公民的象征意义的公民权，这种论辩权来自需要申述的群体，而并不仅仅是对这些群体产生的共鸣。在此，论辩式民主就是在公共讨论审议的过程中，又加了一层保护性措施，因为在公共讨论过程中每个人都有可能成为

---

① ［澳］菲利普·佩迪特：《共和主义：一种关于自由与政府的理论》，刘训练译，江苏人民出版社2006年版，第246页。

② 同上书，第249页。

相对的少数，防止多数意见的达成成为专断干涉的源泉，论辩式民主又提出了包容性要求，赋予每一个公民基本的争议权利，以保障无支配自由。正如佩迪特指出的："立法议会就决议进行论辩时，它应该考虑各种重大的意见——不是从特权者有限的视角来看，而是从整个社会宽广的视角来看。"① 但这种理论上理想的包容性共和国也仍面临在现实生活中能否实现和可行的问题，因为现实的政治运行无法做到不受经济影响。这样的话，佩迪特所言的包容性在多大程度上能够实现，就是值得商榷的问题。

回应式的共和国是论辩式民主的最终落实。拥有了展开论辩的基础并获得了发言的权利后，还是不足以保证论辩的最终实现，如果公民的争议没有得到回应，整个论辩的实施是毫无意义的。只有当公民的争议得到相应的回应，才能实现论辩式民主的最终落实。因为如果仅将其停留至第二步，而没有回应这项要求的话，这种民主观与之前所谓的基于同意的民主就没有多大区别。在笔者看来，佩迪特这里所谓的回应，重点是强调了一种互动。只有如此，论辩的实际作用才能得到显现。

那如何回应呢？现实生活中通常采取的群众性运动，佩迪特指出："回应必须以一种去政治化的（depoliticized）方式作出。"② 只有以这种方式才能防止回应受到公共争论的情绪和压力的影响，也即只有通过该方式，经过论辩所提出的申诉才有意义，论辩的价值才能发挥出来，否则之前所进行的论辩仅是空洞的。但还需要注意的一点是，回应并非意味着论辩都得到满足，有可能是因为该论辩是基于论辩者个人或群体的自我利益作出的，或者这种论辩的提出是代表少数人所认为的符合公共利益的判断。在佩迪特看来，无论基于何种原因论辩未得到回

---

① [澳] 菲利普·佩迪特：《共和主义：一种关于自由与政府的理论》，刘训练译，江苏人民出版社2006年版，第250页。

② Philip Pettit, "Depoliticizing Democracy", *Ratio Juris*, Vol. 17, No. 1, 2004, pp. 52–56.

应，但只要这种决定是经恰当程序在不受专断干涉的情况下作出的，该决定就没有影响到未得到回应的论辩者的无支配自由。

可见，佩迪特所提出的论辩式民主遵循政策的协商模式，能够包容共同体中所有重大的不同声音，并能够对论辩提出的反对意见作出恰当的回应。它容许干涉，又将专断性的支配拒之门外，实现了共和主义一直倡导的无支配自由的理念。① 这种论辩式民主观在佩迪特看来具有首要的重要性，"一旦确立了一种论辩式民主，那么所有的问题当然就可以迎刃而解了"。②

三 能否超越协商民主：论辩式民主的优势及困境

当代民主理论发展的最显著特征就是出现了所谓的"协商转向"（the deliberative turn）。③ 协商民主理论针对以投票为中心的民主在当代发展中面临的困境，注重政治参与的价值，强调公民间的公开讨论、对话，以求取得理性共识，但它忽视了政治活动的对抗性和排斥性特征。佩迪特通过对协商民主的分析总结，指出协商民主会出现一种分散性的困境（the discursive dilemma）：虽然在预先的投票选择中，每一个前提性的选择都得到了多数的支持，但结论性的选择中只有少数人支持；或者还有可能是前提没有得到多数人的支持，但结论获得了多数的支持。④

---

① 庞金友、何涛：《从无支配自由到论辩式民主：佩迪特的共和主义国家观解析》，《学海》2010年第5期。
② [澳] 菲利普·佩迪特：《共和主义：一种关于自由与政府的理论》，刘训练译，江苏人民出版社2006年版，第262页。
③ John S. Dryzek, *Deliberative Democracy and Beyond: Liberals, Critics, Contestations*, Oxford: Oxford University Press, 2002. p. 1.
④ Philip Pettit, "Deliberative Democracy and the Discursive Dilemma", *Philosophical Issues*, Vol. 11, 2001, pp. 268–299.

对于协商民主的这一内在缺陷，佩迪特主张以论辩式民主加以弥补。他一再重申要关注公民对公共政策的有效争议，而并不能仅仅满足于协商民主的参与讨论。论辩式民主关注政治活动中的支配性，遵循了马基雅维利关于"共同善并不是商议的结果而是言辞斗争的结果"的政治信条，更能体现和践履古典公民共和主义的现实主义精神，正如有学者指出的："佩迪特在让共和主义服务于当代民主理论方面做出了最为雄心勃勃的努力。"①

论辩式民主同协商民主的初衷一样，针对民主在现代社会运转过程中产生的政治参与热情低下、投票率低等问题，其立足点都是进一步强化人们的政治参与，但两者的不同点在于：协调民主强调通过参与公共论坛，以对话或商谈的方式对公共政策进行充分讨论，以形塑自己的偏好，希望通过对话达成基本共识，在佩迪特看来，这势必妨碍公民对不利的公共政策提出质疑，最终依旧无法确保专断支配的阙如。为此，针对协商民主的不足，佩迪特主张的这种新型民主观提出了论辩机制对其加以完善，通过该论辩机制所包含的协商、包容和回应三位一体的特征，为人们提供各种渠道和措施，以使无论立法、行政抑或司法方面各项法律、政策、措施都可以被争议。同时给予每一个切身利益受到侵犯的公民防止专断干涉的权利，让人们表达出真实的自我，并赋予公民程序性、质询性和上诉性资源，以期避免无休止的争论，减少争议的负担，让民主的运转更有效率。

论辩式民主虽然建立在审议的基础上，但其超越了协商民主，以更好地保证公民无支配自由的实现。通过运用争议性权利，不但可以使得公共决策始终基于公共利益而做出，而且这种

---

① 应奇、刘训练编：《共和的黄昏：自由主义、社群主义和共和主义》，吉林出版集团有限责任公司2007年版，第116页。

权利本身的行使过程就是民主实践、民主成长的过程。特别是在日益全球化的当今社会，相较于以往仅限于民族国家内的各类民主模式，如以选举为中心的自由主义民主以及之后的参与民主和协商民主，它们都面临着全球化背景下世界性民主如何实施的困境。而佩迪特的论辩式民主无疑符合这种趋势，"但恰恰是因为共和主义——与自由主义不同——并没有把一个公民的最高权威（sovereign authority）等同于代议制民主的选举程序，所以共和主义告诉了我们一些关于世界主义民主的极为重要的意义"。①

论辩式民主同协商民主一样，都批判了自由民主理论中由于多数同意原则所导致的"多数暴政"的危险，以及政治运作过程中运用的基于个人利益最大化的市场模式。但与协商民主将投票视为最终为了作出决策而不得不付诸的手段不同，论辩式民主并不将其视为无奈之举，而是认为"选举式民主的作用是基础性的，并不能防止积极性的错误（即允许共同的、公认的利益之外的因素对政府施加影响从而获得权威），因此，我们需要论辩式民主来确保进一步的安全"。② 在现代多元复杂的社会中，仍需要借助选举民主使得所有潜在的关乎公共利益的事务得到倾听。但选举民主往往以多数至上的原则行使，致使"公共政策的真理性、合理性即决策事项的公共性必定受到'多数即合法'的压制"，③ 这无疑忽视了少数人的利益，而且选举民主对当权者的控制是间接行使的，这就难以避免某些政策偏离公共利益，为当权者一己私利服务。可见，在选举上民主的国家可能是一种选举的专制，或成为一种多数暴政或成为精英集团的小群体暴政。这

---

① 应奇、刘训练编：《共和的黄昏：自由主义、社群主义和共和主义》，吉林出版集团有限责任公司2007年版，第469页。

② Philip Pettit, *A Theory of Freedom: From the Psychology to the Politics of Agency*, New York: Oxford University Press, 2001, p.173.

③ 许纪霖主编：《公民性与公民观》，江苏人民出版社2006年版，第233页。

些问题不仅能够得到理论上的论证,也有经验的实例说明。这就需要对选举式民主进行补充修正,赋予民众以争议性权利,避免选举民主所无法摆脱的专断弊端。

可见,"基于无支配自由的论辩式民主,不仅有力地驳斥了自由主义的'反民主逻辑',更最大限度地重筑了自由与民主制的内在联系"。① 也就是说,无支配的政府必须是民主的,而自由主义民主政府则未必。② 论辩式民主恰当地处理了自由与民主的关系,为克服民粹主义和自由主义民主的弊端探索了新的路径。佩迪特从共和主义传统中挖掘的无支配自由观,很好地将自由和民主融贯起来,摆脱了之前将二者简单处理的混乱。拉莫尔曾评价道,"一旦自由被理解为支配的缺席,它和民主观念的关系就完全改变了",③ 民主与自由之间既非消极自由论者所认为的毫无关联,又非积极自由论者所要求的因果性关系,而是工具性的关系。正如佩迪特指出的,论辩式民主提供了一种双重维度的民主理想:"在这种理想中,人们拥有两种类型的权力,一种是创制权,另一种是修正权。并且在这种理想中,既有与选举式民主相关之制度的适当空间,也有传统共和主义者一直强调的一系列程序性、质询性和上诉性资源的适当空间。"④

佩迪特的论辩式民主以消除支配为目标,无论这些支配是由实际干涉引起的,还是由潜在的、并未实施的干涉引起的(在佩迪特看来,往往是自由主义民主所忽略的),对自由主义民主和协商民主的内在缺陷做了重要的弥补。不过,这些努力虽然美好

---

① 庞金友、何涛:《从无支配自由到论辩式民主:佩迪特的共和主义国家观解析》,《学海》2010年第5期。
② [澳]菲利普·佩迪特:《从共和到民主》,涂文娟译,《马克思主义与现实》2008年第1期。
③ [美]查尔斯·拉莫尔:《自由主义的和共和主义的自由观》,刘训练译,载应奇、刘训练编《共和的黄昏:自由主义、社群主义和共和主义》,吉林出版集团有限责任公司2007年版,第392页。
④ [澳]菲利普·佩迪特:《重申共和主义》,刘训练译,载应奇、刘训练编《公民共和主义》,东方出版社2006年版,第132页。

而独特，但仍旧面临诸多困境。

首先，这种论辩式民主无法脱离自由主义民主的窠臼，无论它怎样强调公众的争议性权利，在当今日益多元、复杂和领土广阔的现代国家，要想使民主进程顺利推进，必然不能忽视选举制的基础性作用，论辩式民主只是在此基础上的进一步优化。论辩式民主赋予公民的一系列抗争性权利，依旧是自由主义的权利的意识和要求。这意味着，佩迪特论述的论辩式民主，其所涉及的很多概念及赋予的价值含义，都是以自由主义民主尊奉的一系列价值诉求为默认前提的。

其次，论辩式民主所要求的积极的公民生活和政治参与在现代社会中很难实现，这无疑在很大程度上影响了这种新型民主的现实操作性。论辩式民主依旧需要借助公民更多的政治参与以解决自由主义民主所存在的种种问题，这就需要人们具有更高的政治素养、更专业的政治知识以及花费更多的时间与精力在争议性活动中，而这些要求对处于多元主义和个人主义盛行的现代社会中的公民来说是很难实现的。

除此之外，公民美德的培育仍旧是论辩式民主无法摆脱的难题。与选举民主和协商民主相比，论辩式民主对公民美德提出了更高的要求。尽管佩迪特论述论辩式民主时，并未像社群主义者那样一再强调公民美德的重要和不可或缺性。但显然，佩迪特主张的论辩式民主默认了公民美德的存在，而且是一个不置可否的基础性存在。如果没有共同承认的公民美德，公民将不会为了所谓的公共利益追求而进行抗争、论辩。如果按现代自由主义的逻辑行事，人们只管好自己的利益，只要不损害其他人的利益，论辩式民主是无法进行的。如此看来，与当代社群主义遭遇的指责一样，论辩式民主的公民美德培育是一个不可回避又不易解决的问题。

当然，这些困境并不仅仅是佩迪特所面临的，也是新共和主义甚至整个现代政治理论所面临的。为此，不能因为论辩式民主存在这些困境，就否定佩迪特的理论努力的价值。论辩式民主虽然并没有完全超越协商民主，也无法完全摆脱自由主义协商民主的困境，但不置可否的是，这种论辩式民主确实弥补了协商民主忽略政治生活中具有争议性的一面，为防止公共利益的实现被操纵以及实现公民个人真实意愿的表达提供了更佳的制度保障。

四 希望还是偶像：后自由主义时代的民主趋势

无论在实践上还是在理论上，民主都是一个动态的理想。民主政治的未来发展，正如它本身所呈现的多样性一样，并不存在唯一正确的答案。

佩迪特的论辩式民主尽管存在诸多不切实际的困境，但这种新型民主范式对民主理论的完善和民主进程的推进无疑具有特殊意义。如应奇教授所言："在一种健全的理性共识尚未形成，甚至连形成这种共识的动机尚未被充分激发起来，而虚假的在先共识依然未被撼动的语境中，争议民主不是比商议民主更有针对性，抑或更能够激发起形成理性共识的动机吗？"[1] 因为，在民主的发展历程中，人类的民主想象发挥了积极的引导作用，"特定的民主想象在成为新的政治现实之前，则必须被仔细论证，这些论证通常一方面陈言现实之不当，另一方面则为其所欲推介的新情境进行证成工作"。[2] 佩迪特的论辩式民主无疑发挥了上述两方面的作用。

这种论辩式民主概念尽管属于"后自由主义"的范畴，[3] 然而对处于转型期的我国民主化进程仍具有重要的借鉴意义。

---

[1] 应奇、张小玲：《迈向法治和商议的共和国——试析共和主义政治哲学的基本走向》，《社会科学战线》2006年第3期。
[2] 许国贤：《商议式民主与民主想象》，《政治科学论丛》2000年第13期。
[3] 刘训练：《后自由主义视野中的新共和主义》，《浙江学刊》2006年第4期。

作为后发现代化国家,我国政治社会的稳定受到民众政治参与和制度保障参与渠道畅通二者之间关系的影响。正如亨廷顿分析指出的,造成发展中国家政治不稳定的根因在于,"这些国家社会动员和政治参与扩张的速度偏高,政治组织化和制度化的速度偏低"。① 目前,我国经济、政治体制改革不断深化,公民的政治参与和民主诉求不断提高,但相应的制度化保障仍缺乏,这必然影响到政治的稳定,甚至削弱民主化进程的基础。要促进民主化进程的顺利进行,就需要国家发挥积极作用,构建合理的政治制度,畅通利益诉求的表达渠道,"认识到这一点,对当代中国的社会主义政治文明建设,对实现社会主义和谐社会的理想目标,有着积极意义"。② 这进而又需要公民拥有合法化渠道以维护自己的权利,限制、抵抗公权力的滥用。

　　此外,论辩式民主不仅注重消除政治生活中的支配现象,而且强调不能忽视经济社会领域中的支配现象。正如佩迪特所言:"在经济社会领域中,一个人或群体可以凭借诸如体力、技术优势、财富的影响、政治权威、社会关系、公共身份、信息渠道、意识形态立场、文化的正统性等资源获取凌驾于他人之上的权力,从而居于支配他人的地位。"③ 而上述种种支配现象在转型期国家尤其突出,如果忽略对经济社会领域支配问题的解决,不仅不利于社会公正、公平、和谐发展,亦不利于国家的现代化进程。论辩式民主为此类支配问题的解决提供了有益的路径,通过协商、包容和回应三大机制,这些问题可以进入政治议题,促使政府对此负责解决。这对于促进我国社会公平正义与和谐社会的建设具有重大意义。

　　佩迪特的民主理论试图克服当代民主的发展困境。他看到

---

① [美]塞缪尔·亨廷顿:《变革社会中的政治秩序》,李盛平、杨玉生等译,华夏出版社1988年版,第5页。
② 庞金友:《近代西方国家观念的逻辑与谱系》,《政治学研究》2011年第5期。
③ 应奇、刘训练编:《第三种自由》,东方出版社2006年版,第226页。

了自由主义以投票为中心的选举民主的不足，也注意到了建基于批判选举民主的协商民主的缺陷。正是基于对这两种主流民主观的深度解析，他提出论辩式民主作为弥补方案，以更好地保证无支配自由的实现。作为后自由主义时代的民主观，论辩式民主并非要探究一种取代自由民主的最优民主方案，而是针对自由民主在当今时代发展所面临的一系列困境，在吸纳以往民主观积极因素的基础上提出更有效、更适合时代发展的制度设计。这种论辩式民主孰优孰劣，还需要在实践中检验。中国的民主化进程恰好与论辩式民主的逻辑进路相近：发挥国家的积极作用，同时确保它不是专断的。论辩式民主并不以公民的政治参与为最终目标，只是通过公民参与对决策进行争议性论辩，确保政府及公共政策始终为公共利益服务，从这一点来说，确实可以为当代中国的民主化进程提供有益的思路和积极的借鉴。

拓展阅读

1. ［澳］菲利普·佩迪特：《共和主义：一种关于自由与政府的理论》，刘训练译，江苏人民出版社2006年版。
2. ［英］昆廷·斯金纳：《自由主义之前的自由》，李宏图译，上海三联书店2003年版。
3. ［意］诺伯托·博比奥、莫里奇奥·维罗里：《共和的理念》，杨立峰译，吉林出版集团有限责任公司2009年版。
4. 应奇、刘训练编：《公民共和主义》，东方出版社2006年版。
5. 应奇、刘训练编：《共和的黄昏：自由主义、社群主义和共和主义》，吉林出版集团有限责任公司2007年版。
6. 刘训练编：《后伯林的自由观》，凤凰出版传媒集团、江苏人民出版社2007年版。

7. 许纪霖主编：《共和、社群与公民》，江苏人民出版社 2004 年版。
8. 许纪霖主编：《公民性与公民观》，江苏人民出版社 2006 年版。

第六讲　公民社会与民主化关系的新解读

对于当代公民社会①与民主化的关系，大多数西方学者持比较乐观的态度。对他们来说，"当自由民主已经存在时，公民社会会被视为民主巩固（或削弱）的一种途径或方式；当民主还没有建立时，公民社会就被作为民主化的一个美好前景"。② 这是人们比较认可的、对公民社会与民主化关系的一般性概括。20世纪势头强劲的民主化浪潮，使这种乐观情绪不断蔓延、膨胀。公民社会与民主化的关系在少数学者的论断中被定格为：公民社会的存在必将导致民主化。有些学者甚至据此提出"公民社会决

---

① 英文"civil society"有多种译法，一般我国港台地区学者译为"民间社会"，顺承中国传统政治文化中"民反官"的思维习惯；大陆地区一些学者译为"市民社会"，沿袭马克思经典著作中的称谓；另有一些学者取近代文明复兴之义，译为"文明社会"；也有部分学者译为"公民社会"。笔者这里用作"公民社会"，原因如下：①如此译法比较符合"civil society"在20世纪六七十年代复兴时所承负的使命，彰显"政治社会"中"公民"的地位以及公民在现代社会中的作用；②"市民"与"公民"的侧重点不同，"市民"强调经济和社会身份，而"公民"较为侧重政治角色，对公民社会的发展与民主化进程而言，公民是主体；③对"civil society"应区别对待，近代西方一些思想家确实将"civil society"用作"文明社会"或"市民社会"之义，也不能用"公民社会"一以概之，而对当代政治而言，"公民"与"社会"日显其重，"公民社会"有着较大的合理性。

② Li Xiaorong, "Democracy and Uncivil Societies: A Critique of Civil Society Determinism", Robert K. Fullinwider ed., *Civil Society, Democracy, and Civic Renewal*, Oxford: Rowman & Littlefield Publishers, Inc., 1999, p. 406.

定论"(civil society determinism)。① 实际上,此时学者们探讨的是规范性意义上的"公民社会",意指一种有效的、健康的、充满活力的自治(self-governance)。然而,人们在现实中面对的却是描述性意义"公民社会",包括公民行为、非政府组织、志愿性团体和社会运动等。显然,在规范意义上进行"应然"的思考容易得出乐观的结论,但它与描述意义的进行的"实然"思考会产生巨大的偏差。这种掩盖了偏差的、貌似简单而实则顽固的乐观情绪不仅会诱发许多不确定因素,致使民主政治的实际运作及公民社会的实践忽视许多重要的相关因素,从而产生难以预计的后果,更会破坏公民社会与民主化的良性互动,从而招致一种可怕的断裂——它的修复远非经济资本和社会资本力之所及的。因此,如何认识这种盲目的乐观,从而进行谨慎的思考,以重新审视公民社会与民主化,深入而全面地认识两者关系就显得尤为重要。

一 公民社会概念的差异

在社会结构划分这个问题上,人们的分歧较大,主要有两种意见。一种持两分法,主张把整个社会划分为国家与公民社会两大部分;另一种则持三分法即将其分割为三大领地:政府、市场和公民社会。对社会结构的划分持不同观点,"公民社会"所指的领域自然不同:两分法下的"公民社会"是指除国家外的其他领域,而三分法下的"公民社会"则将国家和市场都排除在外。因此,探讨两者关系时使用的公民社会概念的差异,不仅会使得出的结论产生戏剧性的偏差,使同一种预期(乐观或谨慎)产生较大的距离,有时即使得出同样的结论,但真正的含义却大相

---

① Li Xiaorong, "Democracy and Uncivil Societies: A Critique of Civil Society Determinism", Robert K. Fullinwider ed., *Civil Society, Democracy, and Civic Renewal*, Oxford: Rowman & Littlefield Publishers, Inc., 1999, pp. 403–421.

径庭。

将有相当差异的概念相提并论甚至混为一谈,自然会引发一系列的问题。如在讨论发展中国家由权威型政权向民主型政权转变过程中,市场经济扮演什么样的角色这一论题时,希思·张伯伦在他的《中国公民社会研究》一文论述道:"随着共产主义的影响在东欧的日益弱化,国家对经济和社会生活的控制在不断松动,这种情况同样发生在中国,并正在融入中国的民主化进程。"[1] 言外之意,由于市场是公民社会的一个组成部分,市场的发展当然意味着公民社会的发展,又由于公民社会与国家相对立,日益成长的公民社会自然成为国家权威的对立物,平衡并制约它的权力——这正是民主制度的一个最基本的功能。简而言之,正是市场和非国家(Non-state)的公民社会的发展推动了民主。这是典型的公民社会乐观派的三段论。但我们说,这个从市场到公民社会再到民主的跨越,实际上忽略甚至混淆了两分法与三分法下公民社会概念的差异,或者说人们是交替使用这两种意义上的"公民社会"才得出如此结论的:自由民主是非政府组织和市场扩张的必然结果。[2]

再如,一些持两分法论的学者把市场制度和营利部门的活动作为公民社会的一个组成部分,把私有产权下市场经济的繁荣与扩张视为公民社会生长和发育的重要标志。但三分法论者不仅不对此持乐观态度,反而认为市场力量的发展与膨胀可能会构成对公民社会的威胁。

---

[1] Stephen J. Golub, "Democracy as Development: A Case for Civil Society Assistance in Asia", Marina Ottaway and Thomas Carothers ed., *Funding Virtue: Civil Society Aid and Democracy Promotion*, Washington D. C.: Carnegie Endowment for International Peace, 2000, p. 135.

[2] 这个结论的推导由以下两个部分构成:一是日益繁荣的市场和社会力量意味着非国家的公民社会的成长;二是一个成长的公民社会预示着政治自由化和民主化。很明显,第一部分的论证是以三分法为基础的(市场—公民社会—国家),而第二部分却是坚持社会(公民社会)—国家的两分法。这种混淆与交替使用,在公民社会决定论者的论述中随处可见。

两分法与三分法实际上是社会变迁在理论形态上的一个外显。西方社会自古希腊—罗马就开始孕育国家与社会二元化的理念,经过中世纪的历史沉积,到了近代,社会与国家逐渐分离。在当代社会,由于商品经济和市场机制的迅猛发展,市场经济逐渐从社会中凸显出来,日益形成自己的领地及运作机制,进而取得强势地位,并有进一步扩张的趋向。这引起了学者们的警觉与反思,三分法才应运而生。可以说,二分法也好,三分法也罢,在它们的背后实质是一种社会政治的价值取向和建构。两分法与三分法是一种分析工具,我们必须根据理论与实践的需要,具体问题具体分析,不能抽象地探讨两者或简单地给予肯定或否定。发达国家与发展中国家无论在社会体制还是市场发展形态上都有着相当大的差距,运用两分法分析发展中国家,运用三分法分析发达国家,也许会更有说服力。但无论如何,运用不同的划分方法就会赋予公民社会概念以不同的内容,也会影响探讨公民社会与民主化关系时得出的结论,这一点必须注意到,这样才不至于陷入盲目的乐观或轻率的悲观之中。

二 公民社会对国家及民主的依赖

公民社会与国家的关系,在公民社会理论和民主化研究中一直占据重要地位。学者们对公民社会与国家的关系有着不同的诠释。有的学者倡导公民社会与国家的零和博弈(或负相关)关系,强调公民社会与国家的相互对立、相互制约、相互平衡,如现代自由主义强调"国家是必要的邪恶"的观点;托马斯·潘恩描述的最低限度国家;阿拉托对波兰"公民社会反抗国家"的社会运动的期望;马丁·琼斯所持的类似观点。[①] 有的学者着眼于

[①] David Martin Jones, "Democratization, Civil Society, and Iilliberal Middle Class Culture in Pacific Asia", *Comparative Politics*, 30 (1998), pp. 147–167.

公民社会与国家的正相关，强调公民社会与国家的相互渗透、相互参与，如以研究东欧问题见长的美国学者迈克尔·伯恩哈德推崇的强国家与强公民社会的共存；萨拉蒙所指望的公民社会与国家的相互合作、互补；以美国式的多元主义模式和瑞典式的社团主义模式为代表的公民社会参与国家。当然，以上这些公民社会与国家的关系模式并非彼此界限分明、相互排斥，也远不能穷尽公民社会与国家关系的全部内涵，这只是一种高度概括、抽象的梳理，又明显带有一种理想化的色彩。① 但零和关系或正和关系也好，理想模式或实证分析也罢，以上诸多公民社会与国家的关系模式实质上都预设了一个理论前提：公民社会的独立。这意味着，公民社会已经脱离国家的控制，有活动的自由和领地，不为国家所掌握。一些学者将这个预设前提移入公民社会与民主化关系研究之中，从而得出了"公民社会决定民主化进程"的结论。

但不幸的是，从公民社会的发展到民主的跨越，许多国家或地区的公民社会只是获得了自治权，尚未获得真正的独立，如果非说是独立，也只能是软弱的独立。如果说公民社会是独立的，那么它的气质与功能就不会依赖于国家甚至为国家所赋予，然而事实是，即使在自由民主制度中，公民社会仍被置于国家的保护伞之下。"任何一个公民社会都可能被任何一个国家创造、支持、操纵和镇压，并有可能被误导，离开政治权力的中心。"② "如果获得完全的独立，它就可以作为一个独立的整体从特定的国家背景中拆卸下来，完全而安全地镶嵌到另外一个不同的背景中，继

---

① 国家与公民社会的关系远不止于此，如约翰·科恩就曾在《民主与公民社会》中将公民社会与国家权力型态概括为：安全国家、立宪国家、最小限度国家、普遍国家与民主国家，参见 Keane, John, *Democracy and Civil Society*, Vesso, 1988。金灿荣在《美国公民社会与政治民主的关系初探》中也作了相应的论述，该文载《美国研究》2001 年第 1 期。

② John Ehrenberg, *Civil Society: the Critical History of an Idea*, New York and London: New York University Press, 1999, p. 238.

续生产相同的政治产品，发挥一成不变的作用。"① 然而事实证明，"独立"只是乐观者的主观假设，这个假设更多依赖的是对自治与独立差异的漠视，而不是任何经验的证明。正如菲利普·施米特谈到第三次民主化浪潮时指出，国家机关的政策对于公民社会诸部门的能力与范围有着特定的影响。东亚的民主化实践就是一个最好的例证，尤其是新加坡和马来西亚。更具讽刺意味的是，有些学者还发现，甚至在一些权威主义国家中，公民社会也可以存在，甚至可以"由上至下"的方式发展壮大，他们把当前的发展中国家尤其是东欧与东亚的一些社会和政治问题归结于将公民社会（或称市场经济）与民主的政治统治分离这一做法。

另外，人们更容易忽略的是，民主化进程也能给予公民社会以必要的制度和文化的支持，并非只是公民社会对民主化起作用。正如亨廷顿指出的，民主已经成了"任何专制政权的唯一合法而可行的替代方案"。② 公民社会既是这一过程的原因，也是这一过程的结果。在世界的某些地方，公民社会有助于民主政府的出现，而在其他一些地方，民主选举的政府制度的引入促进了公民社会的形成并为公民社会的进一步扩展提供了政治空间。正如有些学者所言，1974—1977年南欧地区发生的从独裁到民主的转变加强了这一地区公民社会的自治，同时也为其他地方开辟了道路，此后在拉美及其他地区也发生了与此大体相似的转变。在许多国家，尤其是欧洲的地中海地区，民主政体随即得到了加强。③ 正是民主化的力量使公民社会获得了新的契机并得以发展壮大。

也就是说，公民社会与民主化之间是双向互动的良性机制，

---

① Li Xiaorong, "Democracy and Uncivil Societies: A Critique of Civil Society Determinism", Robert K. Fullinwider ed. , *Civil Society, Democracy, and Civic Renewal*, Oxford: Rowman & Littlefield Publishers, Inc. , 1999, p. 412.

② Samuel P. Huntington, "After Twenty Years: The Future of the Third Wave", *Journal of Democracy*, 8 (1997), p. 9.

③ Salvador Giner, "Civil Society and Its Future", John A. Hall ed. , *Civil Society: Theory, History, Comparison*, Cambridge, USA: Polity Press, 1995, p. 316.

公民社会能促进民主化的发展，民主化也会推动公民社会的建立、发展与完善。正如约翰·霍尔指出的那样："民主的进一步发展，加强了而不是消除了公民社会发展的新的历史可能性。"[①]简单地或片面地关注公民社会对民主化的作用，不仅会使观察的视野狭窄，还会使人们忽略更多重要的东西。

三 虚假的政治变量

对于公民社会与民主化的关系，无论是"应然"的理论构建，还是"实然"的实证分析，人们往往会借助一些政治变量来支撑自己的观点。但由于种种原因，这些作为论据的政治变量往往是虚假的，没有意义或丧失了真实性。以这样的变量为基础的任何结论，都不具有说服力。

（一）公民社会的发展未必是民主化的发展

对公民社会与民主化关系持乐观态度的学者往往认为这一点是不证自明的：公民社会的发展就是民主化的发展。他们只要看到或论证出公民社会的发展，就会得出民主化得到发展的结论来。但这种观点忽略了一个非常重要的问题，那就是公民社会组织的成分。这一点正引起越来越多人们的重视。

公民社会是一个利益多元化的群体组合，各种公民社会组织的价值取向、政治主张、社会理想都不尽相同，有的甚至截然相反。宽容与不宽容的政治气质、民主与反民主的价值取向与各种思想流派交织，共存于公民社会这个广阔的竞技场中。在这样的前提下，公民社会的发展又何尝不可能是非民主化方向的发展呢？许多当前处于民主化进程之中的国家，民主化的目标已经受

[①] Salvador Giner, "Civil Society and Its Future", John A. Hall ed., *Civil Society: Theory, History, Comparison*, Cambridge, USA: Polity Press, 1995, p. 316.

到了反民主的公民社会组织的极大威胁，如东欧。而最突出的例子，则是伊斯兰国家宗教激进主义组织的反民主性质。在一些中东国家，开明的权威主义政权启动了民主化改革，却使宗教激进主义组织在民主选举中取得主导地位。军队不得不介入，以反民主方式取缔之。这样，中东的民主化进程出现了没有民主派的"民主化"和反民主的"民主派"，反权威的力量也是反民主的力量这样令人费解的现象。

另外，那些已得到相当发展的、民主的且具有公共意识的公民力量很可能被联合在一起的营利组织、党派集团压倒或吞并。从这个角度来看，公民社会的增长对民主化进程毫无价值。柏林墙倒塌后，反国家（Nonstate）的公民社会一片欢呼声，但那些反对组织派别并没有像期待中的那样支持新的民主国家，致力于公共利益的思考，反而归于沉寂。在对民主和公共利益充满敌意的力量面前，它们或被彻底征服，或陷入无休止的吵闹声中消失不见。那些毕生致力于培育公民社会的反对派气质的公共活动家们在公民社会得到发展壮大后，反而开始忧虑公民对公共利益关注的缺失、对社会团结与统一的冷淡、对社会制度坍塌危险的无动于衷。如此之现实，我们很难得出公民社会的增长就是民主化增长这一结论来。

（二）中产阶级未必是民主化的政治中坚

当前，唯一一个被视为可以为公民社会决定论提供支持的理论就是"中产阶级决定论"。这个主张认为，市场经济的发展几乎一直是一个自由而进步的过程，在这一过程中开发了财富，也创造了中产阶级。这个阶级要求流动、自治、政治参与和社会权利。倡导多数原则的民主无疑需要这样的阶级，因为它能提供一个至关重要的公民大众借以制约和平衡传统意义上的政治精英的工具。强大的中产阶级与民主政治之间的联系真实而有效，公民大众有足够的力量使政治决策发生倾斜并强制政治精英作出让步。这个主张从亚里士多德、马基雅维利、卢梭和托克维尔的理论中寻找证据,然后得出结论:民主以一个强大的中产阶级为前提,自由贸易和经济全球化创造了这个阶级。在这种理论中,中产阶级俨然成了民主化的政治中坚。

人们不难发现这个论断的缺陷。首先,这个分析高估了中产阶级的力量。这个由市场经济扩张而产生的所谓中产阶级在一些专制主义国家(苏哈托时代的印度尼西亚堪称一例)经常是一个弱小阶级,因为它处于一个巨大而贫苦的公民大众的环绕之中。这个公民大众的贫穷状态会一直持续下去。没有人会怀疑,从这个贫困的大多数向中产阶级转变是一个缓慢而存在诸多变数的过程。其次,这些国家掌权的政治精英会一直把持政权,上层阶级更会利用手中已有的优势进一步聚敛财富并控制权力。那些竭力从下层阶级走出的群体很快就会发现摆在自己面前的两难选择:要么与上层阶级联合,渐而失去自己的独立性;要么与上层阶级隔离,成为一个脆弱的中产阶级。所以说,经济发展的受益者是上层阶级,而不是下层阶级。最后,这些国家的中产阶级为了自己的经济利益会选择与统治精英联合,进而保持长期的大众的贫困。例如,它可以通过保持充足的廉价劳动力和低支出的劳动状况来保持自己的竞争优势。

琼斯通过对亚洲一些国家进行考察后认为,这些国家的中产阶级扮演的角色模糊而多变,"这个中产阶级有着十分模糊的政治意识,他们既充当民主化的代言人,又同时作为现有权威政治的支持者"。他断定,中产阶级在亚洲蓬勃发展的表面繁华掩盖不住其无可回避的、顽固的附属性。[①]

(三) 全球公民社会的神话

全球化时代的到来,拓宽了人们的视域,也推动着人们的理

---

① David Martin Jones, "Democratization, Civil Society, and Illiberal Middle Class Culture in Pacific Asia", *Comparative Politics*, 30 (1998), pp. 147–167.

论思考向纵深发展。于是有些学者提出：随着全球公民社会的扩张，世界性的民主化指日可待。这里，我们且不论学者对全球化以及全球公民社会的怀疑与忧虑，也不谈我们尚不能对以上观点作出验证，但我们至少可以说，对全球公民社会给予过高的期望势必会低估民主化进程中必然出现的困难和障碍。

回溯历史我们不难发现，公民社会几乎存在于各个历史时期、各种类型的国家之中。公民社会反抗国家权威——无论君主制、贵族制还是民主制——的个性气质是长期而普遍的，并非现代化和全球化的特有产物。事实上，人们可以从当今任何一个发展中国家或尚未发展的国家中发现公民社会的痕迹（至少是公民社会某些重要的成分），如埃及、索马里、古巴、斯里兰卡。从经济分权角度来看，还包括苏联和中国。"如果民主是伴随着公民社会而必然出现的，那么，这些国家早就应该成为世界上最古老的民主国家了。"[①] 然而事实并非如此。

也就是说，没有理由相信当前的"全球公民社会"能且必然能承担起民主化的使命。在全球公民社会与世界性的民主化之间，存在着太多太多的壁垒与空洞甚至空白之地，等待着人们去探讨、发现和整合。相信全球公民社会对世界性民主化的作用，无异于相信一个神话。

（四）公民社会与政府间的政治交易

在许多西方学者眼中，政府作为国家的代理人一直被视为公民社会的对立之物，他们寄希望于公民社会的勃兴，并日益强大到能从政府手中接管越来越多的权力，在政府撤出的领地为民主化开辟广阔的社会空间，汲取权利的合法性来源。这个政治取向在理论上等于排除了公民社会与政府间联系的可能性，但事实并

---

① Li Xiaorong, "Democracy and Uncivil Societies: A Critique of Civil Society Determinism", Robert K. Fullinwider ed., *Civil Society, Democracy, and Civic Renewal*, Oxford: Rowan & Littlefield Publishers, Inc., 1999, p. 414.

非如此。上文已出具了公民社会对国家的依赖以及民主化进程中政府给予公民社会的制度和文化的支持的证据。也就是说，在公民社会与政府之间会不同程度地存在着一些政治交易。

实际上，在一些国家中，公民社会与政府之间存在着十分暧昧的双边利益关系，正如有的学者所说："政治制度都有一个很长的历史过程去认同和影响任何一个公民社会的志愿组织、利益集团和社会运动。"[①] 有时，公民社会会大张旗鼓地支持政府发起并指导的、由上至下的经济或社会改革，只为提升自己的合法地位或巩固已有权力。为了不削弱自己的权力，维护自己的利益，它还会竭力促使政府只是有选择、有限度地扩充社会经济自由的程度和范围。当然，它也会对政府作出许多让步，使政府从中获得实惠。从某种意义上讲，在这些国家中，统治精英中的反民主力量恰恰是由于经济的发展（在两分法论者眼中，这就是公民社会的发展）而增强的。公民社会与政府之间的政治交易促进了公民社会的发展，却使民主化的希望变得愈加渺茫，因为这些国家的政府会一如既往地实行它的专制统治，有选择地利用它的强制权力去削弱甚至清除它们认为对其统治产生威胁的知识分子群体、宗教组织和文化团体。尤其是那些遍及世界各个角落的跨国公司、多国集团以及各种形式的大资本，它们以"不受干预的市场"和"公民社会"为舞台，不仅与政府合作，操纵整个经济的运作和利益分配，瓜分社会财富，还以立法的形式实施社会控制。

四 脆弱的公民社会决定论

让我们再次把目光移向"公民社会决定论"。这一主张认为，

[①] John Ehrenberg, *Civil Society: The Critical History of an Idea*, New York and London: New York University Press, 1999, p. 238.

一个强大的、成熟的公民社会的存在一定会带来民主化；换言之，公民社会是民主化的充分条件。既然公民社会是民主化的充分条件，那么公民社会决定论自身实际上就隐藏着这样一个隐喻：没有公民社会或公民社会相对弱小，就一定没有民主化的产生。

熟悉亨廷顿"文明冲突论"的人们一眼就会看出，这又是一个典型的"西方中心论"。如果这个隐喻成立，那么对于发展中国家的民主化进程来讲无异于一个噩耗，由于传统文化、历史因素、民族特性、宗教背景或政治体制等多方面因素的影响，绝大多数发展中国家的公民社会都发育不健全或不曾发育。这就等于排除了这些国家民主化的可能性。很明显，这一结论与当前发展中国家汹涌的民主化浪潮相去甚远。

从另一个角度来讲，这个隐喻忽略了国家或政府在民主化中的作用。虽然在公民社会理论中，国家或政府一直作为公民社会的对立物存在着，更多的人看到的是国家或政府与民主化的负相关。但在实际政治运作中，政府在公民民主意识的培育、公民性的塑造、政治社会化的管理、民主化的制度性支持等方面的作用是不可或缺的，尤其在那些公民社会发育较晚或尚未得到发育、政府在社会发展中仍然起着不可替代的重要作用的发展中国家或地区，政府的功能与作用表现得更为突出和明显。这是一个不容忽略的事实。

总而言之，公民社会对民主化的扶持与推动作用是不容否认的，但这种作用是有限度的、有条件的，不应对公民社会盲目迷信与乐观，更不应无视"实然"与"应然"之间的距离。事实证明，公民社会的发展存在着诸多的变数，它对民主化的作用应该从一个"双向度"的视角来理解。简言之，公民社会的发展既可能指向民主化，也可能指向非民主化，既可能推动也可能阻碍民主化进程。公民社会与民主化的关系没有一个终极的模式，在不同的制度与文化背景中会有不同的表现形式。中国公民社会的发展与民主化进程,应在吸取他国教训、借鉴他国经验的前提下,坚持走自己的路。

拓展阅读

1. Robert K. Fullinwider ed., *Civil Society, Democracy, and Civic Renewal*, Oxford: Rowman & Littlefield Publishers, Inc., 1999.
2. Marina Ottaway and Thomas Carothers ed., *Funding Virtue: Civil Society Aid and Democracy Promotion*, Washington D. C.: Carnegie Endowment for International Peace, 2000.
3. John Ehrenberg, *Civil Society: the Critical History of an Idea*, New York and London: New York University Press, 1999.
4. John A. Hall ed., *Civil Society: Theory, History, Comparison*, Cambridge, USA: Polity Press, 1995.

第七讲　国家极化与当代欧美民主危机

当今欧美政坛乱局横生，暗流汹涌，新现象、新问题层出不穷。如何理解这些新变化的本质与根源，判断这些新变化的走向与趋势，认识这些新变化对后发现代化国家的借鉴与启示，既是重大的理论问题，也是紧迫的现实问题。在当前学界提供的诸多分析范式和解释框架中，国家极化现象最值得关注，也最容易为人们所忽略。国家极化既是当前欧美政治的重要特征，也是晚近系列社会变革的症结所在。它受全球化、资本化、民主化、自媒体化、后物质主义等浪潮推动，反过来又对民粹主义、保守主义、激进主义、逆全球化和"后真相"等新兴思潮影响深远。本章试图在全面梳理国家极化的演进逻辑和现实表现的基础上，深度剖析国家极化的时代背景和形成原理，详细探讨国家极化对国内政治和世界格局的深刻影响，以期为后发现代化国家的国家建构和政治发展提供积极的借鉴与启示。

一　国家极化的逻辑与特征

"极化"（polarization）原属物理学概念，意指事物在一定条件下发生两极分化，其性质相对于原来状态有所偏离的现象，如分子极化、光子极化和电极极化等。这一概念后被引入政治学领域，用来描述当代欧美政治中的极化现象。最初的政治极化（political polarization）专指20世纪末美国政党政治中民主党与共和党的两极分化与对立趋势。进入21世纪后，政治极化在美国的强度、深度和广度明显增强，且在全球有蔓延之势，学者们随即将英国和欧陆各国纳入研究视野。欧陆各国大多实行多党制，极化范围便由两极分化逐渐扩展为多极分化。随着研究范围的扩大、研究视野的拓展和研究议题的深化，极化的内涵和外延继续延展。政治精英的分化、精英与民众的分化、意识形态的分化、社会阶层的分化，甚至政治激化、文化战争、反全球化等议题，都被纳入极化研究的视野。此时，原来的"政治极化"概念已无法涵盖这些新现象和新变化。因此，本章指出"国家极化"概念用来指称当代欧美因利益分配长期失衡造成贫富阶层两极分化、政治精英对峙决裂、政治观念对立冲突、政治行为极端激进，进而导致意识形态分歧加剧，社会群体裂痕扩大，大众文化对抗升级，地区合作和国际关系逐渐孤立化和紧张化的政治发展形态。国家极化既是一种客观的政治现象，也是一个抽象的分析范式。作为前者，它代表当代西方民主政治的最新变化，对欧美国内政治、地区间政治以及未来世界格局影响深远，值得高度重视；作为后者，它是观察当代欧美民主政治危机的全新视角，拓展并推进当前学界关于政治极化研究的同时，也为民主政治理论研究提供了新的议题和素材。

　　那么，究竟何为国家极化？当代国家极化具有哪些核心特征以及遵循何种演进逻辑呢？从发生学的角度，当代国家极化的演进逻辑简单而线性：分配失衡和收入差距首先造成贫富阶层的两极分化，进而引发精英分化、政党分化和意识形态分化，最终导致社会的分裂和文化的冲突。当前欧美各国国家极化现象虽然程度不同，形态各异，但整体来看，由经济到政治再到社会和文化多维度、多层级的复合极化是当代国家极化的显著特征。

　　第一，贫富分化不断加剧。因分配制度失衡，普通民众财富的持续减少与少数精英财富的高度聚敛相伴而生,最终必然造成低收入阶层与高收入阶层的两极分化与对峙。法律面前本应人人平等,但基于收入的差距和财富的不等,平等的人群被硬生生切分为两大对立群体。这种经济极化现象是近些年欧美各国的普遍问题,为当代国家极化的形成和发展埋下了重大隐患。以美国为例,进入21世纪的中产阶级发现他们的腰包竟然数十年未曾变鼓。2008年经济大衰退后,更多的美国人开始失去住房、工作甚至退休金储蓄。"在过去的10年中,美国的家庭平均收入下降了超过10%。同时,收入不平等也在逐年加剧,美国成为不平等现象最严重的工业化国家。截至2010年,美国最富有的1%的人口占有全国将近25%的收入。"[1] 比财富失控地向富裕者集中更为可怕的是美国现在已经形成了一种"赢者通吃"的经济格局。据数据显示,1989—2008年,收入最高的1%获得了美国经济中收入增长的一半以上。"假如这28年的总收入增长是一个馅饼,最高的1%中的1/10,也就是30万人,所享有的那一块,比底层90%,即2.7亿人那一块的2倍还要大。"[2] 欧洲的情形同样不容乐观,"在过去的20年间,在欧洲最主要的经济体中,中产阶级的收入持续下降,不平等则不断加剧。西班牙的失业率维持在20%,居高不下;甚至连作为欧盟经济火车头的德国也境况不佳,从2000年到2008年,德国中产阶级减少了13%"。[3]

日趋严重的经济极化必然加剧各政治阵营之间的分歧,必然激化精英和政党之间的矛盾,从而使意识形态冲突、党派对立趋

---

[1] [美] 查尔斯·A. 库普坎:《治理鸿沟:全球化与西方民主的危机》,《国外理论动态》2014年第5期。

[2] [美] 雅各布·S. 哈克、保罗·皮尔森:《赢者通吃的政治》,陈方仁译,上海人民出版社2015年版,第2页。

[3] [美] 查尔斯·A. 库普坎:《治理鸿沟:全球化与西方民主的危机》,《国外理论动态》2014年第5期。

于表面化、公开化。① 二战结束后，欧美政坛一度倡导务实、中庸、温和的中间路线。为了争取更多的选民，各政党大多倡导共识、双赢之理念，竭力弱化意识形态的对立与党派的界限，和平、繁荣和发展被主流政党视为核心宗旨。后来，事情发生了变化。同样出于争取选民的目的，各政党却不得不主动强化意识形态特质，刻意区分党派阵营差异，协商、合作与双赢反而显得不合时宜。"在今天的美国国会中，中间派和两党合作都极其稀缺。民主党开展活动，争取更多的经济刺激、失业救济和向富人征税；而共和党则激进地呼吁要削减政府开支。这样的意识形态分裂线往往与地区分界线重合，使得两党和解的前景越来越不明朗。"②

第二，政党政治乱局横生。20 世纪 80 年代以来，主导欧洲政坛的温和中间派政党逐渐衰退，主流政党"中流砥柱"的角色受到严重冲击。一些传统大党内忧外患，屡受挫败，四分五裂；一些激进政党迅速崛起，风头大盛，分化加剧；一些新兴小党趁势而起，拼力搅局，摇摆倾向明显。这种乱局具体体现为：首先，政党体制对抗公开化。美国共和党与民主党的冲突、对抗不断升级，不断公开化，"政治对峙在美国创建的时候就被纳入了国家体制之中，但近年来在华盛顿越演越烈"。③ 最典型的案例是：2010 年 3 月，奥巴马力推的医疗改革法案虽获国会通过，但投票几乎完全按政党派别划分：没有一名共和党议员投票赞成医改方案。其次，政党精英立场极端化。美国国会议员的政治立场

---

① 西方有学者曾专门论述经济不平等与政治极化之间的密切联系，认为这种联系主要体现在两个机制上："第一个机制是，经济不平等往往是政治极化的原因；第二个机制是，政治极化使财富不平等和过度集中的现象更加严重。"参见［美］诺兰·麦卡蒂、基思·普尔、霍华德·罗森塔尔《政治泡沫——金融危机与美国民主制度的挫折》，贾拥民译，华夏出版社 2017 年版，第 39 页。

② ［美］查尔斯·A. 库普坎：《治理鸿沟：全球化与西方民主的危机》，《国外理论动态》2014 年第 5 期。

③ ［美］约瑟夫·奈：《美国世纪结束了吗？》，邵杜罔译，北京联合出版公司 2016 年版，第 104 页。

开始突破一贯的温和审慎和传统的"政治正确",呈现明显的极端化趋势,甚至达到了"有史以来的最大值"(如图7-1所示)。他们要么旗帜鲜明地选择自由派立场,要么坚定不移地坚守保守派情怀,温和持中的立场越来越不受欢迎。在民主党内部,保守派议员损失惨重,南方保守民主党人更是惨不忍睹,不仅新秀难露头角,一些资深人士也纷纷铩羽;在共和党内部,宣扬自由放任的茶党运动不仅导致数名共和党大佬落选,而且迫使多数共和党候选人偏向保守立场,逐渐背离温和共和党人的传统基调。①

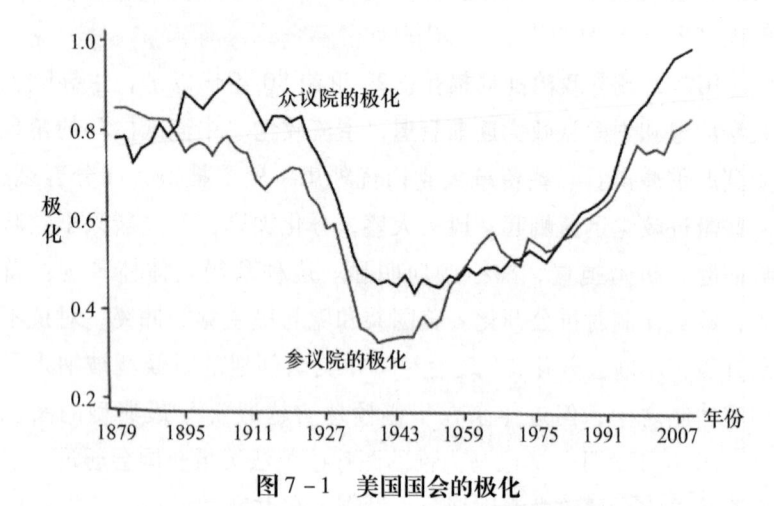

图 7-1 美国国会的极化

注:图中两条曲线代表典型的共和党人和典型的民主党人的意识形态立场之间的差距。代表众议院和参议院的两条曲线大致平行,说明决定这种极化现象的是政治本身的性质,而不是国会两院各自的具体制度和规则。到了最后一个历史时期,共和、民主两党之间的意识形态差距已经达到了整个标尺全长的一半左右。

资料来源:[美]诺兰·麦卡蒂、基思·普尔、霍华德·罗森塔尔:《政治泡沫——金融危机与美国民主制度的挫折》,贾拥民译,华夏出版社2017年版,第39页。

---

① Alan I. Abramowitz, Kyle L. Saunders, "Ideological Realignment in the U. S. Electorate", *The Journal of Politics*, Vol. 60, No. 3, 1998, pp. 634-652.

再次，政党意识形态对垒化。从意识形态光谱的角度来看，美国国会议员纷纷向左右两翼偏移，中间阵营日渐萎缩（如图7-2所示）。"这两个政党的议员基本上分别组成了左翼自由派阵营和右翼保守派阵营，而20世纪50年代和60年代时期比较常见的自由主义共和党人和保守主义民主党人至2005年前后变得相当罕见。"① 在欧洲，进入21世纪的第二个十年，随着左翼

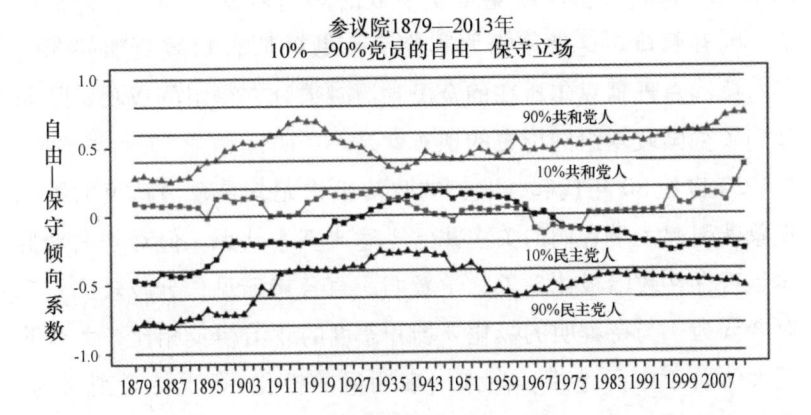

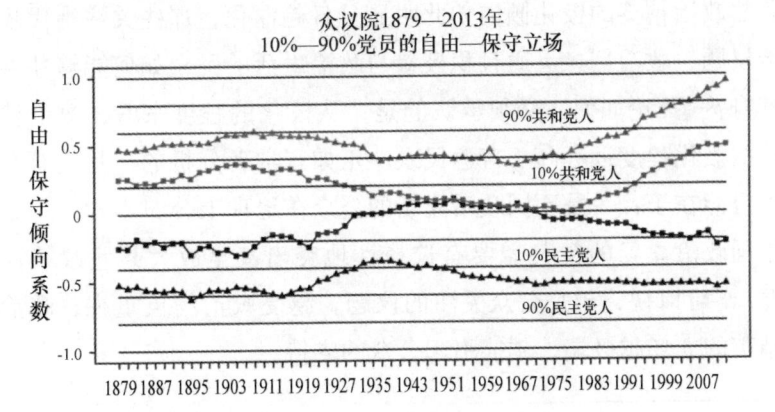

图7-2 美国国会议员意识形态光谱

资料来源：Christopher Hare, Keith T. Poole, "the Polarization of Contemporary American Politics", *Polity*, Vol. 46, Number 3, July 2014, pp. 411-429。

---

① 周琪、王欢：《值得关注的美国政治"极化"趋势》，《当代世界》2011年第4期。

政党的失势，欧洲各国中右、极右政党势力不断增强，在选举政治中屡有突破。在欧洲议会内部甚至形成右翼政党的稳定联盟，对欧盟政治构成了实质性的影响。最后，主流政党权威不再。欧洲各国主流政党的权威形象遭遇实质性撼动，独霸政坛的政治格局已难以维续。多数政党不得不放弃一党组阁的最优模式，被迫选择联合执政的次级方案。一些原本默默无闻的小党、摇摆不定的中间政党成为主流政党竞相争取的热门对象后，开始待价而沽，大开狮口。这就使得原本充满变数的联合执政更加扑朔迷离。德国总理默克尔所在的全民党历时数月方得组阁成功，从而开创了德国政党组阁历史的现实就是一个明证。

20世纪80年代起，欧美的政治极化尤其是政治精英的极化现象就引起了学者们的关注并已经达成基本共识。但对于大众群体是否存在政治极化现象，学者们一直各持己见，分歧较大。反对者认为，与持鲜明的极化立场和态度的政治精英相比，大众阶层大体居于中间地带，尚未出现明显的极化；[1] 支持者则认为，既然政治精英的极化倾向如此明显且日趋深化，那些关注当代政治议题、政治信息灵通且积极参与政治生活的民众如何能够独善其身？[2] 无论如何，必须承认的是，从极化的程度来看，政治精英的极化程度远远高于普遍民众。正如有学者分析的，其主要原因可能在于：一是不同政治立场的公众在地理上分布不均；二是不同政治立场的精英需要有选择性地突出甚至放大某些政策议题。[3] 可以说，越是公众关注的议题，越受政治精英重视；政治精英的立场越极端，越能引起公众的支持。

---

[1] Morris P. Fiorina, Samuel J. Abrams, "Political Polarization in the American Public", *Annual Review of Political Science*, Vol. 11, 2008, pp. 563–588.

[2] Paul DiMaggio, John Evans, Bethany Bryson, "Have American's Social Attitudes Become More Polarized?", *American Journal of Sociology*, Vol. 102, Issue 3, 1996, pp. 690–755.

[3] 周琪、王欢：《值得关注的美国政治"极化"趋势》，《当代世界》2011年第4期。

第三，精英与民众阶层裂痕加大。经济极化由来已久，再加上政党极化、意识形态极化的强力推动，社会各阶层不可能无动于衷。阶层分裂、极端势力崛起、观念冲突、文化战争等就再自然不过了。① 20世纪中后叶，欧洲选民的政治忠诚度开始下滑，政治冷漠普遍流行。选民们宁愿冷眼旁观，也不愿亲身参与，有些选民甚至拒绝投票。与此同时，各国政党为了追求选票最大化，不惜由先锋党转变为全民党，左翼、右翼和中间派政党之间的界限越来越模糊，施政纲领越来越趋同。随着选举政治的功利化、政党政治的世俗化和新兴媒体的普及化，欧洲各国主流政党"越来越只代表少数在经济全球化和新自由主义中获益的大资产阶级、少数跨国公司资本家的利益，西欧政治转变为精英统治、富人民主"。② 这些政党的领袖绝大多数出身豪门，家世显赫，教育背景优秀，政治履历光鲜。由于过度追逐权力和选票，往往忽略或者无视广大普通民众的利益诉求和生活疾苦。这就变相加大了精英与大众之间的隔阂与对立。2008年国际金融危机在重创欧盟经济、引发主权债务危机的同时，也引发了大规模的社会矛盾、分歧和动荡。欧洲各国为应对危机或推出巨额援助计划，或实行经济紧缩政策，但均无法兼顾中下层民众的生活和就业问题。民众纷纷投身街头运动，游行不止，抗议不断，暴力冲突此起彼伏。

第四，极右与极左思潮同步崛起。20世纪80年代后，一度流行的"第三条道路"遭到冷遇，多元文化主义等调和路线不再受捧，激进主义、民粹主义、孤立主义强势抬头。"在矛盾叠加的情况下，越来越多的个体或群体对所处现状和政治制度日益不满，倾向于接受和支持意识形态光谱中处于左右两端的思想，并

---

① Alan I. Abramowitz, Kyle L. Saunders, "Ideological Realignment in the U. S. Electorate", *The Journal of Politics*, Vol. 60, No. 3, 1998, pp. 634–652.
② 张莉：《极右与极左：欧洲政治惊爆"极化"现象》，《世界知识》2011年第18期。

不断分化，包括政党之间的极化、政治精英和普通民众的极化、不同族群的极化等。"① 这一思想态势直接造成这样一种极端格局出现：极左与极右势力同时崛起。

右翼势力在法国、奥地利、意大利、瑞典、荷兰、丹麦正风起云涌。为了赢得更多的选民，一些右翼民粹主义者简单、粗野地将矛头直指伊斯兰教和穆斯林移民，将其视为当前一切社会矛盾的根源。古老的伊斯兰教义和日常的穆斯林习俗，被看作对欧洲文化和民族认同的重要挑战。这种激进的民粹主义情绪虽然不能从实质上解决任何问题，但能将公众视线和内心不满成功引向了少数族群，在一定程度上起到了缓解当下社会紧张情绪、慰藉中下层民众无助心理的作用。新纳粹等极右翼势力也开始死灰复燃。新纳粹主义在欧洲又分为两个阵营：一个阵营宣扬纳粹思想，崇尚暴力手段与恐怖主义，极端仇视现存体制与规则，全面拒斥现行民主规则和政治制度，如德国的新纳粹党；另一个阵营则采取温和策略，不鼓吹暴力斗争，重点参与议会选举，如德国的国家民主党、意大利的社会运动党和英国的国家党，都在稳步占据州级议会代表席位，参与执政联盟，争夺欧洲议会席位。

左翼势力在21世纪全球经济危机重重、社会矛盾普遍激化和右翼政党强势崛起的三重压力下面临严峻的政治形势，不得不展开艰难的重组与整合。经过数年的努力，"欧洲左翼党"和"欧洲反资本主义左翼"两个欧洲议会党团联盟先后成立，并在它们最擅长的议会斗争和街头运动中开始有所作为。前者主张全方位批判当今资本主义的统治秩序，试图在当前欧洲一体化和全球化进程中借助多元化、广泛化的左翼运动谋求发展和壮大，但这种无条件、无限度甚至不惜一切代价通过增加福利来赢取选民支持的策略，已经被证明是过时的、没有效力的；后者的主张则

---

① 史志钦：《多重危机下的欧洲政治社会极化趋势研究》，《学术前沿》2017年第2期（上）。

更为激进和决绝，要求封锁一切外界往来，与整个资本主义体系决裂，借以摆脱全球经济危机，并且执着地坚持传统的街头斗争。某种程度上，左翼政党活动代表着广大民众负面情绪的全面宣泄和彻底释放，在一定程度上起到了抗衡右翼势力的作用，但也要看到，这一倾向一旦失控就会对欧洲社会的稳定构成威胁。在左右两大"极化"势力的夹击和裹挟下，一度强盛的欧洲还能坚持多久，这是一个未知数。

第五，社会断裂危机加重。对晚近的欧洲政坛来说，一体化进程和移民、难民问题是瓦解政治共识、加剧社会分裂的火药桶。对老一辈欧洲人来说，欧洲一体化进程是一种信仰，更是一种寄托，他们相信欧洲一体化是摆脱20世纪血腥噩梦的最佳途径。而对年轻一代欧洲人来说，利害得失才是评判欧洲一体化必要与否的唯一标准。他们不在乎欧洲未来是否走向一体化，只在乎这种一体化能给他们带来什么。换句话说，他们不爱欧洲，只爱自己。这种代际断裂乃至背后的文化冲突是终结欧洲一体化命运的真正根源。

移民和难民问题也是欧洲人的纠结所在。人口结构整体老龄化是引进外来移民的初衷。然而，经济发展的短期需求与文化认同的长期磨合之间注定是一对无解的矛盾。对曾经的欧洲人来说，人们担心的是：让穆斯林进入本国边界容易，如何让他们融入社会主流却难上加难。对当前的欧洲人来说，人们更担心：越来越多的穆斯林进入边界、融入主流意味着什么？于是，围绕要不要容许进入边界、要不要鼓励融入主流，各国政府、政府内各党派、不同群体之间产生了重大分歧。随着分歧的加剧，文化极化和社会极化必然被激发。在这样的背景下，一些新兴政党借民众对当前全球化、移民政策和经济发展等问题的普遍不满，宣扬反移民、反全球化、反欧洲一体化等激进立场，尤其在民族主义、宗教信仰和文化认同等议题上大做文章，不惜与现存政治体制和政治文化强势抗衡，这就更加助长和触动了人们心中的不满情绪和离心主张。人们越来越担心：长此以往，欧洲社会将被政党极化撕裂到何种程度？

总体来说，经济极化是国家极化的源头和起点，也是国家极化的必要条件。经济极化不断持续、加剧，势必导致政治极化。当代欧美选举政治生态中，政治精英和政党政治的分裂与对抗就是国家极化的突出表现。随着政治极化的不断加剧，精英与大众、文化传统与现代观念、公民理想与现实政策之间的冲突与对抗也会逐步升级，社会和文化极化随之产生。简言之，从国家极化的角度，经济极化是必要条件，政治极化是突出表现，社会和文化极化则是深度扩张。当一个国家符合上述特征时，我们就可以称其为"国家极化"（如图 7-3 所示）。

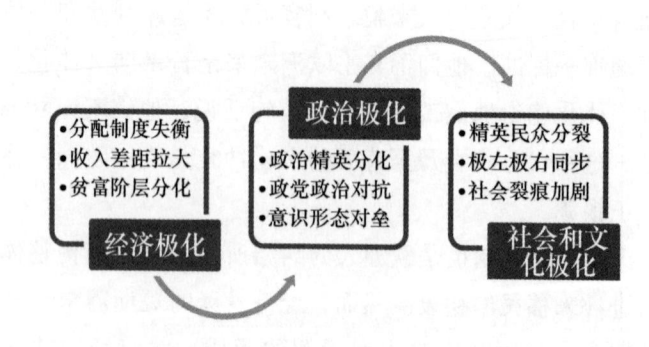

图 3　国家极化的特征与逻辑

二　国家极化的时代诱因

从本质上讲，国家极化仍是现代民主政治发展的一种形式，只不过是一种极端形式，一种变态形式。作为现代民主政治的衍生形态，它是在以普选、代议和多数原则为核心精神和基本原则的民主框架内孕育、形成和发展的。没有主权在民，贫富两大阶层再分化，也不会在国会活动和政党生活中掀起很大波澜；缺失民有、民治和民享，政治精英再对立，政党政治再混乱，也不会引发民众的普遍响应,更不会有"文化战争"(war of culture)的爆发。① 纵观欧美各国历史,极化现象一直存在。那么,极化现象为何在当下迅猛加剧并呈现强势扩张趋势?实际上,这是国际大潮流、欧美小气候以及偶发性政治事件等多重因素相互叠加合力的结果。

第一,经济获益失衡持续恶化。后工业化时代的到来,各国工业化生产工艺与水平迅猛升级,资本、人才、技术、劳动力等生产性要素在全球范围内的流通加速,劳动力密集型产业和传统劳资结构被迫转型,"高消费—知识附加值"的经济运行模式应运而生。这种经济形态的后果是:一方面,精英阶层迅速聚敛财富。据皮凯蒂和塞斯的数据显示,20 世纪 70 年代后,"收入分配底层 90% 与顶层 10% 群体之间的实际收入增长率形成了巨大差距。2013 年,底层 90% 的平均实际收入竟然比 1972 年还低"。②(如图 7 - 4 所示)另一方面,底层弱势群体逐渐边缘化。"富人、利益集团和商业公司能够使用其大量的资源,来扩大它们赢得或影响公共政策的机会。这或多或少地制造了所有民主中在规范的政治程序(如投票)和实际情况之间的紧张关系,因为富人更有能力施加政治影响,从而使结果对其'更公平'。"③ 这就使底层民众处于更为不利的境地,更加剧了他们对经济全球化、国内经济形势、政府实际作为的强烈不满。④ 与此同时,经济危机的爆发,原有的借助福利制度掩盖现实经济不平衡的格局被打破,幸福感急转直下,危机感不断攀升。再加之,随着互联

---

① Morris P. Fiorina, Samuel J. Abrams, Jeremy C. Pope, *Culture War? The Myth of a Polarized America*, New York: Longman, 2011, pp. 11 – 32.

② [美]罗伯特·戈登:《美国增长的起落》,张林山、刘现伟、孙凤仪译,中信出版集团 2018 年版,第 583 页。

③ [美]马克·凯赛尔曼、乔尔·克里格:《转型中的欧洲政治》,史志钦等译,人民出版社 2016 年版,第 9 页。

④ Clem Brooks, Jeff Manza, "A Great Divide? Religion and Political Change in U. S. National Elections", 1972 – 2000, *The Sociological Quarterly*, Vol. 45, Issue. 3, 2004, pp. 421 – 450.

网与信息技术的革命性更新,传统建基于家庭和宗教之上的沟通形式开始衰落,人与人之间的关系越来越淡薄和疏离。于是,一边是社会在飞速发展和繁荣,另一边是个人的孤独感和无助感在持续增加。现实生活危机重重,心理世界孤独无助,共同引发了底层民众的莫名焦虑和被主流社会抛弃的失败感。此时,怀念旧日的安逸与辉煌的保守主义情调,很容易引起人们心底的共鸣。

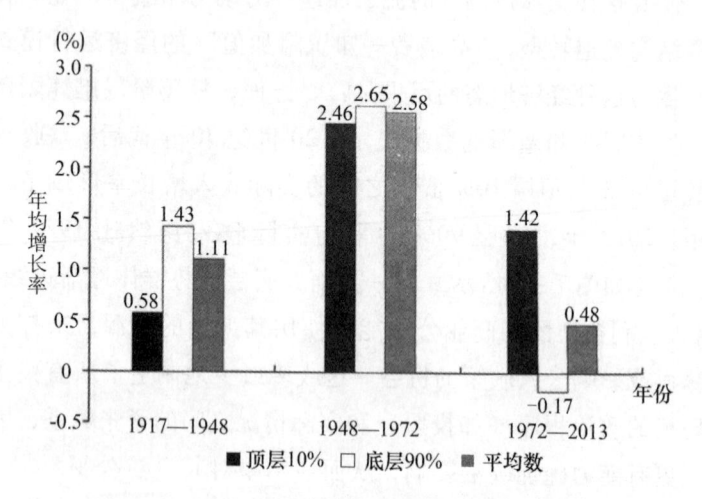

图 7-4 1917—2013 年样本区间实际收入增长率

资料来源:根据 Facundo Alvaredo、Anthony B. Atkinson、Thomas Piketty and Emmanuel Saez 的世界顶层收数据库计算,http://topincomes.g-mond parisschoolofeconomics.eu,参见 [美] 罗伯特·戈登:《美国增长的起落》,张林山、刘现伟、孙凤仪译,中信出版集团 2018 年版,第 583 页。

2008 年是美国贫富差距拉大的重要拐点。数据显示,1% 高收入群体拥有的财富占全国总量的百分比由 2007 年的 34% 直线拉升到 2009 年的 37%,而同期的失业率一直保持在 9% 左右。[①]

---

① Andrew Gelman, Lane Kenworthy, and Yu-Sung Su, "Income Inequality and Partisan Voting in the United States", *Social Science Quarterly*, Vol. 91, No. 5, 2010, pp. 1203–1219.

显然，贫富差距在逐渐拉大。美国穷人和富人的政治立场与党派归属是泾渭分明的。穷人更倾向于支持民主党，更支持国家干预和福利政策；富人则倾向支持共和党，更支持自由市场和减税减福利政策。

从经济基础的角度，经济获益不均衡注定了低收入和高收入两大阶层之间的对立、对抗和不可调和性，从而为政治极化铺设了坚实的经济基础。"公民经济不平等和他们参与选举和政策制定的平等权利之间的紧张关系，体现为'一人一票'和'一欧元一票'之间的矛盾，这种矛盾可以在所有欧洲民主政体中发现，这也是典型的政治分野的来源。"① 换言之，只要社会出现贫富差距，政治就有极化的可能；贫富差距越大，政治极化的程度就越高。

第二，多元文化主义遭遇重重困境。宽松、理解、包容一直是多元文化主义的基本原则，也是欧洲各国对待移民、难民的政策基调。② 英国侧重权利平等，在机会、权利和责任等方面力求国民和移民同等待遇，避免出现次等公民，以此实现对移民群体的吸纳和融合。法国侧重文化同化，通过系列举措，希望将外来移民打造成在语言、文化和习俗都与法国人趋同的群体。德国则侧重社会地位平等，通过一系列灵活政策，确保移民在经济和社会生活中拥有同样的地位，享受别无二致的待遇。然而，随着外来移民大量涌入，一些问题随之出现。

一是多元文化主义政策暗藏危机。其中，最为突出的就是国家认同与族群认同之间的两难困境。过于推崇少数族群的族群认同，容易助长族群认同与国家认同的离心力从而解构国家认同；过于强调国家认同优于族群认同，容易引发族群认同对国家认同

---

① ［美］马克·凯赛尔曼、乔尔·克里格：《转型中的欧洲政治》，史志钦等译，人民出版社2016年版，第9页。
② ［美］威廉·A. 盖尔斯敦：《自由多元主义》，佟德志、庞金友译，江苏人民出版社2005年版，第136—144页。

的对立和对抗。这意味着，无论放任自流还是强势同化，都会遇到问题。尤其当一个基于宗教、心理等文化因素而自身高度认同的外来族群进入一个倡导彻底多元文化主义政策的国家时，问题会更突出、更复杂，作为多元文化主义基础的"文化相对主义的脆弱性"就更为明显。① 二是移民群体不满情绪增加。各国移民政策最初大多采取颁布一系列的法律法规来保障外来群体的权利，却往往忽视了文化、种族和心理的差异，外来群体在现实生活中遭受歧视和排斥的现象极为普遍，游行、示威和抗议运动此起彼伏。三是欧洲种族意识被唤醒。随着移民群体人数越来越多，权利诉求就越来越多，保障移民群体权利的法律随之越来越多，这引起了本国民众的严重不安。国际移民组织的数据表明：截至2015年12月，英国、法国和德国外来移民分别为854万人、778万人、1200万人，分别占该国常住人口的13.2%、12.1%和14.5%，德国无论移民总量还是占比总量均居欧洲第一位。② 以基督教为信仰根基，以自由民主为制度底色，这是欧洲社会的共识。面对来自异质文化的移民和难民，欧洲社会各阶层原本就心怀恐惧和忧虑。只不过，出于"政治正确"，这种恐惧和忧虑一直未被揭开面纱。随着外来移民数量的激增，尤其是他们的生育率远高于本国民众，各国民众更加忧心忡忡。越来越多的欧洲人开始思考"who are we"的问题，开始怀疑若干年后当下的欧洲能否还是欧洲人的欧洲，开始担心"欧拉伯"的出现。③ 2015年以来，欧洲的移民危机频发，申根机制受到质疑，欧洲各国本国民众不满加剧，在激进的左、右翼政党的宣传和鼓动下，多元文化主义政策受到猛烈冲击。作为这一现象的后果之

---

① [美]劳伦斯·哈里森：《多元文化主义的终结》，王乐洋译，新华出版社2017年版，绪论第3页。
② 国际移民组织网站，http://www.iom.int/world-migration。
③ 刘晓锋、廖晓明：《欧洲政党意识形态极化倾向的原因和影响分析》，《国际展望》2017年第4期。

一，欧洲人的种族意识被反向激活、唤醒。四是欧洲排外情绪普遍蔓延。近年来，恐怖主义的幽灵开始在欧洲徘徊。2016年3月的布鲁塞尔、12月的柏林，2017年3月的伦敦、5月的曼彻斯特，先后遭遇恐怖袭击。恐怖袭击造成的强烈的不安全感和危险气息，不断强化了民众对特定移民群体的恐惧和排外心理。即使那些一直持温和或多元立场的知识分子群体，也开始质疑多元文化主义政策的合法性。据益普索集团对法国民众的一项民意调查显示，法国民众已经对外来群体彻底失去了信心、耐心和爱心，74%的人认为伊斯兰文明与法国社会无法兼容，70%的人认为"在法国的外国人太多了"，63%的人认为法国文化对移民群体没有影响力，57%的人认为仇视白人的种族主义在法国已经相当普遍。①

不得不说，多元文化主义政策的社会正义性是不容置疑的，但上述问题的出现对执政党和各国政府形成了巨大压力，这也成为欧美各国不得不面对又几乎无法面对的重大挑战："如果亚文化多元主义在西方国家内部崛起，如果国内社会不同宗教、不同族群之间的差异和分歧巨大，如果还存在着对其他群体并不宽容的宗教群体，那么这是否会诱发一个社会内部严重的政治摩擦和政治冲突呢？如果不同族群—宗教群体之间的政治分歧过大，他们之间可能的政治冲突是否会消解西方文明赖以生存的信念、制度和文化呢？"② 可以说，多元文化主义在欧洲已经沦为鸡肋。这一政策窘境恰恰被一些激进的政党所利用。他们打着维护欧洲传统的旗号，以欧洲文化捍卫者自居，将激进的民族主义、种族主义和民粹主义掺杂糅合，刻意强调异质文化和不同宗教之间的冲突和对立，更将特定移民群体视为欧洲价值和民主制度的必然敌人。当代多元文化主义遭遇的危机，可被视为当代保守主义对

---

① 参见鲍永玲《欧洲难民潮冲击下的多元文化主义政策危机》，《国外社会科学》2016年第6期。
② 包刚升：《民主的逻辑》，社会科学文献出版社2018年版，第323页。

多元文化主义隐忍已久的一场清算，是保守派选民对未来美国梦无奈又愤怒的选择。

第三，公民价值观念发生根本性变迁。自20世纪70年代，西方发达国家公民价值观发生了根本性的变化。英格尔哈特通过对43个国家的观察得出结论：正由物质主义价值观（materialism）向后物质主义价值观（post-materialism）转变，即由关注人身和经济安全转向关注自我实现和生活质量（如图7-5所示）。这种观念转变不是简单的后者取代前者，而是价值序列发生了扭转。物质主义将人身和经济安全置于优先级别，后物质主义并非否决这一价值的重要性，但它将人的尊严、人的解放和人的自我实现等精神追求优先于人身和经济等物质追求。① 在英格尔哈特看来，当代公民价值观正在由传统价值观向世俗—理性价值观、由生存价值观向自我实现价值观转变。对后物质主义者来说，物质和财富虽然依旧必需，但精神价值和生活质量更为重要，"那

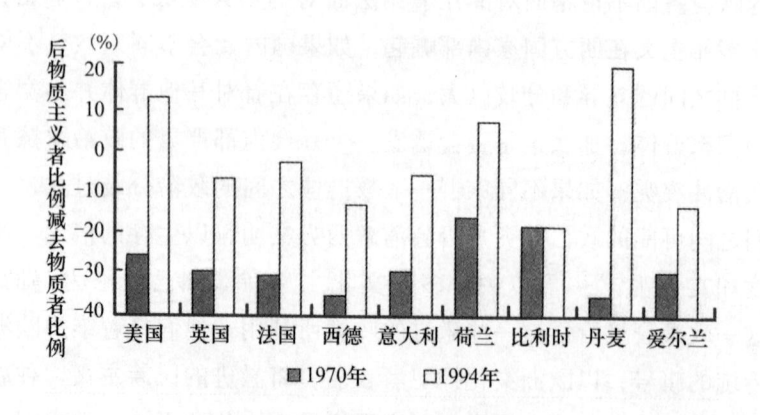

图7-5 西欧九国民众朝向后物质主义价值观的转变（1970—1994）

资料来源：[美] 罗纳德·英格尔哈特：《现代化与后现代化：43个国家的文化、经济与政治变迁》，严挺译，社会科学文献出版社2013年版，第160页。

---

① [美] 罗纳德·英格尔哈特：《现代化与后现代化：43个国家的文化、经济与政治变迁》，严挺译，社会科学文献出版社2013年版，第150—155页。

些持有后物质主义价值观的人，不但政治价值观发生了转变，其生活态度和生活方式都发生了相应的变化"。① 他们不仅淡化了对物质财富的追求，也淡化了对安全和秩序的关注、对权力的追逐和对权威的敬畏，更淡化了对家庭、国家和宗教观念的坚守，以及对主流文化的自信、对传统文明的捍卫；他们更看重生态环境的质量，更关注族群和移民的权利，更关心性别角色与性道德的界限，更青睐生活方式的自我选择，更重视生命的价值与和谐的社会关系，更偏爱宽松、包容的宗教观念。

当代西方社会公民价值观这种根本性的变化，在迅猛的全球化进程的加持下，直接引发了当代西方文明的重重危机。具体表现在：其一，后物质主义追求更高层面的精神价值，其必要前提却是物质主义根基。只有经济繁荣、国家富裕、福利完备，才有公民精神追求的条件和基础。一旦这些前提和基础出了问题，后物质主义便成为无源之水，镜花水月。当前西方各国，正在面对这一问题。其二，后物质主义一边大张旗鼓地反思西方社会、批判西方文明，另一边却对非西方文明表现出极大的宽容与温和。正如丛日云教授所说："后现代主义与现代主义为敌，但却向前现代文化伸出橄榄枝。"② 非西方文明包含前现代甚至反现代等诸多复杂元素。于是，人们就看到了一幅令人费解的画面：现代西方文明身陷后现代和前现代的前后夹击之下。举例来说，全球化进程引发的移民问题，原本属于文明间的外部矛盾，现在却成为西方社会多元文化间的内部冲突。每个文明都有自己独特的运行逻辑和轨迹；一种文明介入另一种文明，势必引发或排斥或融溶两个方向的反应。但必须注意到："政治或文化的多元主义也不是无限多元的，其前提是被宽容的各种政治和文化要素必须认同这种多元格局，但当政治多元主义容纳了相当分量的坚定的一

---

① 丛日云：《西方文明的困境——后物质主义如何应对全球化的挑战》，《探索与争鸣》2018年第1期。
② 同上。

元主义的时候,多元主义本身就遇到了挑战。"① 其三,后物质主义消磨了政治精英捍卫西方文明和文化传统的信心和斗志。依后物质主义价值观,当前的变化是发展的必然,是进步的必需,任何一种文明的衰落或退位都是理所当然的。当然也有人对此忧心不已。他们更担心,当前的移民政策、文化政策和全球化政策所暴露的问题还只是冰山一角,从长远来看,西方文明正在内外夹击下走向一蹶不振。如此对待外来文化,在西方社会内部造成了深刻的分裂。其四,后物质主义价值观使西方社会渐渐失去了优势,难以应付当前咄咄逼人的民族主义和国家主义。西方发达国家率先进入现代文明,也率先闯入后现代文明。当它们越来越现代、越来越文明、越来越追求和平生活和精神富足时,后发现代化国家正在不断崛起,不断扩张,不断形成自己的凝聚力和全球竞争力。尽管发达国家依旧强大,但在以更高速度发展和壮大的发展中国家面前,其优势地位日益受到威胁和挑战。从这个意义上看,特朗普主义绝非真正的反全球化或逆全球化,只能被看作是对后物质主义价值观的回应,向以物质主义为重心的全球化策略的回转,只是一种试图挽救西方文明危机的努力而已。

主流政党仍然锲而不舍地试图通过模糊意识形态界限来尽可能争取各阵营更多的选民,然而选民对一成不变的主流价值和千篇一律的施政纲领不再感冒,他们更愿意听到或看到一些立场鲜明、取向坚决、不拖泥带水的政党和主张。这就在一定程度上助长了政治极化的氛围和环境。

第四,政治传播格局出现重大转型。进入 21 世纪,随着互联网的深度普及、社交平台的广泛流行、信息技术和算法的持续升级,传统政治传播途径和信息分发规则发生了根本性的变革,

---

① 丛日云:《西方文明的困境——后物质主义如何应对全球化的挑战》,《探索与争鸣》2018 年第 1 期。

"新媒体赋权"格局开始形成。现代人在不知不觉间仿佛一步闯进以信息共享、智能分发和大数据为特征的自媒体时代。互联网络和社交平台倡导开放、互动，注重共享性和扁平化，公民个体和社会组织获得了更大的空间、更多的便利。当代政治传播格局的转型主要表现在。

其一，扭转力量对比。西方自启蒙时代以来，政治精英与普通民众一直是引领者和被引领者的角色关系。随着民主观念尤其是选举政治的深入普及，精英与民众的关系发生根本性扭转：引领者成了追随者。为争取民意，决胜竞选，精英们不再冲到时代前沿，率领广大群众走向繁荣和富强，反而转向揣摩民意、亦步亦趋、瞻前而顾后。随着自媒体的兴起，原本居于政治外围和边缘地带的普通民众，开始活跃起来。从边缘到中心，从主流到非主流，他们无所顾忌，无话不谈。广袤互联网的每一个角落都回荡着网民的声音。精英还是精英，无论依据财富、地位还是权力，他们仍然是社会中不可撼动的强势群体。但在互联网的环境下，他们的言论和主张逐渐湮没在此起彼伏的民意喧嚣和舆论热点中。曾经略带贬义的"人多势众"，终于在选举权和话语权的双重加持下转化为实实在在的实力和能量。最近几年，无论英国"脱欧"还是美国大选，抑或欧陆的民粹运动，政治精英的气势与境况可谓节节败退，江河日下。其二，改变传播方式。传统政治传播格局中，主流媒体豪居垄断地位，一度风光无限。社会精英借助主流媒体影响着广大民众，思想的启蒙、价值的传播和信息的扩散是由上而下的单向流动。在自媒体时代，各种新兴媒体由下而上表达情感和诉求，与主流媒体共同参与从而促成信息传播多元化途径的确立。与传统媒体相比，新兴媒体更廉价、更灵活、更多元，天然具有草根色彩，拥有无与伦比的群众基础和民意氛围。其三，放大认知偏见。置身信息时代，人们很快就发现自己身处窘境：一方面，每天都要面对海量信息和各色观点；另一方面，这些信息的真假、观点的优劣根本无法一一验证和对比。久而久之，人们就失去了寻找真相、探究真相的信心和耐心，转向接受熟人文化、圈子文化以及与自身价值、立场更为接近的观点，而对与自己相左的看法则选择回避或漠视。随着异质化信息的自动过滤、同质化信息的相对强化，人们直接被抛进一个类似"过滤气泡"的信息结构中。这种主观倾向再加上当前精准的"智能推送"技术，受众越来越倾向基于个人偏好自主选择同质化信息，自身的认知偏见被不知不觉地强化、放大。其四，强化极端立场。广泛普及的社交平台和网络，为相近立场的人群提供相互沟通便利的同时，也为发展和巩固已有立场提供了更多的机会，这就容易强化极端群体的封闭性、激进性和极端性。"社交网络的使用者通过一系列对相异观点的筛选和过滤，进而通过在线社交网络的朋友建构机制，寻找与自己政见相同者，最终塑造了一个以自己为中心的观点极化的社会网络。社交网络使用频率越高，使用者越可能屏蔽自己不同意的观点，并对这些观点保持沉默。"[1]

第五，政治版图与选民阵营不断变换重组。在美国，二战后南方各州的政治版图发生了重大洗牌。最大的变化是受罗斯福新政和福利国家政策的影响，原本坚持共和党的黑人选民转而支持民主党。而民主党持保守立场的政治精英的主导地位受到冲击后，开始向自由主义立场靠拢。[2] 另外，民主党中相当数量的白人选民转向支持共和党。"南方的民主党人已经是行尸走肉。当他们离职的时候，替代他们的几乎总是更为保守的共和党人。"[3] 与此同时，共和党内部激进的保守派在不断替代那些温和的保守派。这又反向迫使南方共和党的保守立场趋向明确甚至激进。三

---

[1] 陈福平、许丹红：《观点与链接：在线社交网络中的群体政治极化——一个微观行为的解释框架》，《社会》2017年第4期。

[2] Keith T. Poole, Howard Rosenthal, "The Polarization of American Politics", *The Journal of Politics*, Vol. 46, No. 4, 1984, pp. 1061–1079.

[3] [美] 雅各布·S. 哈克、保罗·皮尔森：《赢者通吃的政治》，陈方仁译，上海人民出版社2015年版，第184页。

股力量同时作用，无论是保守的民主党政治精英，还是温和的共和党政治精英，最终都必须有所行动：要么主动强化自身意识形态色彩，要么被动调向对方阵营。这就奠定了20、21世纪之交美国国家极化的基本框架。

欧洲的情况与美国相近。面对国际大环境和欧洲小环境的持续恶化，经济、政治和社会境遇的每况愈下，欧洲民众对政治精英、主流政党渐渐丧失信心和耐心。疑欧情绪、排外主义开始流行，极端情绪和暴力行为逐渐蔓延。激进的左翼政党和极端的右翼政党同时登上政治舞台，中间政党则遭到冷遇。对选民来说，政党和精英的政治主张越鲜明、越激进、越具现实关怀，民众就越喜欢；界限模糊、路线摇摆的，则被民众抛弃。

某种程度来讲，国家极化是现代选举政治的极端形式，明显呈现着"后现代政治"的极端趋势：民主政治越发达，意识形态越多元，国家极化程度就越高。它源自全球化、民主化和信息化等国际大潮流，民粹化、难民潮等欧美小气候，以及英国"脱欧"、特朗普上台等多重因素的共同作用，显露着当前欧美政治发展的突出特点和最新态势，也势必对欧美当前政治形势和未来世界格局产生重要而深远的影响。

三　国家极化的现实影响

作为现代政治发展的一种极端形式，国家极化的政治影响有些已经显现，有些仅露冰山一角，有些尚在潜滋暗长。但毋庸置疑，作为一种政治现象的国家极化，正在悄然展现其破坏力、解构力和重塑力，已经开始实质影响当下欧美的国内政治生活、国际关系格局和未来世界政治走向。而作为一种分析范式的国家极化，也正在成为理解欧美政治新变化的全新路径，解释当下欧美政治新问题不可忽略的视角。

第一，否决政体的出现。共识、宽容与妥协，是美国政治传统的底色。但国家极化的出现,对美国政治传统构成了致命的威胁。民主党与共和党在意识形态和政策主张方面势同水火,持续对抗,必将导致共识的瓦解、宽容的消散、妥协的危机,从而埋下否决政治和分裂政治的重大隐患。"高度两极化的自由主义—保守主义政治的力量和美国现有政治制度的惯例组成了一个既定的框架,决定了美国政府对 2008 年金融危机的应对政策。"①

党派利益置于国家利益之上,党派关怀优于公共关怀,这是美国极化政治最为严重的后果。奥巴马执政前期,由于参众两院分别被民主党与共和党把持,导致其移民法案、税收法案等一系列改革措施始终未能得到国会批准。尤其是医疗改革计划,更遭到众议院的断然否决。共和党的强势掣肘,甚至一度导致部分联邦政府非核心部门长时间停摆。2014 年的中期选举,许多选民是带着要求改变现状的诉求参与投票的。他们也不是多么支持共和党,他们只是不喜欢奥巴马。他们的想法很简单:希望共和党能借助立法权更多地限制总统的行政权力。岂不知,国会与总统的相互牵制,势必带来无休止的扯皮。共和党控制国会的直接后果,就是奥巴马执政的最后两个年头举步维艰,要想方设法绕开国会才能推动改革,而一旦他这样做,必定招致更多的不满。同理,即便共和党控制下的国会强行通过某项法案,但只要未过三分之二这一关口,总统手中的否决权仍然具有强大威力。这只会进一步加剧政治生态的极化,留给美国社会更深的裂痕。

否决政体既消解了总统的行政权威,也削弱了国会的立法效率,更打击了选民的参政信心。尤其是民主党与共和党的持续对抗,时不时地将崇尚分权制衡的三权分立体制推向人人都不愿看

---

① [美]诺兰·麦卡蒂、基思·普尔、霍华德·罗森塔尔:《政治泡沫——金融危机与美国民主制度的挫折》,贾拥民译,华夏出版社 2017 年版,第 221 页。

到的制度僵局。两党之间的分歧和冲击越来越多，合作与默契越来越少，具有前瞻性、持续性和重大变革意义的公共政策的出台越来越困难。奥巴马在参选之初就注意到了美国政党极化的危险，因此承诺要做一个"超越党派"的总统。然而，愿望再美好，行动再努力，他最终仍未能恢复两党合作、重振美国经济。他的经济刺激计划虽获通过，却没有得到共和党众议员哪怕一票的支持。他的医改方案，更是遭遇共和党的全线阻击。2014年中期选举后，共和党全面掌控参众两院，两党冲突几乎成为奥巴马试图推行的每一个现实政策的巨大障碍，无论有形的还是无形的。"促进经济增长的议案要么没能通过，要么大打折扣以致收效甚微。移民改革和抵制全球变暖的法规甚至未被提到讨论日程上来。在对外政策问题上，民主党与共和党争斗频繁，难解难分；而党内分歧，如共和党新保守主义者与茶党孤立主义者之间的裂隙，可能会同党派分歧一样削弱政府的力量。"①

第二，极端政治流行。国家极化容易出现极端政治形式。这种政治"在政治竞争中采取不妥协的立场，追求一种极端化的目标。如果两党均采取不妥协的态度，'极端政治'便有可能演化成为'极端化政治'或极化政治，并导致宪政体制的低效和瘫痪"。②

特朗普主义其实就是一种极端政治，它代表对传统建制派的全面反击。这里的"建制派"阵营广泛，"既包括共和党'建制派'，也包括民主党'建制派'，同时还包括那些在媒体、学界、文化界和商界由精英分子组成的'建制派'。一句话，特朗普要反的是包括联邦政府在内的整个官僚机构以及由此构成的统治体

---

① ［美］查尔斯·A. 库普坎：《治理鸿沟：全球化与西方民主的危机》，《国外理论动态》2014年第5期。
② 王希：《特朗普为何当选？——对2016年美国总统大选的历史反思》，《美国研究》2017年第3期。

系"。① 这种反击既是特朗普的竞选策略,也体现着他的"反潮流"特征,极大地迎合了基层选民的不满情绪和变革心理。为此,"特朗普刻意扮演了一种搅局者的角色,采取了一种出其不意的极端做法,不按秩序出牌,无视媒体,肆意表现'政治不正确',经常口出狂言,颠覆了传统的选举规范,也破坏了媒体与竞选者原有的交往规则和基本礼貌"。② 特朗普的竞选策略和施政纲领无论目标如何,其政治后果必然造成社会结构的高度裂化、意识形态的直接对立、极端立场的深度蔓延。借助浅白、直接甚至略显偏执的话语,特朗普成功激发了美国中下层白人群体心底潜藏已久的怀疑、愤怒和恐惧等负面情绪,使他们越来越相信:正是全球化进程削减了他们的既得利益,正是外来移民抢夺了他们的工作机会,因此必须坚决抵制全球化、外来移民和穆斯林的扩张。这种"特朗普现象"自然不是"论争式民主",甚至也不是墨菲所谓的"敌对民主"(antagonistic democracy)。③ 原来朝着一个方向甚至原属一个阵营的竞争对手,摇身一变成为站在对立之面、你死我活的敌对之人。

国家极化中,选举政治原则提供的竞争关系已经面目全非,全新的敌友关系浮出水面。现代选举政治中,不同政党及其候选人将彼此视为竞争对手,而绝非你死我活的敌人。这意味着,他们认定对方只是持不同政见者,他们之间的差别只是路线和策略的不同,"他们不会相信自己一方就是永远和绝对正确的,从而不同意自己的另一方就是'与人民作对',甚至应该被彻底打倒"。④ 墨菲将这种对立但不敌对且暗含开放性的竞争状态称为"论争式民主"(agonistic democracy)。然而,特朗普治下的美国

---

① 王希:《特朗普为何当选?——对2016年美国总统大选的历史反思》,《美国研究》2017年第3期。

② 同上。

③ Chantal Mouffe, *The Return of the Political*, London: Verso, 1993, pp. 1–8.

④ 段德敏:《英美极化政治中的民主与民粹》,《探索与争鸣》2016年第10期。

政治却是别样风景。特朗普向世人宣告，他所代表的"沉默的大多数"才是真正的人民，有色人种、外来移民、穆斯林、同性恋等群体则不应被划归人民行列。他将希拉里乃至其背后整个竞选阵营都视为敌人，甚至向其支持者暗示，如果他落选，那些持有枪支、支持他的人应该做点什么。

当对抗成为政治的显性特征，敌对就成为政治的主旋律，其结果只能是：传统选举政治中优胜劣汰的竞争关系，直接升级为当前极化政治中的敌我关系。茶党的出现就是一个绝好的例子。茶党运动的兴起源自奥巴马执政时代美国经济和政府财政的急剧恶化。奥巴马的执政纲领基本遵循倡导扩大政府干预，并借此推动社会改革的自由派民主党的政治立场。无论救市法案还是刺激经济的系列举措，抑或建立全民医保制度，政府都扮演着重要的角色，都需要巨额的公共财政支持。这些政策与持右翼自由放任立场的共和党人格格不入，也与克林顿政府时期的"第三条道路"截然不同。这些政策不仅耗费了数万亿美元的财政支出，使联邦政府的财政赤字迅猛增加，也使公众对经济形势和未来发展产生了质疑和担忧，更多的人希望通过控制政府干预从而削减财政支出，进而保障广大民众的权益。于是，茶党运动应运而生。针对当前的经济形势和社会境况，茶党运动的倡导者旗帜鲜明地反对凯恩斯主义，反对政府过度干预，主张减少税收、降低福利。从政治光谱来看，茶党运动大体属于右翼自由放任的共和党阵营，但更强调公共权力的合法性，政府权力应严格限定于宪法规定的范围内。茶党运动有力响应了那些对奥巴马时代经济政策和政府行为强烈不满的群体的诉求，影响力迅速扩大。在2010年中期选举中，不仅极大地影响了共和党议席的选举结果，也成功地迫使一些共和党精英采取更倾向右翼、更加激进的政治立场，成为影响2010年中期选举结果的一个非常重要的因素（如表7-1所示）。

表7-1　　　　　　　共和党众议员的意识形态

党派	属于茶党的第一次当选的众议员	其他第一次当选的众议员	属于茶党的重新当选的众议员	其他重新当选的众议员
温和派	1（6%）	13（19%）	0（0%）	29（26%）
保守派	12（70%）	44（64%）	36（84%）	61（55%）
自由派	4（23%）	12（17%）	7（16%）	21（19%）

注：在中期选举中，17位新当选的共和党众议员与茶党的支持密不可分。再加上另外43位重新返回众议院的共和党众议员，国会中已经组成了一个茶党党团。

资料来源：[美]诺兰·麦卡蒂、基思·普尔、霍华德·罗森塔尔：《政治泡沫——金融危机与美国民主制度的挫折》，贾拥民译，华夏出版社2017年版，第242页。

第三，信任危机升级。政治信任是现代政治的重要特征，是政治正当性的根本来源。若政治信任缺失，政治正当性就会松动，政府合法性就会削弱；一旦政治信任过低，政治决策和政府行为就会丧失民意基础，难以得到民众的支持和认可，如此一来，"政府在制定和执行政策时将会遇到难以预料的阻力，付出更多的社会成本"。[①] 在现实生活中，民众对政府的信任程度往往与其对政府的政策预期和政府的实际作为息息相关。若政府尊重民意，合理应对，政治信任就会增强，民众对政府的支持度必然上升；若政府背离民意，无所作为，政治信任就会减弱，民众对政府的支持度必然下降。这就是政治信任的运行逻辑。

在极化政治的情境下，因经济利益而分化的对立阵营之间是对立的竞争关系，彼此戒备，相互提防。受民众利益和诉求的牵动，政党精英、国会议员出于维护本阵营威信和广大选民的权益考虑，其言论和主张必然要体现这种为民请愿的精神，与对立阵营的冲突和对抗就在所难免了，有时甚至不惜采取激进的立场或

---

① 庞金友：《当代西方国家失败理论的路径与逻辑》，《政治学研究》2017年第5期。

极端的做法。政治精英们维护了本阵营的利益，却失去了对立阵营的信任。更何况，在当下利益高度分化的背景下，政治精英难以确保本阵营所有成员的利益。长此以往，采取激进立场的精英们不仅渐渐失去了对立阵营民众的支持，也会损失一部分己方阵营的信任，结果只能是"人们对政府有一种新的不踏实感"。①有数据表明，当前美国民众对政府的信任度正在明显下降，"1964年有3/4的美国公众说，他们相信联邦政府绝大多数的时候在做正确的事情，而现在只有1/4的美国人承认自己持这种观点"。②而且，这种信任危机并非美国专有，包括欧洲在内全球范围内的大部分国家都有所显现，"加拿大、英国、意大利、西班牙、比利时、荷兰、挪威、瑞典和冰岛也出现了相当程度的政府信任度的下降"。③

如果国家极化愈演愈烈，信任危机居高不下，政治信任长期处于真空状态，就容易导致信任异化或信任替代。此时，人们往往会滑向两个极端：要么转而相信谣言和传言，相信极端分子的激进言论；要么开始怀疑一切，拒绝权威，疏离道德，最终走向犬儒主义。

第四，"后真相"政治蔓延。国家极化的框架下，各政治阵营之间的竞争和对抗不断升级。分属不同阵营的政党精英和国会议员必须借助各种传播媒介、平台和手段，积极表露立场，宣扬政治主张。为了达到解释、说服和引导的效果，在宣传内容和传播策略上有时难免有所侧重，有所取舍。过度渲染、片面解释、避重就轻，甚至有意无意隐瞒事实、有选择地公布真相，逐渐成为政治传播的常态。再加之，20世纪90年代后，欧美各国的媒

---

① ［美］史蒂夫·福布斯、伊丽莎白·艾姆斯：《重铸美国自由市场的灵魂》，段国圣译，华夏出版社2017年版，前言第3页。

② ［美］小约瑟夫·奈、菲利普·D.泽利科、戴维·C.金编：《人们为什么不信任政府》，朱芳芳译，商务印书馆2015年版，第5页。

③ 同上书，第6页。

体机构陆续获得经营自主权。为争夺市场份额,追求利润最大化,更为了追求时效性,满足受众的趣味性,各媒体不惜牺牲新闻的真实性和事实的客观性。更有甚者,有些网络媒体刻意营造一种介于真相与事实之间的"第三种现实",曲意迎合广大受众。这就形成了一种所谓的"后真相"时代。其实,"后真相"(post-truth)这个概念早已有之,但直至2016年英国"脱欧"和美国大选后才一跃成为热门概念甚至被《牛津词典》列为2016年度词汇,就是因为它揭示了一个当代欧美社会出现的特殊现象:诉诸情感和个人信仰相较客观陈述事实更能影响舆论形成。事实不再是媒体报道的中心,真相开始让位于情感、观点和立场;在信息爆炸、无法完全获取信息甚至即使完全获取却无法一一验证的新媒体时代,相较于事实与真相,人们更倾向于信任自己的感觉、情绪和情感。换句话说,当情感先于事实、立场决定真相时,真相即便在场,也显得不那么重要了。

"后真相"政治的出现,加剧了当前欧美社会的政治危机。首先,它对传统政治秩序带来了颠覆性的挑战。"后真相"时代,信息内容高度多元化、多样化和差异化,信息传播深度碎片化、扁平化和不确定化,使得政治秩序以一种不同于以往的方式运行:在"前真相"时代,谁拥有真相,谁就掌控民众;在"后真相"时代,谁更有热情,谁更富创见,谁更具感召力,谁就拥有更多民众。[①] 其次,"后真相"政治是一种诉诸情感的非理性政治,鲜明的政治立场、执着的价值观点和精准的舆论导向是它的重要特征,甚至情绪、情感、成见、偏见都是它的有力武器。"后真相"政治程度越深,人们对现实政治的怀疑越深,左右阵营的对抗和分化越严重,造成的社会危害越大。在话语专断、情感压制理性的背景下,来自底层民意的宣泄、非理性的社会

---

① 庞金友:《网络时代"后真相"政治的动因、逻辑与应对》,《探索》2018年第3期。

氛围和激进化的利益表达三者合一，就构成当代极端民粹主义情绪产生的重要根源。此时，质疑理性，仇官仇富，反精英，反体制，成为一种升级版的"政治正确"。再次，"后真相"容易导致"后政治"心理的形成。由于得不到真相，或者不相信得到了真相，民众会产生怀疑和批判的心理。个体的质疑心理在社交平台的加持下，借助"回音壁"效应，很容易上升为集体质疑和无节制的偏执。与怀疑心理相伴而生的是从众心理。由于担心被遗忘，害怕被边缘，在"沉默螺旋"效应的影响下，人们更倾向于接受那些更活跃、更有活力的立场和观点。这就形成了萨托利所说的"冷漠的多数遇见热情的少数"的激进后果。

第五，国际秩序紧张化趋势增强。国家极化的影响远不止在国内政治层面。精英分化、政党对抗和文化分裂等极化现象必然对地区关系、全球秩序和未来世界格局产生重大影响。英国"脱欧"造成的欧洲一体化进程的实质终结，特朗普主义倡导的反全球化浪潮的波涛汹涌，欧洲移民问题引发的全球多元文化主义政策的彻底破产，某种程度上，都是国家极化的必然结果。对政治精英来说，"强大的经济和种族压力集团让他们为以自身利益定义的国家利益而争斗，并对美国国会施压，为带有对其他国家制裁措施的外交政策和行为准则的谋略而立法"。[①] 对普通公民来说，"如果因为国内社会和文化方面的问题变得心烦意乱，或为内部的争斗而分裂的话，美国就失去了在外交政策上集体行动的能力"。[②] 即便他们一直相信，"通向全球化的唯一道路就是合作与分享"，[③] 但国家极化的横空出世必然对传统世界秩序造成深

[①] [美] 约瑟夫·奈：《美国世纪结束了吗?》，邵杜罔译，北京联合出版公司2016年版，第100页。
[②] 同上书，第87页。
[③] [法] 热拉尔·迪梅尼尔、多米尼克·莱维：《大分化：正在走向终结的新自由主义》，陈杰译，商务印书馆2015年版，第148页。

刻影响，对二战后相对稳定的国际关系产生影响。越来越多的人无奈地看到，"自由主义霸权秩序的理念忽视了世界政治中地区的作用和地区性的秩序建构；但地区正在成为世界政治冲突和合作的重要场所"。①越来越多的人开始体会到，"欧洲政治正在转型，从战后的稳定到一个未定的未来；从一系列被以阶级为基础的政治支配的冲突到一个更为复杂的政治动向；这种动向由包括中立者与超越了左派与右派分歧的政治主张的多个激进版本组成"。②

四 国家极化的当代启示

国家极化象征着当代欧美政治的最新变化，是当代诸多政治危机的源头。它虽然未能从根本上撼动现代政治的根基，但确实改变了一些政治观念，松动甚至颠覆了一些人们习以为常的原则和体制。它不是欧美政治的主流，但能量超强，破坏力十足。对当前欧美的国内政治、地区政治甚至未来的世界格局都有不同程度的影响。

首先，对国家极化的危害性要有充分的认识。国家极化暗含分化、激化和裂化的政治三重奏。对崇尚理性、宽容的现代政治原则是一个挑战，对倡导和平、发展的国内政治环境是一场危机，对注重合作、双赢的国际政治秩序是一轮冲击。更何况，它的影响和后果还在慢慢显现。

其次，对国家极化的长期性要有所准备。国家极化的出现是经济发展、政治要素和社会矛盾长年累积的结果。只要这些根源不除，国家极化就不会消失。乐观地说，它会持续到这些影响因素的彻底消除；悲观地说，它可能持续到相当长的一段时期。它

---

① ［加拿大］阿米塔·阿查亚：《美国世界秩序的终结》，袁正清、肖莹莹译，上海人民出版社 2017 年版，第 180 页。
② ［美］马克·凯赛尔曼、乔尔·克里格：《转型中的欧洲政治》，史志钦等译，人民出版社 2016 年版，第 52 页。

也许不会将人类社会拉回一个类似冷战格局的时代，但掀起一张覆盖全球的"极化铁幕"却是完全可能的。

再次，经济分化没那么可怕。经济分化是国家极化的必要条件。这意味着，但凡出现极化现象的国家必然有经济的极化存在，但一个国家经济发生极化，并不意味着必然会出现国家极化。既然财富分配不均、贫富差距拉大古已有之，为何在当下的欧美掀起了政治极化和社会极化的巨大波澜呢？这就表明国家极化的出现，除了经济因素外，还要有政治、社会和文化的相关因素联动和加持方能引发国家极化的危机。综观欧美各国政坛，若没有民权观念的广泛普及、平等理念的深入人心、领军人物的登高一呼，以及现代媒体的推波助澜，国家极化也不会轻易出现。

最后，发展中国家必须回避国家极化的风险。鉴于当代欧美政治危机的经验与教训，后发现代化国家必须从以下方面着力：其一，建立合作、共享的分配机制；其二，打造开放、有序的公共领域；其三，培育谦逊、宽容的文化氛围；其四，建构理性、共识的舆论话语；其五，追求发展、共享的国际环境。

任何事物都具有两面性。国家极化使当代西方各国自身发展遭遇危机和隐患的同时，也为世界的未来发展提供了新的可能性。未来世界秩序究竟会走向何方，是否将指向一个"复合的世界"，[①] 这个尚不可知，但旧的世界格局的解体，必然带来崭新的全球格局的建立。这对发展中国家而言，既是挑战，也是机遇。发展中国家若能抓住这一机会，就有可能在未来的发展道路中谋求更大的发展空间，拥有更多的可能性。

---

① 正如阿查亚所说："复合的世界将是一个充满多样性和复杂性的世界，是一个新旧大国并存、地区治理能扮演更重要的角色以及去中心化的秩序治理结构。"参见 [加拿大] 阿米塔·阿查亚《美国世界秩序的终结》，袁正清、肖莹莹译，上海人民出版社2017年版，第12页。

拓展阅读

1. ［美］雅各布·S. 哈克、保罗·皮尔森：《赢者通吃的政治》，陈方仁译，格致出版社、上海人民出版社 2015 年版。
2. ［美］诺兰·麦卡蒂、基思·普尔、霍华德·罗森塔尔：《政治泡沫：金融危机与美国民主制度的挫折》，贾拥民译，华夏出版社 2017 年版。
3. ［美］罗伯特·戈登：《美国增长的起落》，张林山、刘现伟、孙凤仪译，中信出版集团 2018 年版。
4. ［美］威廉·A. 盖尔斯敦：《自由多元主义》，佟德志、庞金友译，江苏人民出版社 2005 年版。
5. ［美］劳伦斯·哈里森：《多元文化主义的终结》，王乐洋译，新华出版社 2017 年版。
6. ［美］罗纳德·英格尔哈特：《现代化与后现代化：43 个国家的文化、经济与政治变迁》，严挺译，社会科学文献出版社 2013 年版。
7. ［美］小约瑟夫·奈、菲利普·D. 泽利科、戴维·C. 金编：《人们为什么不信任政府》，朱芳芳译，商务印书馆 2015 年版。
8. ［法］热拉尔·迪梅尼尔、多米尼克·莱维：《大分化：正在走向终结的新自由主义》，陈杰译，商务印书馆 2015 年版。
9. ［加拿大］阿米塔·阿查亚：《美国世界秩序的终结》，袁正清、肖莹莹译，上海人民出版社 2017 年版。
10. ［美］马克·凯赛尔曼、乔尔·克里格：《转型中的欧洲政治》，史志钦等译，人民出版社 2016 年版。

第三编
全球化理论

第八讲　全球化时代政治秩序的构建路径
第九讲　全球化视野中的国家与公民社会
第十讲　全球化进程中国家与社会关系的
　　　　模式之争

第八讲　全球化时代政治秩序的构建路径

如何构建并维系稳固而良好的政治秩序，是人类政治思考的永恒议题。传统社会，一元化的政治观念与同质化的政治共同体互相支撑，确保了政治秩序的存续；进入全球化时代，"诸神之争"（War of the Gods）的多元化情境不仅反映着价值观念分裂与冲突的基本事实，也为政治共同体提供了全新的秩序命题。现代政治运转依托两个层面的多元化：价值理念的多元对峙和利益群体的多元分化。两种多元化在理论与现实领域彼此互动、相互渗透又紧密交织，共同构成了人类真实而完整的政治生活。与传统社会一致的是，现代人对良善生活的追求同样依赖于一定的政治秩序，而不同之处则在于，政治秩序的范畴不仅溢出了单一共同体的边界，同时还要在全球化浪潮汹涌和民族国家坚挺如初的双重背景下实现整合与重构。这就需要政治共同体内部和谐、稳固，且共同体之间保持最低限度的和平，以避免陷入霍布斯式自然状态的残酷处境。简言之，构建与维系多元化时代政治秩序的关键在于处理好政治共同体内部与外部的多元主体、价值和利益之间的关系。在当代学者提供的诸多解决方案中，以卡尔·施米特的"政治决断论"、约翰·罗尔斯的"重叠共识论"和尚塔尔·墨菲的"多元竞争论"最具代表性。本章旨在深度考察三种方案逻辑脉络的基础上，全面描绘当代思潮的多元图景，从而集中凸显现代性问题的内在进路与当下困境。

一　多元化时代中自由主义的困境

个人主义（Individualism）在近代早期的生成和崛起，深刻地形塑了现代社会的根本品格。作为其逻辑的自然延伸，现代社会的思想和实践内在地蕴含了自由主义（Liberalism）和多元主义（Pluralism）的理路特征。

基于个人本位的现代性，是与以整体主义（Holism）为原则的传统相对立的价值系统。随着中世纪后期社会有机体和神权桎梏的瓦解，传统社会所依托的一元论基础丧失了正当性和说服力，个人而非上帝成为价值的本原和主体，这就是韦伯所言的"祛魅"（disenchantment）。这一变化影响极为深远。首先，上帝的退隐和个体地位的提升所造成的价值变迁以及制度架构的相应调整，确认和保护了个体不受侵犯的自主权利。这不仅成为现代自由主义产生的背景和契机，也自然地成为其思想内涵和价值诉求。其次，个人选择取代上帝立法意味着传统社会凭借单一权威所确立的一元价值在现代社会已不再可能。个体偏好的差异以及个体之间的平等决定了价值多元化的必然性，多元主义应运而生。至此，自由主义和多元主义成为现代性的核心内容，彼此之间的勾连与交织共同构成了现代社会"诸神之争"的基本事实。[①]

事实上，自由主义与多元主义之间的关系十分复杂。通常认为，价值多元主义是自由主义的前提和基础。前者主张在众多的价值之间持有一种中立的立场，对各种价值一视同仁，进而倡导个体在价值选择上的自主权。而这正是自由主义的题中应有之义。另外，自由主义同样可以导向价值多元主义。自由主义本身

[①] 王焱、饶淑荣编：《社会理论的两种传统》，生活·读书·新知三联书店 2012 年版，第 272—275 页。

即站在专制、不宽容的对立面，对个人权利的尊重和保障包含着对个人自主选择的认可和倡导，也即对个体选择的不同价值多元共存的既定事实的认可。由此可见，在人们的理解中，自由主义和价值多元主义都可以从一方出发推导出另一方，二者是一种相互构成、彼此支持的关系。正是由此出发，伯林试图超越传统自由主义和功利主义，将多元主义作为当代自由主义更为坚实的正当性基础。在他看来，"我们在日常经验中所遭遇的世界，是一个我们要在同等终极的目的、同等绝对的要求之间做出选择，且某些目的之实现必然无可避免地导致其他目的之牺牲的世界"；① 换言之，在"祛魅"了的现代社会，拥有绝对权威的终极价值已不复存在，诸种价值本身处于平等地位，任何价值都只是人类面对的选项之一，并不享有相对于其他价值的优先性；并且这些价值之间不可通约，相互之间存在激烈的竞争关系，难以兼容。这种不可调和的矛盾本身让伯林认识到，"正是因为处在这样的状况中，人们才给予自由选择以那么大的重要性"。② 可见，他试图在多元主义和自由主义之间建立起明确的相关性，而这种自由主义所指向的则是他极力推崇的消极自由："多元主义以及它所蕴含的'消极'的自由标准，在我看来，比那些在纪律严明的威权式结构中寻求阶级、人民或整个人类的'积极'的自我控制的人所追求的目标，显得更真实也更人道。"③ 就其内在逻辑而言，伯林无疑是说，由于多元价值的不可公度、不可通约，相互冲突又不可比较，所以更需要强调个人自由选择的重要性，而这种自由选择的权利只能由自由主义提供。这样一来，伯林就初步建立起从价值多元主义到自由主义的逻辑推论。

但是，伯林的论证也受到了广泛的质疑。例如，有学者认为伯林的价值多元主义主张与其以消极自由（negative freedom）为

---

① ［英］以赛亚·伯林：《自由论》，胡传胜译，译林出版社2011年版，第241页。
② 同上。
③ 同上书，第244页。

底色的自由主义立场之间存在一定的矛盾。价值多元主义承认不同价值之间的平等地位，这就使得没有任何一种价值享有相对于其他价值的优先性，但伯林对个人不受干涉、自主选择的消极自由有明显的偏好，其理论本身就预设了消极自由的优先性。其他的自由主义者虽然未必像伯林一样珍视消极自由，但也都各有侧重，或强调平等或强调权利，而这无疑都违背了价值多元主义的基本原则。伯林自己也意识到了这一理论弱点，并试图加以修正。但他对自由主义与价值多元主义的关系定位多有反复，有时他认为价值多元主义和自由主义是两个互不交叉、没有关联的概念，有时又认为价值多元主义会导向自由和宽容，或者自由主义也可能通向价值多元主义。① 显然，伯林在价值多元主义与自由主义之间建立稳定相关性的尝试并未成功，他的思想变迁轨迹恰恰提醒人们要注意自由主义与价值多元主义之间的内在紧张乃至冲突，由此也深刻揭示出作为现代社会正当性基石的自由主义具有难以克服的逻辑悖论。

现代自由主义的问题在于不加区别地将自由与多元论作为自己的内在价值，而通过梳理伯林以及其他学者对于自由主义和价值多元主义的相关阐释，不难发现二者之间存在显著差异甚至彼此对立，不可调和。当然，这里存在着一个逻辑转换，自由主义与价值多元主义之间的关系并不等同于自由主义内部的自由与多元论之间的关系。但由于自由是自由主义的核心价值，而多元论也是价值多元主义的内核并且在一般性的讨论中这种替换不至于引起误解，因此将并列的两种主义之争投射到自由主义内部两种价值之间的冲突也就具有一定的合理性。究其实质，这种紧张关系在于自由主义自身的双重属性。

首先，如伯林所言，自由主义是一种宽容的立场，意味着对

---

① 马德普、王敏：《价值多元论与自由主义——论伯林遇到的挑战及晚年思想的转变》，《政治学研究》2012年第3期。

多样性的包容和尊重，在此意义上，自由主义与多元主义在逻辑上是通融的。换言之，这是对自由主义认识论的解读方式。其次，自由主义作为现代意识形态的一种，与其他意识形态一样会宣称自身的正当性和真理性，而对自由价值的推崇更使其与现实政治行为相配合，化身为一种普适性话语。这样一种对自由主义的理解方式，可以称之为本体论（ontology）解读。

自由主义的普适性要求使之具有强烈的专断性，其他价值、意识形态等在这样的语境下不再被视为自由主义的对等物，而是次等的，并终将为自由主义所取代，从而达致"历史的终结"（the end of history）。在某种极端的意义上，自由主义所包含的多元论和自由价值之间将演化为一种相对性与绝对性、多元论与一元论之间的强硬对峙。这样两种截然对立的思维方式并存于自由主义的内在逻辑之中，自然会导致一种思想上的"精神分裂"。有学者意识到了这一问题，试图通过重构价值多元主义的核心内涵以消解这种张力。如克劳德就将普遍价值视为价值多元主义的第一要素，[①] 从而抬升了自由主义相对于其他意识形态的普遍性权威。这实际上是通过强调自由主义的绝对性，压制其相对性，从而摆脱困境。但这种努力显然并没有彻底化解二者之间的矛盾。

探讨自由主义与价值多元主义之间复杂的辩证关系，进而延伸至自由主义内部自由价值与多元论立场之间的紧张关系，是当代政治哲学无法回避的重要议题。作为现代社会的主导性意识形态，自由主义一方面势必要捍卫自由主义政治秩序的正当性，另一方面其自身在自由价值的普适性和价值多元立场之间的犹疑与徘徊又直接造成了政治共同体建构与政治秩序维系的脆弱与动荡。无论是以自由主义批判者的面目出场的卡尔·施米特，还是坚定的自由主义者罗尔斯，抑或对自由主义既批判又捍卫的墨

---

① ［英］乔治·克劳德：《自由主义与价值多元论》，应奇、张小玲、杨立峰、王琼译，凤凰出版传媒集团、江苏人民出版社2008年版，第77—103页。

菲，都对自由主义的内在病症进行了准确的诊断。他们的解决思路就本质而言是如何在现代性背景下处理多元与一元的关系，从而为现代政治秩序提供稳固而持久的根基。事实上，这三位思想家所设想的政治秩序都包含政治共同体内部与外部两个维度，例如施米特对国际政治和国际法的论述和罗尔斯以"万民法"将正义论应用于国际领域的尝试等，但限于篇幅，本章重点讨论关于共同体内部政治秩序的构建问题。

二 从主权决断到政治神学：卡尔·施米特的秩序逻辑

在20世纪的政治思想界，施米特扮演着复杂难辨的角色。他是纳粹德国的"桂冠法学家"，也被视为"帝国的理论家"。他曾对自由主义展开猛烈而深刻的批判，甚至出于对自由主义的逆反而转向纳粹。[1] 但随着对施米特理论的研究深入，这种单一脸谱化的形象刻画逐渐受到人们的质疑。早在施米特发表《政治的概念》第一版时，列奥·施特劳斯就评注说："施米特是在一个自由主义的世界上承担起对自由主义的批判；在此，我们是指他对自由主义的批判发生在自由主义的视界之内；他的非自由主义倾向依然受制于'无法克服的自由主义思想体系'。"[2] 麦考米克在《施米特对自由主义的批判》中认为，施米特实际上推进了韦伯对现代性的批判路径，施米特的批判是一种内部批判，即"站在自由主义的根本立场上来批判自由主义，或者说，为了自由主义而批判自由主义"。[3] 这些从自由主义的角度试图为施米

---

[1] Peter C. Caldwell, "Controversies over Carl Schmitt: A Review of Recent Literature", *The Journal of Modern History*, Vol. 77, No. 2, pp. 357–387.

[2] 舒炜编：《施米特：政治的剩余价值》，上海人民出版社2002年版，第233页。

[3] ［美］约翰·麦考米克：《施米特对自由主义的批判》，徐志跃译，华夏出版社2005年版，中译本说明第1页。

特正名的努力略显牵强，毕竟施米特对自由主义的批判可谓不遗余力，其理论主张显露出的极端和专断也与正统的自由主义思想家相去甚远。相较之下，扬-维尔纳·米勒的观点可能更为贴切，他认为施米特代表着一种呈现了欧洲政治敏感性的思维方式，可称之为"哲学或人类学保守主义"，在现实政治中，它未必总是体现倡导渐进性变革的保守主义的典型特征，但是却明确试图"以强权政治和具体性事物的名义无情地揭穿那些自由普适主义主张的面具"，所以米勒认为，"如果说马克斯·韦伯是一个绝望的自由主义者，正如人们常常（正确地，或者确切来说错误地）主张的那样，那么，施米特就是一个绝望的保守主义者"。①

施米特一生论著丰富。与一般的政治理论家相比，公法学家的身份使他的视角和思维更具法学色彩。这种独特的政治法学进路一方面能够"见人之所未见"，直指问题的本质；另一方面也会因其高度专业化而在一定程度上增加他人理解的难度。刘小枫认为，施米特思想包含两个基本论著群，一边是《政治的神学》《政治的神学续篇》《罗马天主教与政治形式》，另一边是《政治的概念》《政治的正当性》《游击队理论》，而其中的内在联系则是"神学"影响了施米特对政治的理解，而对政治的理解又塑造了他对现代民主国家宪法和国际法的理解。②通过寻找著作间的内在关联而建构对施米特复杂理论的整体形象，这一方式极具启发性。换句话说，施米特政治法学理论肇始于对魏玛民国宪政问题的现实关怀，而对魏玛宪政软弱性的诊断使其将"人类事物的秩序"问题的根源导向自由主义及其法学理论的弊端，更进一步说，施米特认识到自由主义的缺陷与现代性本身紧密相关。正是沿着这一逻辑链条，施米特不仅展开了对自由主义与现代性的

---

① ［德］扬-维尔纳·米勒：《危险的心灵：战后欧洲思潮中的卡尔·施米特》，张龚、邓晓菁译，新星出版社2006版，第17—18页。
② ［德］卡尔·施米特：《政治的概念》，刘宗坤等译，上海人民出版社2004年版，选编说明第4页。

批判，同时也提出了相应的解决方案。

作为施米特最著名的两篇论著，《政治的神学》和《政治的概念》讨论了两大主题："何为主权"和"何为政治"。它们共同构成了施米特对现代政治秩序建构及其维系的思考。施米特直言，"主权就是决定非常状态"，而非常状态在施米特的语境中具有特定的法理学内涵，与之相对的概念是"常规"。在施米特看来，非常状态不是作为一般规范衍生物的紧急法令或危机状态，它是"威胁到国家存亡，或诸如此类"的极端危险的情况，故而无法被纳入现有的法律制度中。这也就凸显出，在关涉"公众利益或国家利益以及公共安全和公共秩序"的问题上作出主权决断的必要性和必然性。[①] 与此相反，以凯尔森、克拉贝为代表的形式主义实证法学恰恰试图否定这种非常状态具有超脱于既定法律秩序的特殊性，而竭力将之纳入一般法律规范的解释框架中。实证法学继承了康德的自由主义法治国思想，认定"一条法律只能来自另一条法律"以及"某一规范只能来自另一规范"，所以"必定存在着一个基础规范，它是所有规范性的渊源"，而"这种高级规范是法律的先验条件"，[②] 期望通过法律规范的自我证成而取消主权者和政治决断。在施米特看来，这种自由主义的法治国家实际上是没有主权的国家，[③] 国家被视为法律秩序本身，而这种制定完备的法律秩序如同一台机器，无须借助外力就可自行运转。

施米特认为自由主义法治国存在两种危险性：出于保护个人权利的目的，通过宪政限制主权者的权威直至取消主权者；将国家的政治生活纳入法律轨道，从而消解政治本身。这不仅导致了

[①] ［德］卡尔·施米特：《政治的概念》，刘宗坤等译，上海人民出版社2004年版，第5—6页。

[②] ［美］保罗·卡恩：《政治神学：新主权概念四论》，郑琪译，译林出版社2015年版，第44页。

[③] 舒炜编：《施米特：政治的剩余价值》，上海人民出版社2002年版，第135页。

自由主义法治国面对非常状态时的手足无措，难具积极的行动能力，同时主权的悬置所造成的空白也极易受到体制外政党的觊觎，当其以"人民"代表自居并据此利用正当性对抗现存法律秩序的合法性时，没有强有力的主权核心压制动乱。① 故而，施米特强烈反对自由主义法治国理念以及作为其基石的实证法学，他立足于生存论的政治秩序观，认为法律秩序本身无法自我奠基，它同样来源于非常状态之中的主权决断："规范证明不了什么，而非常状态却能证明一切：它不仅确认规范，而且确认规范的存在，因为规范只能来自非常状态。"② 正是非常状态存在法律秩序无法预见并因此无法处理的极端性，就足以推导出一个外在于法律秩序且不受其限制的主权者的正当性，由此可见非常状态（或例外状态）在施米特的理论体系中扮演着关键性的角色。对施米特来说，主权者不仅决定什么是非常状态，也决定是否真正存在法律得以生效的正常状态。因此，由决断对应的非常状态和规范对应的正常状态所构成的秩序运行的不同阶段都需要主权者的存在——它存在于非常状态进入正常状态的边际线上。

在《政治的概念》中，施米特认为，传统的以国家来界定政治的方式在国家与社会相互渗透的现代背景下开始变得荒谬起来。在他看来，只有找到政治范畴内最具特殊性的划分标准才能理解政治的准确内涵。类比于道德领域的善与恶、审美领域的美与丑、经济领域的利与害，施米特认为政治的根本标准在于划分敌友。③ 而对敌人的界定同样是生存性的：敌人并不必然意味着道德上是邪恶的、审美上是丑陋的或在经济领域构成竞争关系，

---

① 舒炜编：《施米特：政治的剩余价值》，上海人民出版社2002年版，第135页。
② ［德］卡尔·施米特：《政治的概念》，刘宗坤等译，上海人民出版社2004年版，第11页。
③ 同上书，第106页。

敌人之所以为敌人仅仅在于与己产生冲突的现实可能性;① 同样,敌人也不是个人层面的私敌而是群体层面彼此斗争的公敌,对抗性越强意味着政治性越强,在战争中达致其最完满的状态。② 而区分敌友则是一个群体成为政治统一体的关键能力。无论是通过宗教对立还是阶级划分等方式,确定一个外在并具有潜在威胁性的"他者"是一个共同体获得自我意识、自我确立的重要条件,而冲突与斗争则赋予这一共同体以政治统一体的属性。在施米特的论述中,这一政治统一体主要指的是由民族构成的国家。③ 在这个层面上,施米特将自己的论战对象确定为以柯尔和拉斯基为代表的多元主义理论。在他看来,多元主义理论意图在于通过强调个体在社会网络中的多元归属关系而弱化甚至否定政治统一体的主权。④ 虽然国家在与社会中的其他组织、团体竞争个体服从的过程中未必总是胜利者,例如国家无法剥夺工会的罢工权,但能够决定"那种极端情况并确定关键性的敌—友划分"的社会统一体只能是作为决定性统一体的国家。多元化理论所导向的结果只能是通过联邦制实现统一体的建构或者使国家解体,国家降为与其他社会组织同等的社团之一,政治本身也就不复存在了。⑤ 施米特同样也指出,划分敌我的政治本性能够在国际层面产生一种多元主义的结果,但在政治统一体内部,多元主义扮演的只能是秩序颠覆者的角色。⑥ 在《国家伦理和多元主义国家》一文中,施米特进一步指出政治的统一体是在多元主义框架内形成的决定性的统一体,它的至上性是能够在共同体内部的个体和社会

---

① [德]卡尔·施米特:《政治的概念》,刘宗坤等译,上海人民出版社2004年版,第107页。
② 同上书,第109—115页。
③ 萧高彦:《西方共和主义思想史论》,商务印书馆2016年版,第300页。
④ [德]卡尔·施米特:《政治的概念》,刘宗坤等译,上海人民出版社2004年版,第120页。
⑤ 同上书,第122—123页。
⑥ 同上书,第124页。

集团之间进行裁决从而避免共同体的分裂、瓦解或形成内战,由此便可以维护政治秩序。①

施米特说,"现代国家理论中的所有重要概念都是世俗化了的神学概念",② 这是否如刘小枫所言,意味着一种对现代政治的"神学模拟"? 事实上,无论从施米特本人的论述还是后来学者的解读中,都不难发现施米特的政治理论带有浓郁的神学色彩。在他眼中,现代政治理论与传统政治神学具有一种同构的性质,即使是以激烈反对基督教神学而著称的自由主义国家学说也同样与某种形态的自然神论联系在一起。③ 施米特也同样认识到,现代政治秩序的神学形式与传统社会相比已经发生了相当大的改变:首先,有神论观念和超越观念不再可信;其次,人民取代君主成为政治正当性的来源和主权者。因此,施米特的政治神学最终落定在对现代民主政体正当性的论证上,当他明言问题的解决办法是立足于决断论思想的"专政",④ 并对天主教作为一种"政治形式"的评述中明确地表达了对"天主教的政治权力既不依赖于经济手段,也不依赖于军事手段,而是依赖于权威的绝对实现"的欣赏。⑤ 由此不难想见,施米特所设想的现代政治秩序必然以人民主权的民主专政为其实现形式。⑥

透过施米特庞杂的学术著作,能够梳理出线索清晰的政治秩序理论。在他看来,自由主义法治国的国家理论存在着明显的缺陷,尤其是不足以在政治状态中支撑稳固的政治秩序,这就要求具有至上权威的主权者出场,应对非常状态以及通过政治决断为

---

① [德]卡尔·施米特:《政治的概念》,刘宗坤等译,上海人民出版社2004年版,第183页。
② 同上书,第24页。
③ 舒炜编:《施米特:政治的剩余价值》,上海人民出版社2002年版,第141页。
④ [德]卡尔·施米特:《政治的概念》,刘宗坤等译,上海人民出版社2004年版,第33页。
⑤ 同上书,第60页。
⑥ Carl Schmitt, *Dictatorship*, Cambridge: Polity Press, 2013, pp. 112 – 117.

常规状态奠基。而世俗化的现代社会背景,决定了由人民作为主权者才能获得政治正当性。但究竟谁才是人民?这仍然是一个需要加以辨识和界定的范畴。对施米特来说,这就需要通过诉诸政治的概念,通过划分敌友而实现"人民"本身的重构并以此反向强化政治统一体的政治能力。在此过程中,最大的威胁莫过于自由主义的多元主义学说,这种多元主义理论正是以作为政治统一体的国家至上性为敌,试图以个人本位消解国家主权,它自然导致共同体在内部的分化和对立中趋向解体。施米特针锋相对地从两个维度着手提出反制措施:一是认定为了确保人民主权并防止其分裂、解体,"人民"必须是整体性的概念,立足于一个同质的共同体,而非个人。① 民主的本质也正在于"同一"与"同质"。② 由此将敌友划分基础下的共同体成员安置于"民族"之上,从而建立"以同质一体的、能够凝聚为一个民族精神整体的人民为基础的宪政",即一个与马克思的阶级专政颇为相似的民主专政。二是求助于政治的神学资源,为政治统一体提供权威的神圣性基础。相较于人的理性,施米特更相信"神启"作为政体根基的正当性和有效性。③ "世俗化民主国家的正当性法理需要绝对、终极的东西。在现代之后,现代的国家主权仍然需要有世俗的神性权威,民族神话和由此维系起来的民族同质的共同体就是这样的权威。"④ 显然,施米特所主张的是某种类似于"公民宗教"(civil religion)的东西,使国家不仅作为政治统一体而存在,同时还是民族伦理的化身。

通过主权决断、敌友划分和政治神学的叠加,施米特建立起

---

① 舒炜编:《施米特:政治的剩余价值》,上海人民出版社2002年版,第136页。
② [美]乔治·施瓦布:《例外的挑战:卡尔·施米特的政治思想导论(1921—1936年)》,李培建译,上海人民出版社2015年版,第81页。
③ 刘擎:《悬而未决的时刻:现代性论域中的西方思想》,新星出版社2006年版,第191页。
④ 舒炜编:《施米特:政治的剩余价值》,上海人民出版社2002年版,第139—140页。

一套旨在克服自由主义与多元主义局限性、作为"内政"意义的现代政治秩序结构。他不否定社会分化的多元主义现实——宗教、工会、经济组织等在社会中广泛存在，他反对的是以多元主义消解国家本身的倾向。他希望通过提升政治相对于经济、文化等的优先性而将多元主义控制在政治领域之外，保证国家的一元至上地位。无论是针对自由主义在行动层面上的软弱性，还是多元主义对国家和政治的挑战，施米特最终都采取了诉诸主权者、民主（民族）专政的"定于一"的解决思路，并使二者在国家中合二为一，成为一个既有能力维护内部秩序，又有能力在国际社会划分敌友并通过战争争夺生存空间的强势国家。就此意义而言，施米特面对多元主义这个现代性对手，采取了压制社会多元主义、强化政治一元论的秩序方案。

三　从理性多元到重叠共识：罗尔斯的秩序想象

相比于施米特论著的庞杂和内在线索的纷繁难辨，罗尔斯正义理论的整体架构和行文思路理解起来要容易得多。如果说前者是自由主义的批判者，后者就是自由主义的信徒和捍卫者。罗尔斯提出正义理论的基本意图是在功利主义（utilitarianism）式微的背景下通过复兴社会契约传统而为自由主义提供更为坚实的正当性论证。面对其他学者的质疑与批评，罗尔斯意识到他在《正义论》中诠释的正义理论没有区分道德正义学说与政治正义观念，[①] 故而又推出《政治自由主义》，探索正义理论在政治领域应用的可能性。

罗尔斯首先说明其研究的背景在于现代民主社会的多元主义现状。在这样一种社会中，充满了各种具有价值终极意义的完备

[①] ［美］约翰·罗尔斯：《政治自由主义》，万俊人译，译林出版社2011年版，导论第3页。

性学说，它们都合乎理性却彼此互不相容，罗尔斯称之为"理性多元论"。在他看来，应该对理性多元论持一种正确的态度，并非将其视为人类不幸遭遇的灾难，而是将其接受为自由制度的自然结果。面对这种现代性事实，政治多元主义所要解决的问题就是如何在产生了多元分化的现代社会获得重叠共识（overlapping consensus），以支持自由平等公民所组成的立宪政体及其政治观念。① 也正因此，罗尔斯承认他在《正义论》中构想的公平正义之秩序良好社会的理念置于理性多元论的环境时变得难以实现，而政治自由主义作为正义论的强化版则充分考虑到理性多元论的事实并以此为出发点展开逻辑推演。理性多元论意味着任何完备性学说都不能得到全民认可，政治自由主义若要获得绝大多数社会成员的接受，其自身就必须具备与各种宗教、哲学和道德完备性学说不同的特性，罗尔斯认为，关键就在于它不是将政治的正义观念当作真理，而只是一种合乎理性的观念：一方面，它只涉及政治价值而非所有价值；另一方面，它是"建立在与社会和个人的观念以及与实践理性观念本身相联系的实践理性原则之基础上的"。② 不妨将之理解为并非自我主张真理性的意识形态，而是诸种政治学说进行对话所依循的理性原则。

那么，作为罗尔斯理论指向的秩序良好的社会具有怎样的表现形态呢？罗尔斯认为这样的社会只能是公平正义的民主社会，既不是联合体——故而不具有终极的意义和目标——也不是共同体，所以不受完备性学说所支配。③ 罗尔斯认为，从传统时代延续下来的一个错误信条是社会统一建基于意识形态的统一之上，需要确立一种"普遍而完备"的宗教学说、哲学学说或道德学说，通过排斥异端而获得社会秩序。而现代社会的进步之处就在

---

① [美]约翰·罗尔斯：《政治自由主义》，万俊人译，译林出版社2011年版，第5页。
② 同上书，导论第7页。
③ 同上书，第37—39页。

于建立起自由宪政制度，实现了理性和谐与稳定多元并行并存的社会秩序。① 政治自由主义不仅与传统社会的专制意识形态对立，也不同于以康德、密尔为代表的那种将自由主义视为完备性学说——对有理性和良知的普通人来说，这种自由主义的道德原则源于人性故而人皆有之——就本质而言，这种完备性自由主义同样试图以一种不同的方式借助某种形式以国家权力为依托的普适主义以消解多元主义，从而成为统一社会的思想基础。② 罗尔斯放弃了这两条路径，他坚信通过政治自由主义也即一种政治的正义观念就可以达到良好秩序，而其条件则在于："第一，认肯合乎理性却又相互对立的完备性学说的公民能达到一种重叠共识，也就是说，他们普遍认可正义观念是他们对基本制度的政治判断的内容；第二，不合乎理性的完备性学说（我们假定总有这些学说）不能充分流行，不能削弱社会根本正义的基础。"③ 由此可见，罗尔斯一方面否定某种完备性学说——无论其是自由主义的还是非自由主义的——对社会的支配，进而持有一种理性多元论的秩序主张；另一方面又不得不对这种多元论加以限定，强调"重叠共识"这种能导向某种"同一性"的要素，并将"不合乎理性"的完备性学说控制起来，从而通过"巩固""预防"两种方式实现稳定政治秩序的建构和维系。

如果说"理性多元论"是罗尔斯论证的起点，而政治的正义观念及其所支撑的秩序良好的民主社会是其终点，那么作为这一完整逻辑链条之关键组成部分则是"重叠共识"和"公共理性"。其中重叠共识是政治的正义观念的表现形式，公共理性则是获得重叠共识的前提和推导原则。在罗尔斯看来，在理性多元论已成既定事实的前提下，若要建立和维护一个秩序良好的公平

---

① ［美］约翰·罗尔斯：《政治自由主义》，万俊人译，译林出版社 2010 年版，导论第 11 页。
② 同上书，第 33 页。
③ 同上书，第 35 页。

正义的民主社会,不可能依靠一种合乎理性的完备性学说确保社会统一,它的基础只能是由各种合乎理性的完备性学说从自身出发所认可的共识性理念,[①] 其核心是公平正义。[②] 罗尔斯所设想的重叠共识,是在一种自由的正义观念中由一种临时协定的最初默许发展而来的。它随着时间的推移先变成宪法共识,再变成重叠共识。这一演化之所以可能,并不是依据一种乌托邦式的纯粹逻辑演绎,而是在现实政治实践中分化了的不同社会群体和成员出于理性考量在长期互动中逐渐认可和达成了宪法共识。而宪法共识所包含的自由主义的权利、自由和程序以及立宪政体的公共文化,使得人们接受公平正义理念也成为合理的选择。[③] 人们之所以如此行事,恰恰在于他们所具有的"公共理性"。这种公共理性是政治社会及成员将其计划公式化以及将其目的置于优先地位并作出相应决定的行为能力,它植根于成员的理智能力和道德能力。而公共理性的"公共",则意味着它将指向公共的善和根本性的正义。[④] 具备公共理性的政治社会进行讨论时往往会依据一系列基本原则,如判断和推论的正确使用、讲理的规则、公正无私的德性等,依此展开的公共讨论必然是"自由、公开、通达、合理"的。[⑤] 罗尔斯一再重申,在理性的公民基础上形成的公共理性将导向一种认可正义的政治观念的重叠共识,社会的统一端赖于此。

不难看出,罗尔斯对政治自由主义的论证方式依然延续了《正义论》的思路,即在约定诸如基本人性、公民身份等的条

---

① [美]约翰·罗尔斯:《政治自由主义》,万俊人译,译林出版社 2010 年版,第 123 页。
② 同上书,第 132 页。
③ 同上书,第 146—156 页。
④ 同上书,第 196—197 页。
⑤ 王焱、饶淑荣编:《社会理论的两种传统》,生活·读书·新知三联书店 2012 年版,第 272—275 页。

件下通过演绎以推导出秩序良好社会的形态与特征：它必然是立足于对政治的正义观念具有重叠共识的自由主义民主宪政社会。

显然，罗尔斯对现代政治秩序的建构方案同样在本质上可被视为对"多元"和"一元"问题的处理，即如何在一个众多合乎理性的完备性学说互相冲突的多元化背景下维持社会的统一。他提供的方案是在理性多元论的基础上寻找重叠共识，即实现"多元"与这种特殊意义上的"一元"的兼容。但事实上，这种政治自由主义方案尽管充满了吸引力——它意味着尊重、包容与和谐——却依然陷于前文所言的自由主义的悖论中。诚如有学者指出的，罗尔斯虽然推崇理性共识，但对何为"理性"却给出了一个"不太讲理"的标准，即他的逻辑演绎过程依赖了诸多假设，而他却不无专断地认为凡是理性的人都会认同这些假设，言下之意即凡是不认同的就不是理性的人，而这样的人已然在论证之初就被明确排除在讨论范围之外。① 在某种意义上，罗尔斯的论证之所以能够成立，恰恰在于违背了他所确认的理性多元论——他对于公民、良好秩序的理解等无一不是建立在西方文化氛围之中，呈现的是自由主义意识形态的底色。问题的根源依然在于，自由主义既是一种开放包容的立场，势必与多元论气息相通；自由主义又是一种作为完备性学说的意识形态，无法拒绝强烈的普适倾向。罗尔斯本人亦不能摆脱这种思维困境。换言之，他试图在"多元"与"一元"之间达致协调，从而以"共识"取代"专断"的努力最终因自由主义本身的特性而使得天平逐渐摆向"一元"那一端。

---

① 王焱、饶淑荣编：《社会理论的两种传统》，生活·读书·新知三联书店2012年版，第260页。

四 从多元冲突到竞争民主：墨菲的秩序策略

尚塔尔·墨菲通常被视为激进的左翼民主理论家，但其思想来源却极为复杂。她既坚守马克思主义的批判传统，又汲取作为右翼保守主义理论家施米特的理论资源，还试图为自由主义民主制度提供正当性辩护，甚至兼采社群主义和共和主义的思想学说。墨菲本人并不满足于仅仅扮演现代社会问题的诊断者和批判者的单一角色，她提出的"竞争性多元民主"是旨在克服施米特所指出的自由民主的固有缺陷从而加以超越的建构性方案。但所引思想资源庞杂，虽然使其针对既有思想家的理论局限性展开批评时能够旁征博引、游刃有余，却同样使她在整合各家学说基础上提出的建构性设想不可避免地保留了原有理论的内在缺陷，而不同学说之间的冲突和不可兼容性更使墨菲的理论具有明显的不稳定性。

施米特对自由主义的批判以及对政治概念的理解，构成了墨菲激进民主理论的重要出发点和思想资源。如其所言，她的目的在于"与施米特一起思考，反对他，并且用他的洞察力来加强自由民主"。[①] 在她看来，施米特最重要的创见就是发现了敌我关系在政治学中的核心地位，而这恰恰是那种以理性主义、普遍主义和个人主义为内核的自由主义流派所欠缺的。墨菲指出："一是它必然看不到政治在其冲突/决定的理论维度中所表现出的特殊性；二是它不能看出对抗在社会生活中的建构作用。"[②] 在政治思想史上，属于自由主义阵营而又不将冲突、对抗视为政治统一体破坏性因素的学者相当罕见。

墨菲的这一论断究竟意欲何为？实际上，墨菲如施米特一样，其理论指向带有明确的时代背景和问题意向。首先，在墨菲

---

① ［英］尚塔尔·墨菲：《政治的回归》，王恒、臧佩洪译，江苏人民出版社2005年版，第3页。

② 同上书，第2页。

看来，这是一个无可逃避的多元主义时代，多元主义是现代民主的组成成分，故而不可能存在"一种完美的和谐一致或一种和谐的群体性意志的理念"，① 这也就决定了冲突和对抗是现代社会不可避免的现实，消解多元主义而获得某种同质性的企图也就变得不可能。而恰恰是这样，才彰显出自由主义基本制度的必要性：因为只有自由主义才契合于多元主义对多样性的需要。这也是墨菲力图强化而非否定自由民主的理由所在。其次，苏联解体、东欧剧变使得自由主义失去了自我界定所依据的对立面，而"他者"在政治实践层面的不可或缺性使得西方社会的激进右派开始在其内部寻找并确认这样一种敌人——移民。② 这也使得墨菲思考如何在自由民主的框架内建构新的政治秩序——一种多元民主秩序。

墨菲认为，这种秩序的基础在于区分"敌人"和"对手"。③ 在一个共同体内部，对立双方之间的关系不能是施米特语境下的敌人，因为与敌人之间的对抗关系属于你死我活的极端状态，而共同体要想维系就必须将这种极端冲突弱化为一般对手之间的平等竞争关系，互相承认对方的合法地位与平等权利。但是，墨菲并没有完全放弃"敌人"这个概念并将之归于那些不接受民主的"游戏规则"且自绝于共同体成员的完全的"他者"。④ 虽然在正视对抗、确认对手等观点上墨菲获益于施米特，但她同样认为施米特的学说存在明显的误区。

首先，施米特对自由主义民主的否定是不合理的。墨菲认为，"当提及人民时，如果我们不再能把他们看成是一种似乎是

---

① ［英］尚塔尔·墨菲：《政治的回归》，王恒、藏佩洪译，江苏人民出版社 2005 年版，第 119 页。
② 同上书，第 4 页。
③ ［英］尚塔尔·墨菲：《论政治的本性》，周凡译，江苏人民出版社 2016 年版，第 133 页。
④ ［英］尚塔尔·墨菲：《政治的回归》，王恒、藏佩洪译，江苏人民出版社 2005 年版，第 5 页。

联合的、同质性的并具有一个单一的普遍意愿的统一体,在此情况下,社会就只有依靠倡导政治自由主义才能使大众自治不致蜕变为暴政"。① 换言之,在多元主义的现代社会中,自由民主才是最可欲的选项。

其次,施米特将多元主义与民主专政视为截然对立的两极,而没有看到多元主义与民主调和通融的可能性。以此为基础,施米特提出了一种虚假的二元悖论,认为现代政治秩序建构的路径只能是二者取一,或者是通过民主专政压制社会的多元性从而获得稳定的政治统一体,或者任由多元主义消解政治的同一性,造成政治秩序的崩解。② 而墨菲却认为,自由与民主虽然如施米特所批判的那样存在矛盾故而造成了自由民主持续的内在紧张,但二者的协调与配合有助于强化现代自由民主的活力,使其保持开放性与斗争性;同时它们也是建构自由民主必不可少的环节,施米特错误地预设了政治同一性的既成性,而墨菲则认为这种同一性不是天然的,也必须通过政治建构来实现。③ 同一性本身不应被理解为是一个没有异质性的封闭的共同体,而是如罗尔斯设想的那样成为一个依据自由民主原则而达成的多元性基础上的意见一致。

在综合诸多流派思想资源的基础上,墨菲系统阐述了她的激进民主理论。一方面,她也如施米特那样通过敌友划分,确保共同体内部在自由民主价值上的共识,而这在一定程度上意味着特定公民身份的建构;另一方面,在政治共同体内部,则承认并肯定多元群体之间冲突的合理性和必要性,认为如此便可以使不同群体——无论在社会中居于优势地位者抑或边缘群体——都可以

---

① [英]尚塔尔·墨菲:《政治的回归》,王恒、臧佩洪译,江苏人民出版社2005年版,第139页。

② Mouffe, *The Democratic Paradox*, London: Verso, 2000, p. 54.

③ David Dyzenhaus ed., *Law as Politics: Carl Schmitt's Critique of Liberalism*, Durham: Duke University Press, 1998, pp. 171-172.

自由表达自身的利益诉求。她认为主流自由主义的问题就在于不愿承认并力图消除这种冲突，其方式就是通过将无法消除的冲突与对抗转移到政治领域之外而保持政治上的虚假的"重叠共识"。在她看来，肯定冲突不是为了消灭对手，而是通过某种类似于审议民主的方式照顾到各个群体的正当利益，这种由持续博弈而达至均衡的悬而未决的状态恰恰才是民主的真谛。

显而易见，在现代政治秩序的建构问题上，墨菲坚持了一种自由民主的基本价值立场，她与罗尔斯一样，承认现代社会的多元主义处境并以之为出发点构想政治行动方案和制度模式。如果说罗尔斯是想在多元主义的基础上实现重叠共识并以此维护社会秩序的稳定性，那么墨菲就是试图通过牺牲一定的秩序稳定性而真正实践自由民主的价值理念。其激进性也正在于此。如前文所说，现代社会政治秩序建构的本质是处理好"多元"与"一元"之间的关系，在墨菲这里，"一元"呈现出两个维度：一是在共同体内部实现了自由民主价值的"一"；二是在共同体内部通过复杂的政治互动达致意见一致性。然而，值得注意的是，通过多元抗争的剧烈冲突而实现"同一性"在纯粹逻辑层面可能是成立的，但在复杂的政治现实中，如何保证高度分化的社会集团不会在激烈的对抗中走向彻底的分裂从而撕裂政治共同体本身？这样一个精确的"度"如何把握？毫无疑问，这都是仅凭逻辑演绎所无力解决的重大难题。这也是墨菲政治秩序构建理论的最大弱点。

综上所述，政治秩序意味着稳定和统一，现代社会的多元化趋势却与之背道而驰。二者之间的内在矛盾和张力不仅深刻形塑了当代政治秩序的建构路径，也是长期困扰思想家们的时代难题。施米特提出的应对之策在于以政治领域统领其他领域，以主权（民主）专政支配政治领域，从而抑制多元化对政治统一体的侵蚀。罗尔斯试图在理性多元论的基础上通过诸多制度设计而达致重叠共识，以正义理念统辖政治秩序，实现"多元"与"一元"的调和。墨菲则在施米特"强硬路线"和罗尔斯"和谐路线"的基础上持中间立场,寄希望于多元抗争来实现均衡、妥协基础上的政治共识。对施米特和罗尔斯来说,政治秩序本身被设定为终极目的;墨菲虽然也以政治秩序为目标,但就其深层价值预设而言,她赋予"民主"以更高的地位。从某种程度来说,正是对民主的高度推崇,才使墨菲在一定程度上忽视了政治秩序必然建基于"稳定"与"统一"之上。这三位学者的方案既有其启发性,也在面对诸多质疑与挑战时暴露一些问题。这恰恰反映出建构和维系现代政治秩序的困难与艰辛。这是否意味着现代人只能在强势国家的控制与无秩序的自由之间二者择一?是否意味着由不同族裔、不同信仰、不同价值观所构成的多元国家只是现代人的叶公好龙,而同质化的民族国家才是人类生存的唯一归宿?人类漫长的政治实践告诉我们:政治秩序没有终极模式,一劳永逸的完美方案永远无法获得;未来的政治发展充满无限的开放性和可能性,人类的探索永远在路上。

拓展阅读

1. [德]卡尔·施米特:《政治的概念》,刘宗坤等译,上海人民出版社2004年版。
2. [美]约翰·罗尔斯:《正义论》,何怀宏、何包钢、廖申白译,中国社会科学出版社1988年版。
3. [美]约翰·罗尔斯:《政治自由主义》,万俊人译,译林出版社2011年版。
4. [英]尚塔尔·墨菲:《政治的回归》,王恒、臧佩洪译,江苏人民出版社2005年版。
5. [美]约翰·麦考米克:《施米特对自由主义的批判》,徐志跃译,华夏出版社2005年版。

6. ［德］扬-维尔纳·米勒：《危险的心灵：战后欧洲思潮中的卡尔·施米特》，张龑、邓晓菁译，新星出版社 2006 年版。

7. ［美］乔治·施瓦布：《例外的挑战：卡尔·施米特的政治思想导论（1921—1936 年）》，李培建译，上海人民出版社 2015 年版。

8. ［英］以塞亚·伯林：《自由论》，胡传胜译，译林出版社 2011 年版。

9. ［英］乔治·克劳德：《自由主义与价值多元论》，应奇、张小玲、杨立峰、王琼译，凤凰出版传媒集团、江苏人民出版社 2008 年版。

第九讲　全球化视野中的国家与公民社会

　　全球化，既是一种客观现象，也是一种理论范式。虽然人们对全球化的影响看法不一，却普遍认同这一点：全球化对传统民族国家框架下的国家与社会关系产生了巨大的冲击。如何认识、理解并回应这一变化，是当代学者思考的焦点。对此，西方理论界大体形成了两个阵营：一派以国家为中心，侧重思考国家在全球化进程的地位与作用；另一派以公民社会为中心，主要着眼全球层面中公民社会的角色与功能变迁。本章立足于这些理论论争，试图梳理并解析国家与社会关系在全球化语境中的变迁、重构及未来走向。

一　国家：明日黄花？

　　对于全球化，人们有着这样或那样的认识，但有一个事实是不争的：全球化业已深刻影响了并势必继续影响人类的社会生活。而这一影响的产生，首先是由全球化牵动国家变化而引起的。正如阿尔布劳所说："在一个个人活动曾经如此长久地受到有关民族国家的理想激励的世界中，在一个日常生活受到国家如此多的干预的世界中，在一个由国家规范和调控社会生活的世界中，对于个人来说，由它（指国家）的变革带来的后果是深刻的。"①

随着全球化进程的加快，国家所面临的挑战与危机日益明显。民族国家的命运，成为晚近西方理论界争论的主要问题。在一些学者看来，全球化逐渐使国家丧失了以往对各种社会力量的控制，国家权威日渐弱化，成为"无中心的虚体力量"，正走向终结之路，②以市场和社会为主导的崭新的"治理时代"已浮现在地平线。③另一些学者则认为，国家并非全球化的受害者，而是"全球化的主要促进因素"。④甚至有学者认为，民族国家只是"未完成的国家"。⑤换句话说，全球化"本质上不应被视为国家主权的削弱过程。恰恰相反，它本质上正是当今民族国家体系在全球范围得以扩张的主要条件"。⑥显然，这些观点或者肯定社会力量的重要，并确信其有能力参与甚至取代国家进行治理，或者承认全球化对部分国家职能的弱化，但仍认为国家的作用不可代替，只是需要一个转型和重构的过程，或者认为国家原本就是全球化的始作俑者，全球化进程不仅没有削弱国家，反而使民族国家的疆域扩展，使国家权力延伸到全球层面。由此，人们将这些观点相应地称为"终结论""重构论""扩张论"。

相比较而言，"国家终结论"的声音更响亮一些。20世纪80年代以来，国际资本力量迅猛增长，一度萧条的货币主义和极端个人主义的政策再度复兴，福利国家政策困境重重。国家的终结

---

① [英]马丁·阿尔布劳：《全球时代：超越现代性之外的国家和社会》，高湘泽、冯玲译，商务印书馆2001年版，第101页。

② 同上书，第102页。

③ James N. Rosenau, *Governance without Government: Order and Change in World Politics*, Cambridge: Cambridge University Press, 1995, p. 5.

④ [加拿大]马乔里·格里芬·科恩、斯蒂芬·麦克布莱德：《全球化动荡》，段保良译，华夏出版社2004年版，第3页。

⑤ [德]乌尔里希·贝克：《全球化时代的权力与反权力》，蒋仁祥、胡颐译，广西师范大学出版社2004年版，第118页。

⑥ [英]安东尼·吉登斯：《民族—国家与暴力》，胡宗泽、赵力涛、王铭铭译，生活·读书·新知三联书店1998年版，第6页。

似乎成为全球化进程的必然趋势。对此，杰克逊率先提出了"半国家"理论，认为全球化时代的国家只拥有一种法律意义上的主权，只能算是半个国家。① 在保守自由主义②市场化和私有化思潮的推动下，"国家终结论"迅速流行开来。持相近观点的迪特根认为，由于全球化制约了国家的经济自主性；传统意义的"社会"不断拓展，社会的世界替代了国家的世界；冷战的结束不可避免地削弱了民族国家存在的价值，国家已不可避免地走到了尽头。③ 大前研义则提出四个"I"理论来证明这一点。在他看来，从"Investment""Industry""Information Technology"和"Individual Consumers"四个方面来看，民族国家由于国界作用的消失"已经失去了它们作为当今无国界的全球经济中有意义的参与成员的作用"。④ 这些主张将民族国家与全球化这对矛盾推向极致，却有意掩盖了国际资本扩张背后的利益与权力之争，正如赫斯特和汤普森所注意到的，国家终结论代表了保守自由主义的理论诉求与现实需要，其根基实际上是反政治的自由主义。⑤ 有趣的是，

---

① R. H. Jackson, *Quasi States: Sovereignty, International Relation and the Third World*, Cambridge: Cambridge University Press, 1990, p. 30.

② 关于现代自由主义的分类，涉及对自由主义的理解和界定问题。国内学术界对此尚未达成共识。例如，哈耶克、弗里德曼等人的名字同时出现在刘军宁的《保守主义》和李强的《自由主义》中，新近出版的一系列批判新自由主义的专著和论文同时将罗尔斯和哈耶克纳入批判阵营，可见其混乱程度。这种情况在西方理论界也十分普遍。哈耶克要么是保守派的代言人，要么被拉到自由主义阵营，成为社会民主主义和保守主义批判的靶子。笔者主张将转型后的现代自由主义分为两大派别：一是新自由主义，主张由自由放任转向国家干预，代表人物是格林、霍布豪斯、霍布森、威尔逊、杜威和罗尔斯等；二是保守自由主义，主张保卫、守护和复兴古典自由主义传统，倡导消极自由和消极国家观，代表人物包括经济学领域中奥地利学派的哈耶克、芝加哥学派的弗里德曼、公共选择学派的布坎南以及新制度经济学派的科斯和诺思等，哲学领域的伯林、奥克肖特、诺齐克等，政治学领域的雷蒙·阿隆、萨托利等。

③ Herbertt Dittgen, "World without Borden? Reflections on the Future of the Nation-state", *Government and Oppostion*, Vol. 34, No. 2, 1999.

④ Kenichi Ohmae, *The End of Nation State: The Rise of Regional Economie*, New York: The Free Press, 1995, p. 11.

⑤ Paul Hirst and Grahame Thompson, *Globalization in Question: the International-economy and the Possibilities of Governance*, London: Polity Press, 1996, p. 176.

持"国家终结论"的除保守自由主义者之外,还有一些新左派人物如哈贝马斯等。当然,他们认为这是一个悲剧性的结局。市场与全球资本毕竟代表着罪恶的力量,它们无视国家或地方的利益,肆意妄为,结果只能是:政治权威沦为资本的阶下囚,政府臣服于市场。

必须看到,自由主义者也好,左派也好,其"国家终结论"都难逃片面的嫌疑:要么过分夸大了全球化的现实,要么将全球化与民族国家视为不可调和的对立面,要么出于某种意识形态的目的,希望全球化带来整个世界福利的共同增长,甚至某种制度主义的普及、某种社会理论的传播。

"超越国家论"和"世界国家论"是"国家终结论"的另一版本。在桑托斯看来,随着全球化向着深度和广度发展,一些传统的国家或次国家集体行动形式下降的同时,一些新的集体行动形式却随之产生,这些行动形式分布于地方、国家、国际和全球层面,拥有新的权力,占据新的领域,开始替代国家行使职能。奥纳夫也持这种"超越论",他分析称,主权主要源于三种观念要素即权威、统治才能和服务职能。全球化的冲击使得大多数国家难以全面满足以上要素,而一些弱小国家则完全丧失行使主权的能力。在原有国家统治能力丧失、权威散化的同时,一些"非国家实体"如国际组织、跨国公司等却分担起部分原属国家的职能。① 而另一些西方学者则认为,由全球化所导致的国家主权的萎缩只会导致一个结果:世界国家的出现。在改造现有国际组织(如联合国)和国际法的基础上,完全有可能建立世界国家或世界政府。一些区域国家(regional state)是向世界国家过渡的必要阶段,欧盟为其典范。如此一来,民族国家及其主权反而成为走向世界国家进程的主要障碍。意大利学者奥雷利奥·佩西说得十分明确:"在人类全球帝国时代,通向人类解放道路上的一个

---

① [美]吉恩·M. 莱昂斯、迈克尔·马斯坦都诺:《国际干预、国家主权与国际社会的未来》,《国际社会科学杂志》1994年第4期。

主要障碍是国家主权原则，它作为人类政治制度的基础，根深蒂固，已成为文化发展停滞和因此陷入困境的典型病症。"① 著名历史学家汤因比也主张：在全球化进程下，"必须剥夺地方国家的主权，一切都要服从于全球的世界政府的主权"。② 虽然，世界国家或世界政府的思想古已有之，但全球化是否为世界国家的崛起提供了契机实难定论。因此，与"国家终结论"一样，"世界国家论"也遭到各方的批判。

"新帝国主义"则是"世界国家论"的极端变种。新帝国主义以主权相对论、主权消逝论为基调，倡导霸权政治和单极世界，为干涉其他主权国家内部事务提供依据。美国学者特里·戴贝尔认为，"禁止干涉内政已成为国家主权基础上的旧制度因素"，"美国和国际组织应该参与被人们通常认为是主权国家的内部事务"。③ 另一位学者斯蒂芬·斯特德曼也主张，一个国家的内部冲突必然影响到国际安全问题，积极的国家干预是全球化进程中世界秩序所必需的，"主权不再是建立国际秩序的工具，而是对国际行动的一种政治上的限制"。④ 显而易见，新帝国论者将超级强国想当然地奉为国际法官和世界警察，由其裁定规则并提供所谓的"世界秩序"。这种主张自然遭到广大发展中国家的坚决抵制，甚至在发达国家内部也受到广泛的质疑和批判。世界体系论大师伊曼纽尔·沃勒斯坦认为，美国推行的霸权政策"只会加快美国的衰落，把缓慢下降变成了更加迅速而且充满动荡的跌落"。⑤ 约翰·伊肯伯里认为，虽然后冷战时代的世界秩

---

① ［意］奥雷利奥·佩西：《人类的素质》，薛荣久译，中国展望出版社1988年版，第183—184页。

② ［英］阿·汤因比、［日］池田大作：《展望二十一世纪——汤因比与池田大作对话录》，荀春生、朱继征、陈国梁译，国际文化出版公司1985年版，第217页。

③ 张骥、武树霞：《论全球化进程中的国家主权建构》，《上海社会科学院学术季刊》2001年第3期。

④ 同上。

⑤ Immannuel Wallerstein, "The Eagle has Crash Landed?", *Foreign Policy*, July/August, 2002.

序被植入太多美国民主和宪政的因素，但这只能证明，以美国为代表的西方政治文化具有可行性，而不能证明其具有唯一性。[①] 美国的新帝国主义具有诸多缺陷："先发制人"可能使美国陷入"安全困境"（security dilemma）；运用武力削除威胁的代价极大；美国与其他大国在安全问题上的合作将被破坏；美国难以摆脱大帝国的古老陷阱即"自我孤立"。[②]

相比较而言，"重构论"与"扩张论"立足于西方社会的立场与经验，更为客观和现实一些。安东尼·吉登斯承认，全球化为主权国家带来了这样的现实：经济和社会生活日益扩张，直指主权的领土性，甚至削弱部分国家权力和功能。国家必须进行重构，以适应全球化的要求。[③] 戴维·卡麦隆通过对发达国家贸易总额占 GDP 比例的研究得出结论：政府的规模与作用不仅不会受到经济开放程度的影响，还会随之扩大和增强。[④] 丹尼·罗得瑞克通过对 20 世纪八九十年代经合组织成员国的研究发现，政府开支与贸易额之间呈正相关，国家贸易额越大，政府的规模就越大。这些研究都表明，全球化进程并没有使国家陷于被动之地，反而是国家通过其在经济领域中的积极活动，推动了国内经济的开放以及全球经济的整合。克拉斯奈也认为："虽然国家主权已经减少了对宗教信仰、金融事务和国民效忠等问题的控制，但各国政府对本国事务的总体控制能力依然很强大。例如，自 20 世纪 50 年代以来，各经济发达国家的税收和政府财政支出，均已高达国民收入的 1%。各国在社会福利领域的扩展，看上去与

---

① G. John Ikenberry, "The Myth of Post-Cold War Choas", *Foreign Affairs*, May/June, 1996; G. John Ikenberry, "The West: Precious, Not Unique: Civilizations Make For a Poor Paradigm Just Like the Rest", *Foreign Affairs*, March/April, 1997.

② G. John Ikenberry, "America's Imperial Ambition", *Foreign Affairs*, September/October, 2002.

③ ［英］安东尼·吉登斯：《民族—国家与暴力》，胡宗泽、赵力涛、王铭铭译，生活·读书·新知三联书店 1998 年版，第 331 页。

④ David Cameron, "The Expansion of the Public Economy: A Comparative Analysis", *American Political Science Review*, Vol. 72, No. 4, 1978.

它们融入全球经济一体化的水平是同步的。"①

事实也确实如此,全球化进程尚未产生可以完全取代国家职能的共同体或组织。尽管面临这样或那样的挑战或困难,国家依然有效地为公民提供着安全和福利,维持着社会公正。有时,国家的某些既有职能还需要进一步增强,以提高国家的行动能力,减少全球化的风险。彼得·埃文斯谈到这一点时指出:"全球化的经济逻辑本身并不注定国家的消逝。虽然全球化使国家更难发挥经济的自主性,但它也提高了国家有效行动的潜在收益以及国家软弱乏力的成本。"②艾伦·M.伍德也认为,全球化时代的帝国主义尽管基本是通过世界市场来统治世界,但由于世界市场结构性的不平等蕴含着巨大的动荡趋势,美国作为资本主义的中心将不得不强化其政治军事权力,并且不得不强化各民族国家的统治职能,借以操控全球化。③而在赫尔德看来,国家在全球化时代可能会变得更为主动,"当代全球化的独特特点决不预示着民族国家的终结或国家力量的侵蚀。……许多国家,特别是发达资本主义国家在关键方面显然已经变得更加主动"。④

这些关于国家命运的思考,启发人们更为深入地思考全球化与国家的关系,更为客观地定位全球化进程中国家的角色,以及国家在新的社会背景下发挥的作用。思考全球化进程中国家命运问题的关键在于,如何认识国家的适应性和不可替代性。

首先,适应是国家的本性。正如韦斯所说:"处于动态的经

---

① [美]斯蒂芬·D.克拉斯奈:《国家主权的命运》,《国外社会科学文摘》2002年第1期。

② Peter Evans, "The Eclipse of the State? Reflections on Stateness in an Era of Globalization", *World Politics*, No. 50, Oct. 1997.

③ [美]艾伦·M.伍德:《新帝国主义与民族国家》,《国外理论动态》2004年第1期。

④ [英]戴维·赫尔德等:《全球大变革——全球化时代的政治、经济与文化》,杨雪冬译,社会科学文献出版社2001年版,第602页。

济和国家间体系中的现代国家，适应性是其实质。"① 市场的全球性扩张为国家提出了许多难题，但国家可以选择一种适应全球化要求的干预手段，在政府与市场、国家与社会、"无形之手"与"有形之手"之间寻找适合的契合点。其次，国家的推动和催化功能不可替代。全球化是国家推动下的产物，国家的这种推动今后还会伴随全球化进程。从某种程度上讲，全球化是某种形式的"新国家主义"，而非自由市场。即便是那些大力倡导自由市场的经济学家，在强调市场优先的同时，也绝不会忽视国家的作用。全球化使国与国、政府与企业、企业与个人之间建立起紧密的战略联盟关系，维系这种关系的原动力不在成员自身，而在于国家。国家可以通过各种合法权力来严格地控制本国经济、维持良好的经济秩序和社会环境，使联盟中的成员关系有序、健康地发展，从而实现"催化剂"的功能。② 最后，国家的公共职能不可代替。保护产权、建设长期项目、提供公共物品、推动科学和社会进步、确保良好的国际环境，只有政府才能做到。这些公共职能与服务的重要性在全球化进程中不但没有减弱，反而有所增强。这也就从根本上决定了国家的不可替代性。

简言之，既然国家不可替代，"终结论"自然也就无从谈起，至于"重构论""扩张论"只不过是国家适应性的一种表述而已。

二 公民社会：希望所在？

全球化的挑战，使人们对国家的未来充满担忧与质疑的同时，开始对公民社会寄予厚望。全球化为社会力量的生长、社会领域的拓展、社会结构的转型提供了难得的契机。公民社会组织

---

① ［英］琳达·韦斯：《全球化与国家无能的神话》，载王列、杨雪东编译《全球化与世界》，中央编译出版社1998年版，第93页。

② ［美］戴维·奥斯本、特德·盖布勒：《改革政府》，周敦仁等译，上海译文出版社1996年版，第1页。

在全球化进程中究竟会起什么作用,究竟会走多远,虽然人们基于各自的考虑有不同的结论,但普遍承认:当代社会领域中的两大巨头即跨国公司和非政府组织的作用已日显其重,它们甚至可能决定未来国家与社会关系的架构和走向。

跨国公司属于市场主体,是营利部门,但人们注意到,其作用远不止于经济领域。首先,在经济方面,跨国公司限制和削弱了政府的能力;以阻碍资本及技术的流入为要挟,迫使政府为其创造便利,有时还借助母国政府的支持以抵制东道国对其活动的干预和规制;侵蚀民族国家的属地管辖权。其次,在政治方面,跨国公司凭借强大的经济实力,通过贿赂、政变和资助反政府活动、制造经济混乱等手段,左右东道国的政治进程,更通过大量的院外活动,使利益集团与政府之间建立起正式或非正式的、网状式的水平联合,从而直接或间接地影响国家的政治决策。最后,在文化方面,跨国公司往往不顾东道国的历史文化与社会风情,通过广告、电视等传媒,宣扬西方主流文化、价值观念和生活方式,进行帝国主义文化霸权式的扩张。① 跨国公司的影响力,是它在全球化时代引起越来越多关注的主要原因。

对于这一点,美国学者麦考利的"私人政府"理论已引起人们越来越多的重视。在麦考利看来,"私人政府"是指"一个能够制定规则,在特定的案例中解释规则以及对违反规则的行为进行制裁的正式的组织"。② 私人政府拥有公共政府的部分功能,并且模拟部分国家法律体系。③ 按照麦考利的观点,跨国公司就是私人政府的一种形式。一方面,私人政府的存在有一定的合理性,可以弥补一些公共政府的不足,在政府失灵时起到一些辅助

---

① [法]米歇尔·盖尔特曼:《跨国公司》,肖云上译,商务印书馆1998年版,第80—109页。

② S. Macaulay, *Private Government*, *Offprint From Law and the Social Sciences*, Leon Lipson and Stanton Wheeler, editors by Russell Sage Foundations, 1986, p. 446.

③ Ibid., p. 505.

作用，在一些事务的处理上，有时甚至比公共政府更有能力和效率，能为公众提供更多的服务。另一方面，其内部运作的规章制度程序，对主权国家的权威直接构成了挑战。而且，它还有权对违反规则的行为进行制裁，对主权国家司法的专有性、独立性和完整性也构成了威胁。因此，如何协调公共政府与私人政府的关系对全球化进程中的国家而言尤为重要。美国学者苏珊·斯特兰奇甚至断言，随着跨国公司的发展，主权国家与跨国公司的外交关系日显其重，对国家的民众和政府的未来而言，可能比主权国家之间的外交关系更有决定意义。①

私人政府理论，实质上是西方合作主义国家的一种表现。如昂格尔所言，合作主义的最终目的就是"要在思想上和组织上取消国家与社会的界线，因此，也要取消公共生活与私人生活的界线"。②界线消失了，国家渐渐融入社会之中，社会自身渐渐生长出一些与国家相抗衡的机构，这些机构具有部分以往公共机构的属性，这就是"私人政府"。它不仅具有相对独立的、封闭的制定规则和实施规则的体系，而且具有大规模的法人组织官僚化的趋势，更为重要的是，"法人机构的官僚化伴随着它们有能力成为对政府机构具有决定性影响的相对独立的权力中心"，③基于此，它才有资格与公共政府分庭抗礼。这一理论的合理性在许多方面都是值得商榷的，但不容否认的是，其内含的与公共政府的离心力却值得人们深深思考。

若伯的"法律岛"理论也同样引人注意。在若伯看来，每个跨国公司本身就是一个"法律岛"，具有真正法律秩序的特征，④

---

① J. P. Robe, *Multinational Enterprises: The Constitution of A Pluralistic Legal Order*, Hanover: Dart Mouth Pub. Co., 1997, p. 47.
② [美]昂格尔：《现代社会中的法律》，吴玉章、周汉华译，中国政法大学出版社1994年版，第187页。
③ 同上书，第188页。
④ J. P. Robe, *Multinational Enterprises: The Constitution of A Pluralistic Legal Order*, Hanover: Dart Mouth Pub. Co., 1997, p. 53.

它以"非官方法"的形式创制规则。这些规则虽然未经由任何合法的官方机关认可,但它们在某个圈子里会得到高度的共识和适用。它们对官方法具有明确的影响,甚至可以部分、全部地修正、补充或破坏官方法。非官方法的发展打破了以往公与私的传统界线,而且以准公共方式行使着,它不仅影响内部成员生活的权力,更使人们很难保持国家行为与私人行为之间的区别。结果是,这些非国家机构或组织开始具有某种国家属性,存在官僚化倾向,而且有自己独立的、封闭的非官方法体系,这些无疑对传统上主权属于国家而国家权力集中于政府的模式提出挑战。若伯的结论是,国家既没有法律手段,也没有物质条件,实现集中所有权力调整生活的目标。因此,不可能把所有主权的行使都交给国家,应该让社会分享主权,应该充分尊重"法律岛"的地位。① 这一理论显然内含着国家与社会的张力,这一倾向是否引起国家与社会关系框架的重构,同样值得我们关注。

当今世界的非政府组织在数量、能力、活动范围和社会影响力方面都呈急剧扩张之势。② 美国的莱斯特·M.萨拉蒙认为,20世纪80年代兴起的"全球结社革命"(Global Associational Revolution)对于20世纪后期世界的重要性丝毫不亚于民族国家的兴起对于19世纪后期世界的重要性。③

---

① J. P. Robe, *Multinational Enterprises: The Constitution of A Pluralistic Legal Order*, Hanover: Dart Mouth Pub. Co., 1997, p.59.
② 相关内容可参见 [美] 朱莉·费希尔《NGO与第三世界的政治发展》,邓国胜、赵秀梅译,社会科学文献出版社2002年版,第5—6页;[美] 莱斯特·M.萨拉蒙《全球公民社会——非营利部门视界》,贾西津、魏玉译,社会文献出版社2002年版,第3—5页;[德] 乌尔里希·贝克《全球化时代的权力与反权力》,蒋仁祥、胡颐译,广西师范大学出版社2004年版,第242—246页。一些较有代表性的国内学者的研究也值得关注,如程琥《全球化与国家主权——比较分析》,清华大学出版社2003年版,第217—220页;王杰、张海滨、张志洲主编《全球治理中的国际非政府组织》,北京大学出版社2004年版,第8—34页;范丽珠主编《全球化下的社会变迁与非政府组织(NGO)》,上海人民出版社2003年版,第42—51、158—175、398—401页。
③ Lester M. Salamon, "The Rise of the Nonprofit Sector", *Foreign Affair*, Vol. 73, No. 4, July/August, 1994.

非政府组织的存在与发展有着深刻的西方本土因素。正如萨拉蒙注意到的：一是"国家危机"的扩展、福利政策的备受争议、国家主导性发展的困境，督促人们思考解决问题的原动力，非政府组织成为人们的新希望；二是非政府组织数量与规模的剧增，"全球结社革命"使许多国家开始重视这一新兴力量；三是保守自由主义对市场的过度依赖带来全球金融复苏的同时，也产生诸多社会问题，结果使得"全球许多的政治领袖已经开始寻求将市场真谛与广泛的社会保护优势相结合的道"。① 这一分析显然是值得肯定的。20世纪60年代末，西方社会的福利国家政策使政府负担日益加重，逐渐暴露了国家过多干预经济和社会生活的缺陷：经济受到干预，市场必然无法正常、健康发展；福利政策的推广，国家向社会领域的无限渗透缩小了人们的自由生存空间，使得社会制约国家的功能急剧衰退，而公共领域批判性功能的衰退又激发了人们的危机意识。② 非政府组织的出现不仅可以缓解国家的负担，克服国家的不良影响，还可以节制国家干预的强度，可以说是顺理成章的。

非政府组织的迅速崛起以及其日益凸显的重要性，使越来越多的学者开始关注其政治角色与功能的变迁。主要集中于以下几点：首先，政府合法性的资源供给。在当代西方学者看来，现代政府的合法性资源既不是靠传统型也不是靠个人魅力型来提供，更不是靠政府宣传来提供，是来自广大民众的共同支持。③ 正如

---

① ［美］莱斯特·M.萨拉蒙：《全球公民社会——非营利部门视界》，贾西津、魏玉译，社会科学文献出版社2002年版，第4—5页。

② 谢岳：《后现代国家"第三部门"运动评析》，《复旦学报》（社会科学版）2000年第4期。

③ 费希尔通过考察国家对非政府组织的四种政策模式，分析政府模式与合法性的关系。具体说来，第一种政策：严格限制非政府组织的活动，这是一种最为不利的政策；第二种政策：采取无视非政府组织的政策，既不支持，也不反对非政府组织的存在与发展；第三种政策：采用收编的方式，使非政府组织政府化；第四种政策：利用非政府组织，向非政府组织学习，并非控制政府组织。详见［美］朱莉·费希尔《NGO与第三世界的政治发展》，邓国胜、赵秀梅译，社会科学文献出版社2002年版，第34—39页。

哈贝马斯所强调的,政府合法性作为一种公共物品,不能由政府单方面宣布,而只能由公民社会来赋予。其次,监督政府权力。既然政府统治的基础是人民的同意,那么政府的权力就是由人民赋予,人民就有责任监督政府权力的行使。在民主国家,尽管在体制内建立了权力制衡机制,但权力制约仍不能做到尽善尽美,而体制外部的"以社会制约权力"可以起到很好的补充和辅助作用。这种外部制约可以使原子化的个人结成有机整体,形成足够的力量抵制来自政府的过度干预。① 最后,民主文化的培育。现代民主理念很大程度上并非来自政府和市场的培育,而是通过在非政府组织的自由结社、自我管理和社会生活逐步养成的。非政府组织的生活大多是民主的,它可以使人们的生活逐渐融入民主的元素和精神。实际上,非政府组织承担了作为民主价值社会化的重要途径这一作用。

当然,随着全球化进程的加快,人们也注意到非政府组织的内在缺陷。首先,非独立性。"非政府组织",顾名思义,本身不属于政府组织,具有相对于政府的"独立性",它们大多对政府组织及其政策持批判态度,有些甚至拒绝政府的资助,以维护其独立的形象。但无法否认,非政府组织是在国家的框架内存续的,从产生到发展都离不开相应的政府政策支持和保障,② 其行

---

① 大体说来,发展中国家的政府由于考虑到国家安全问题,对非政府组织的发展一直十分谨慎。相比而言,西方发达国家的政府与非政府组织之间的合作多于冲突。在笔者看来,主要是由于以下因素,从政治文化角度来看,西方国家往往习惯于国家—社会的二元结构;从政治体制而言,西方国家"小政府、大社会"的模式给非政府组织提供了较大的活动空间;从现实政治而言,政府认为非政府组织在国外的活动与政府促进海外的多元化和民主化的基本原则是一致的、补充的关系。虽然一些非政府组织激烈反对政府,但没有让政府觉得威胁到其基本的政治体制和价值观念。

② 具体而言,首先,非政府组织首先必须是一个合法组织,这种合法性依赖于国家的法律规定;其次,它的运转需要法律来保障合法权益;再次,非政府组织自身不应是一个营利组织,有时需要国家的财税支持,在现今社会募捐不断下降的情况下,这种资金支持显得越来越重要;最后,全球化使得非政府组织与政府合作的机会越来越多,关系也越来越密切,完全独立的非政府组织很难存续。

动也受政策导向和法律法规的约束，因此独立只能是有限的、相对的。其次，非志愿性。现在的非政府组织日趋专业化，甚至出现了官僚化倾向，这种趋势使组织内的工作人员不再把自己视为志愿者，而是一个职业受薪者。再次，营利性。政府通常对非政府组织实行财税优惠政策，但一些非政府组织却致力于投资活动以获取高额利润，因此引发了许多不公平现象。虽然大多数政府规定，如果非政府组织通过投资获得利润，这些利润只能用于社会公益事业，但并不能杜绝这一趋势的加剧。最后，组织行政化。一些非政府组织在某些领域发挥的作用，实际上相当于部分履行着政府职能，有些非政府组织拥有了行政角色。甚至，有学者据此将非政府组织的兴起视为政府职能转移时代的来临。可是，一旦非政府组织成了政府的合理延伸，其自身合法性何在？更何况，这种职能转移的后果人们实在无法预期。也许，萨拉蒙对非政府组织的总结更贴切："（非政府组织）构成了整个世界多元社会的规模宏大、高度活跃的组成部分……它们在许多国家已经成为与政府部门和企业部门相当的羽翼丰满的伙伴，但是到目前为止，该部门仍然是一个未来难卜的十分脆弱的机体。"[1]

总之，民族国家面临的诸多挑战、传统国家与社会关系的变更、未来国家的种种构想、跨国公司的强硬和傲慢、非政府组织的脆弱和妥协，这一切都使未来充满了变数。人们不禁会问：在全球化进程中，政治治理的中心究竟在于社会，还是在于国家，抑或他者；全球化时代的国家与公民社会关系究竟如何建构？对这一问题，西方理论界各流派之间展开了激烈的角逐。在现实与未来、"实然"与"应然"层面，人们努力探寻着理论和实践的出口。

---

[1] [美] 莱斯特·M. 萨拉蒙：《全球公民社会——非营利部门视界》，贾西津、魏玉译，社会科学文献出版社2002年版，第37页。

三 全球化对国家与社会的关系：双刃剑？

通过以上论述，我们不难看出，虽然并不是每个人都赞同麦克格鲁所说的观点：全球化就是"民族国家危机"的代名词，但全球化催生了许多政治变量，使传统民族国家框架下的国家与社会关系发生了重大变更，却是一个不争的事实。我们不妨对这一影响作简单分析。

具体而言，全球化产生了以下重要的政治现象。其一，市场力量的扩张。全球化首先是经济全球化，如苏珊·斯特兰奇所言，经济全球化削弱并约束了以往为国家所垄断的权力。而且，市场的扩张毫不留情地侵蚀着国家主权的边界，吞噬着国家存在合法性的根基。随着"经济国界"日益拓展，"政治国界"却在市场的蚕食和渗透下日渐缩小。其二，政治行为体的生长。这些政治行为体生长迅速，活动范围逐渐增大，发挥作用逐渐增强。其三，全球意识的提升。各种全球化问题产生，使人们开始着眼于人类共同体和全球利益，推动了全球意识的提升，由于全球意识内含对国家意识的弱化，它的提升直接或间接削弱了国家存在的理念基础。其四，个人行为能力的增强。全球化进程为个体意识的复苏、自我认知的发展提供了条件，个人的行动能力正在日益增强。由于个人行为能力增强，自由度加大，再加之为个体提供保护的途径拓宽，个人对民族国家这一传统共同体的依赖和认同感也就随之减少。① 其五，国家权威的衰落。随着传统国家干

---

① 基恩通过对晚期资本主义与公共生活的分析，归纳出三个观点：①官僚主义的秩序正在现代国家和社会的各个领域，尤其是晚期资本主义生活的公私领域建立起来，"传统的威胁与控制手段正在被逐步取消或淘汰；权力的行使越来越倾向于依靠各种管理方法、专业化和科学技术"；②晚期资本主义制度大多由国家来调节，这一制度极易受到瓦解和政治化危机的影响；③这一现实背景，激发了公共领域即集合在一起的国民在其中发表意见、相互影响和独立自主地决定行动方针的领域的拓展。详见［英］约翰·基恩《公共生活与晚期资本主义》，马音等译，社会科学文献出版社1999年版，第5—9页。

预手段、社会安全阀角色、弥补市场缺陷的功能在新形势下已大打折扣，国家权威也就不可避免地下降。维持市场份额、确保市场秩序的国家角色，或者协助市场进行全球化扩张，成为国家的角色所指。

这些社会变迁和政治现象的产生，对传统民族国家框架内的国家与社会关系产生了重大影响。

第一，全球化改变了传统意义上的国家和社会的边界，打破了民族国家框架下国家与社会的力量均衡，使既有的社会和谐充满变数。

从国家角度，全球化带来了现代科技和信息技术的发展，不同国家的公民可以通过互联网进行沟通和交流，传统上由政府主管的话语霸权被打破，而主权国家对此束手无策。全球化容许人员在全球范围内大规模地、自由地流动，产生了一系列问题，如这些人能否享有与主权国家公民相同的公民资格和社会福利，以及相关的政治权利，如选举权和被选举权。更有影响力的是跨国公司，它们可以凭借强大的经济力量，直接影响国家的决策权。如果国家不愿给予跨国公司优惠待遇，它就可能将资本转移到其他国家。而且，由于跨国公司在全世界进行投资，母国包括投资东道国的政治对其影响力都大打折扣。另外，一些国际组织和非政府组织的风起云涌，也打破了国家与社会之间的力量均衡。

从社会角度，一方面，随着超国家和跨国家组织、运动及制度的迅速发展，国内事务与国际事务的界线正在迅速崩溃。社会由于承受着越来越多的来自外部的干扰和制约，社会自身以及社会与国家之间的界限已变得千疮百孔。另一方面，传统的社会结构、社会制度以及社会伦理发生了根本性的变迁，同时，社会自身的力量也在不断扩大。但由于社会自身发展没有如国家一般的传统约束，这使社会的未来发展充满变数。"随着全球化的发展，传统的国家与社会之间的均衡关系被打破，社会的活动领域在不断拓展，尤其是国内社会与国际社会的对接，更加容易打破传统的国家与社会之间长期形成的平衡与和谐关系。"①

第二，全球化使国家与社会合作和冲突的机会同样增加。具体而言，全球化表现为：国与国之间的依赖程度加深，不仅国家之间在经济上相互依存、唇亡齿寒，一些全球性问题如环保、移民、打击跨国犯罪等都需要国家间的联手合作。但这种合作已经不知不觉侵蚀了国家的传统界线。全球性问题的解决，单靠一个国家之力远不能完成，也导致了国家作用的弱化、国家权能的削减。此外，国家享有权利的同时也要履行一定的义务，必须通过加入一定的国际组织或者缔结一些国际条约等来实现。随着全球化进程的加深，这些契约与规则对国家自主性产生越来越大的约束和制约。同时，一些非政府组织的力量也在日益增长，与政府组织一样需要政府将一部分权力交给它们行使。这样，国家不可避免地把一部分权力转移到社会手中。这就造成了国家的全球化困境：全球化一方面需要国家提高行动能力；另一方面却在不停地削弱国家行动的能力。

西方理论界关于全球化视野中的国家与社会关系的诸多探讨告诉人们：全球化对国家与社会关系来说是一把双刃剑；全球化进程中，国家与社会关系应是一个双向的、多维的建构过程。全球化冲击了国家主权，对国家的需要却有增无减，国家只有转变自身职能才能适应时代；全球化拓展了社会领域，但公民社会的未来充满变数，对国家的依赖也一如既往，社会也需要再度调整和转型。要想在两者之间建立一种健康、和谐而充满活力的关系模式，必须同时以国家和公民社会为支点，进行双向的、多维的良性建构。

---

① 程琥：《全球化与国家主权——比较分析》，清华大学出版社2003年版，第11页。

拓展阅读

1. ［英］马丁·阿尔布劳：《全球时代：超越现代性之外的国家和社会》，高湘泽、冯玲译，商务印书馆2001年版。
2. ［加拿大］马乔里·格里芬·科恩、斯蒂芬·麦克布莱德：《全球化动荡》，段保良译，华夏出版社2004年版。
3. ［德］乌尔里希·贝克：《全球化时代的权力与反权力》，蒋仁祥、胡颐译，广西师范大学出版社2004年版。
4. ［英］戴维·赫尔德等：《全球大变革——全球化时代的政治、经济与文化》，杨雪冬等译，社会科学文献出版社2001年版。
5. ［法］米歇尔·盖尔特曼：《跨国公司》，肖云上译，商务印书馆1998年版。
6. ［美］朱莉·费希尔：《NGO与第三世界的政治发展》，邓国胜、赵秀梅译，社会科学文献出版社2002年版。
7. ［美］莱斯特·M.萨拉蒙：《全球公民社会——非营利部门视界》，贾西津、魏玉译，社会科学文献出版社2002年版。
8. R. H. Jackson, *Quasi States: Sovereignty, International Relation and the Third World*, Cambridge: Cambridge University Press, 1990.
9. Kenichi Ohmae, *The End of Nation State: The Rise of Regional Economie*, New York: The Free Press, 1995.
10. Paul Hirst and Grahame Thompson, *Globalization in Question: the International-economy and the Possibilities of Governance*, London: Polity Press, 1996.

第十讲　全球化进程中国家与社会关系的模式之争

传统民族国家框架下的国家与社会关系，正面临日益加剧的全球化进程的挑战和冲击。如何认识这一客观现象，并在理论和实践中作出回应，这是当代学者思考的焦点。围绕着"强国家"还是"弱国家"，"强社会"还是"弱社会"等诸多核心问题，西方保守自由主义与新左派展开了激烈的理论论争，"第三条道路"则走在两者之间，试图寻找一条更为温和的中间道路。

一　"弱政府、强社会"：自由主义的终极目标

保守自由主义与新自由主义是传统自由主义的两个现代变体，在19世纪末20世纪初相伴而生。20世纪70年代初，新自由主义的国家干预和福利政策遭遇空前危机，"大政府"逐渐式微。[1] 保守自由主义开始占据上风。坚持消极国家观，主张社会自治和自由市场，倡导"弱政府、强社会"的关系模式。面对全球化引发的社会变迁，它一方面强调自由市场的至上性；另一方面批判国家中心主义。对于全球化进程中的国家与社会关系，其基本假设是：民族国家收缩、公民社会扩张与全球治理兴起。

---

[1] Roger King, *The State in Modern Society*, London: Macmillan Education LTD., 1986, pp. 88–96.

保守自由主义对政府一直心存戒备。人性为恶，政府作为防范和惩罚之手段，只能扮演消极的角色，充其量也只是"必要的邪恶"，这是传统自由主义的政治逻辑。保守自由主义一如既往地维护着这一信条，但它启用了新的理论范式，从不同角度论证着"弱政府"是如何可能的。以布坎南为首的公共选择学派提出"经济人"假设，认为政府官员与选民一样追求效用最大化，当他们面对若干可供替代的选择时，往往偏向于对自己有利的做法。① 国家的过多干预不仅会破坏市场经济的自我完善和调节，还导致对民主的破坏和对个人权利的侵蚀。哈耶克则用"自发秩序"证明市场自身的有效性。自生自发的秩序是自由市场的根基和灵魂。如果说适度的、符合法治形式的政府活动是允许的，刻意设计的"人造秩序"尤其是对社会经济进行整体建构的做法，却是一种"致命的自负"，② 是"自由之敌人"。③ 诺齐克用"最弱意义国家"证明了国家的必要性与合乎道德性，但他一再重申，国家是且只能是仅限于保护个人自由权利充分实现和绝对安全的"守夜人"。④ 任何比"最弱意义国家"职能更多、权限更大的国家，都不具备道德的可证明性。⑤

在保守自由主义看来，对于推进自由市场经济和资本主义民主的全球化而言，唯一存在的主权是市场的主权。拥有巨大权力的国家不仅不再是产权和市场的保护神，反成为市场全球扩张和跨国公司深度发展的潜在障碍，尤其是那些努力保护国内市场和

---

① [美] 詹姆斯·M. 布坎南：《自由、市场和国家：20 世纪 80 年代的政治经济学》，吴良健、柔伍、曾获译，北京经济学院出版社 1988 年版，第 23—27 页。
② [英] F. A. 哈耶克：《致命的自负》，冯克利、胡晋华等译，中国社会科学出版社 2000 年版，第 73—100 页。
③ [英] 弗里德利希·冯·哈耶克：《自由秩序原理》（上），邓正来译，生活·读书·新知三联书店 1997 年版，第 70 页。
④ [英] 迈克尔·H. 莱斯诺夫：《二十世纪的政治哲学家》，冯克利译，商务印书馆 2001 年版，第 329—336 页。
⑤ [美] 罗伯特·诺齐克：《无政府、国家与乌托邦》，何怀宏等译，中国社会科学出版社 1991 年版，第 37—40 页。

国家主权的民族国家。① 因此，必须弱化国家力量，收缩国家主权和政府部门的规模和作用范围；强化社会力量，营利部门和非政府组织应进一步发挥其应有的作用。鉴于此，保守自由主义者纷纷倡导"国家终结论"或"国家重构论"。②

公民社会，被保守自由主义视为与市场一样属于私人自治领域，因此它力推公民社会的发展。认为这样不仅可以促进有利于经济自由的社会自主和自治意识的培育与提升，还可以借助公民社会来实现对不断扩张的国家主义行为的限制。在保守自由主义者眼中，公民社会的发展乃至在全球的扩张，绝非坏事。

在此基础上，保守自由主义建议由市场主体、公民社会组织与政府机构共同承担公共职能和政治责任，由新型的多元治理代替传统的政府管理。这种新型治理结构意味着对现代国家、民主理论和国际秩序的解构，因为这一结构可以如赫尔德所言："突破国家间体系"，扩展到世界范围从而构建一种新的全球治理。③

从现实政治的角度来看，保守自由主义的"弱政府、强社会"策略在一段时期内取得了相当的成就，但也不可避免地产生了一系列负面效应。在民族国家层面，贫富分化加剧、不平等现象增多，城市暴力呈上升趋势；利益原则大行其道，甚至催动公民社会领域趋向商品化；对抗政治的力量不断形成。④ 在全球层面，日益加快的全球化进程将越来越多的国家拉进市场化、商品化的旋涡，由此产生的全球性贫富分化，直接导致了落后国家对西方发达国家的仇恨，再度危及冷战后已有所解冻的南北

---

① Christopher Pierson, *The Modern State*, London and New York: Routledge, 1996, pp. 81–83.

② 庞金友：《应对全球化：当代西方国家与社会关系理论的新趋向》，《教学与研究》2006年第10期。

③ ［英］戴维·赫尔德：《民主与全球秩序——从现代国家到世界主义治理》，胡伟译，上海人民出版社2003年版，第235—252页。

④ ［美］卡尔·博格斯：《政治的终结》，陈家刚译，社会科学文献出版社2001年版，第96—105页。

关系。

这些现实促使人们开始反思保守自由主义的理论与策略，一时间批评声此起彼伏。总体来看，这些批评者主要针对以下三方面展开攻击。

第一，强硬的市场逻辑。保守自由主义将市场视为一种不证自明的价值，无视市场和资本扩张所带来的社会代价。① 对此，诺姆·乔姆斯基批评道，保守自由主义的政策只能"导致社会和经济不平等的加剧，世界上最贫穷国家和人民被掠夺得愈加严重，全球环境灾难化，全球经济不稳定，以及富人财富获得前所未有的暴涨"。② H. 屈恩格也指出，替代福利国家制度的新资本主义具有"反社会"倾向，因为"这样一种资本主义的企业政策摧毁了社会的凝聚力，而这种凝聚力是社会的持续发展所必需的"。③ 莱斯特·瑟罗也认为保守自由主义"不理解自由市场需要有物质的、社会的、精神的、教育的和组织的基础设施的支持"。④ 卡尔·博格斯认为这种市场逻辑具有"非政治化"倾向，因为资本全球扩张的结果是：公民参与热情受挫，公民权衰落，政治关切淡漠。⑤ 马蒂则认为，保守自由主义的市场化实质就是趋同化，而这种趋同化是由最强者的权利驱动的。⑥ 另一些学者则担心市场逻辑会导致美国化、跨国公司化。如德里克所言："全球化作为一种话语似乎变得越来越普遍，但是对它最热情的

---

① 郁建兴、周俊：《全球化进程中的国家与社会的关系》，《哲学研究》2002年第1期。
② ［美］诺姆·乔姆斯基：《新自由主义与全球秩序》，徐海铭、季海宏译，江苏人民出版社2000年版，第2页。
③ ［美］H. 屈恩格：《福利社会的危机》，《国外社会科学文摘》2000年第2期。
④ ［美］莱斯特·瑟罗：《资本主义的未来》，周晓钟译，中国社会科学出版社1998年版，第271页。
⑤ ［美］卡尔·博格斯：《政治的终结》，陈家刚译，社会科学文献出版社2001年版，第1—2页。
⑥ ［法］米海依尔·戴尔玛斯－马蒂：《世界法的三个挑战》，罗结珍、郑爱青、赵海峰译，法律出版社2001年版，第3页。

宣传却来自旧的权力中心，尤其来自美国。"① S.萨森也注意到，以美国为首的西方发达国家在努力推动国内法冲破国家边界走向国际化的同时，还往往借助跨国公司在全球制定并推行自己的规则。②

第二，脆弱的公民社会。批判者指出，政府会失灵，但如果认为政府失灵为常态，与认为市场和公民社会总是自发和自治一样，都是片面的认识。琳达·韦斯认为，其实公民社会自身也存在诸多问题，人们对其性质、构成及民主取向等的认识存在很大偏差。③托马斯·卡罗瑟斯持相同观点，认为理论层面上的公民社会是一个"既温暖又模糊"的概念，而现实层面的公民社会则是"由良莠不齐；甚至完全怪诞的成分组成的令人眼花缭乱纵队"。④一些公民社会组织只谋私利，对公共权益则漠不关心，其发展与民主化的进程和经济的发展并没有必然的联系。⑤塞纳克伦斯甚至直接将公民社会视为垄断资产阶级的意识形态，公民社会在全球的扩张只是在为"跨国公司的经营及资本的流动排除障碍，帮助资本主义市场扩张"。⑥

第三，模糊的关系定位。保守自由主义不自觉地将市场、公民社会置于政府的对立面，认为市场和公民社会的发展必然会带来政府的衰败。但正如人们所提出的，虽然市场和公民社会力量的发展确实具有一定的必然性，市场、公民社会与政府之间并非

---

① [美] 阿里夫·德里克：《后革命氛围》，王宁等译，中国社会科学出版社1999年版，第4页。

② S. Sassen, *Losing Control Sovereignty in an Age of Globalization*, Columbia: Columbia University Press, 1995, p. 9.

③ Linda Weis, " Globalization and the Myth of the Powerless State", *New Left Review*, Vol. 225, 1997, pp. 3 - 27.

④ [美] 托马斯·卡罗瑟斯：《市民社会》，《国外社会科学文摘》2000年第7期。

⑤ 庞金友：《当代公民社会与民主化关系的再思考》，《教学与研究》2004年第1期。

⑥ [瑞士] 皮埃尔·德·塞纳克伦斯：《治理与国际调节机制的危机》，载俞可平主编《治理与善治》，社会科学文献出版社2000年版，第256—257页。

永远都是定格化的、简单的此消彼长。前两者的发展并不必然造成政府作用的丧失。波罗霍夫斯基认为,"国家对经济过程的影响并不总是与国家经济中的国有制规模或国家经营份额成正比例",① 有时,国家与市场的增长甚至可以同步进行,20世纪后半叶的美国就是最好的例证。此时,政府不仅不是市场的敌人,还成为市场发展的积极力量;反过来,"经济增长愈稳定,国家就愈能更有效地发挥自己的经济作用"。②

由此看来,保守自由主义对全球化进程中的国家命运过于悲观,甚至低于亚当·斯密"自由放任"原则下国家作用的底线。以诺思为代表的新制度经济学派虽试图摆脱"国家悖论",构建现代市场经济背景下的国家与社会关系模式,但这种模式的合理性也仅仅停留在制度创设层面,对道德层面的解释力却是软弱的,对全球化引发的一系列社会经济问题也同样无能为力。③ 保守自由主义的理论主张受到来自各方面的压力,看来也是情有可原的。

二 "强政府、弱社会":新左派的理想建构

新左派认为,保守自由主义的"弱政府、强社会"模式并不可取,因为这一模式倡导的"权利优于公益"的政治主张容易造成社会民主的危机,同时,其内在的"经济优于公益"的价值取向也必然使国家陷入困境:自由市场需要一个"最小的国家",而市场危机和全球化问题的解决却需要一个强大的国家。这样,全球化进程中的国家就处在全球范围的经济自由主义和国内社会

---

① [俄] A. A. 波罗霍夫斯基:《国有制在美国经济发展中的作用》,《国外社会科学》2001年第4期。

② [俄] A. 波罗霍夫斯基:《高经济效率的国家:美国的经验》,《国外财经》1998年第3期。

③ Christopher W. Morris, *An Essay on the Modern State*, Cambridge: Cambridge University Press, 1998, pp. 197–198.

福利以及民主压力的双重夹击之下。① 新左派对保守自由主义的批判，多集中于此。在多数批判中，尤以哈贝马斯对晚期资本主义国家合法性危机的论述最具代表性。

哈贝马斯提出"系统危机"理论，来论证晚期资本主义国家的合法性危机并未完全解除。在经济系统中，国家干预所实施的非政治性补偿政策，使得社会化的费用不断增长，大大超过了可使用的价值量所能承受的限度。在政治系统中，国家为兼顾阶级利益、减少阶级冲突，必然增加生产费用，进而严重地加剧国库的负担。在社会文化系统中，国家用垄断手段掌管文化系统，致使"意义"成为一种能源匮乏，而短缺的能源"意义"必然由国家拿去的能源"价值"来代替。这三种危机被哈贝马斯称为晚期资本主义国家特有的"结构性危机"。②

从合法性危机的角度，哈贝马斯反对保守自由主义的经济全球化主张。在他看来，技术工具理性的泛滥与日常生活中交往理性的萎缩，正像欧洲资本主义在全世界范围内的扩张曾导致广泛殖民化一样，资本主义市场经济必然王国的无限膨胀，在任何一个现代社会内部都可能导致再度"殖民化"。晚期资本主义还将自身的危机从经济领域转嫁到其他社会领域，生态平衡、人类平衡以及国际平衡的破坏，最终导致晚期资本主义社会的种种危机。③ 这一切，最终使民族国家日益陷入两难困境。

哈贝马斯虽然批判经济全球化，但他也认为，全球化必然导致民族国家的过时与消亡，一个"超民族国家的政治共同体"将取而代之。他之所以得出如此结论，显然绝非出自像保守自由主义所设想的为市场的全球扩张扫清障碍这一动机，他考虑的因素较多。

---

① W. Clyde Barrow, *Critical, Theories of the State, Marxist Neo-Marist, Post-Marist*, Madison: The University of Wisconsin Press, 1993, p. 101.

② [德] 尤尔根·哈贝马斯：《重建历史唯物主义》，郭官义译，社会科学文献出版社 2000 年版，第 281 页。

③ [德] 尤尔根·哈贝马斯：《合法化危机》，刘北成、曹卫东译，上海人民出版社 2000 年版，第 85—95 页。

他考虑较多的是福利国家的困境问题。全球化进程要求民族国家为保持国际竞争力，必须轻装上阵，抛开沉重的福利负担；而国家福利又是维系民主的社会基础、抑制贫富差距和社会分化的关键因素。要想走出这一困境，在哈贝马斯看来，"只有把民族国家的社会福利国家职能转让给能够在一定程度上弥补跨国经济缺陷的政治共同体，才能在迄今的水平上履行这种职能"。① 另外，他还必须考虑到全球政治的问题。全球政治使生活在地球上的人形成了一个风险共担的共同体，有无从回避的共同命运，但也势必对民族国家的主权有所限制。② 因此，"各个国家都必须在对内政策上鲜明地被纳入一个负有世界义务的国家共同体的有约束力的合作过程"。③ 同时，世界和平的维护也是他考虑的重要因素。

哈贝马斯心目中理想的政治共同体蓝本是欧盟。④ 但他注意到欧盟存在的两大缺陷：一是公共领域的不健全，"政治公共领域迄今为止仍然是分裂的，是以民族国家为单位的"。⑤ 二是能力欠佳，如佩特拉斯所言："它改变不了经济基地竞争的模式，也不会自动地适应跨国性世界经济体系的方针转向企图从政治上对该体系的框架条件施加影响的方针。"⑥ 因此，他一再重申，

---

① ［德］尤尔根·哈贝马斯：《超越民族国家——论经济全球化的后果问题》，《马克思主义与现实》1999年第5期。
② ［德］尤尔根·哈贝马斯：《在全球化压力下的欧洲的民族国家》，《复旦学报》（社会科学版）2001年第3期。
③ ［德］尤尔根·哈贝马斯：《超越民族国家——论经济全球化的后果问题》，《马克思主义与现实》1999年第5期。
④ ［德］尤尔根·哈贝马斯：《在全球化压力下的欧洲的民族国家》，《复旦学报》（社会科学版）2001年第3期。
⑤ ［德］尤尔根·哈贝马斯：《公民身份与民族认同》，载［美］哈贝马斯主编《在事实与规范之间：关于法律和民主法治国的商谈理论》，童世骏译，生活·读书·新知三联书店2003年版，第666—667页。
⑥ ［美］詹姆斯·佩特拉斯：《全球化：一个批判性的分析》，载［美］罗纳德·H. 奇尔科特主编《批判的范式：帝国主义政治经济学》，施扬译，社会科学文献出版社2001年版，第79页。

仅仅将原先民族国家的调控能力转让给跨国性的政治共同体是远远不够的，关键还要以政治驯服"横冲直撞的资本主义"。换言之，要将国内的民主扩大到国际范围，借助公民社会的实体力量和政治舆论，形成世界性的强制互助意识。

不过，在笔者看来，哈贝马斯"超民族国家的政治共同体"的设想虽然美好，但由于忽略了一些政治变量，最后很可能沦为另一个乌托邦。首先，经济全球化并不必然导致国家权力弱化。当前许多国际问题的解决，仍只能以民族国家为基本行动单位。如哈贝马斯所注意的，"要使利益协调和普遍化的程序以及创造性地策划共同利益的程序制度化，不能靠根本不受欢迎的世界国家这一组织形式来实现，而要靠以前各主权国家的自主、自愿和独特性来实行"。① 其次，世界民主遥不可及。当前民族国家框架内的公民社会尚无力量足以摆脱市场逻辑，倾向民主自由。相比较而言，资本的力量依然无比强大。② 再次，全球公民社会不容乐观。全球公民社会的构成成分多元而复杂，甚至包括许多彼此排斥、相互对立的团体组织。③ 如果以为只要诉诸公民社会就可以解决国家无法解决的问题，无疑陷入了"公民社会决定论"，④ 不仅将实际问题简单化了，还会"由于流于制度层面的分析，忽视了现有国际关系中的不平等"。⑤ 因此，试图超越民族国家来解决全球问题的方案，同样是一种不切实际的空想。

---

① ［德］尤尔根·哈贝马斯：《超越民族国家》，载［德］乌·贝克、哈贝马斯等编《全球化与政治》，王学东、柴方国译，中央编译出版社2000年版，第83页。

② ［美］B. 盖伊·彼得斯：《政府未来的治理模式》，吴爱明、夏宏图译，中国人民大学出版社2001年版，第27页。

③ 庞金友：《当代公民社会与民主化关系的再思考》，《教学与研究》2004年第4期。

④ Li Xiaorong, "Democracy and Uncivil Societies: A Critique of Civil Society Determinism", Robert K. Fullinwider ed., *Civil Society, Democracy, and Civic Renewal*, Oxford, New York: Rowman & Littlefield Publishers, Inc., 1999, pp. 403–421.

⑤ ［英］戴维·赫尔德等：《全球大变革——全球化时代的政治、经济与文化》，杨雪冬等译，社会科学文献出版社2001年版，第24页。

三 "中政府、中社会":"第三条道路"的中道选择

20世纪80年代,伴随后冷战时代的来临而悄然加速的全球化进程,使意识形态对立格局的崩溃、多元理论范式的兴起、产业结构的变革、传统共同体意识的削弱等一系列新变化和新问题浮出水面,"第三条道路"应运而生。这一理论将全球化归结为当今时代一切政治策略与选择的现实情境,主张从全球的视角观察社会政治经济问题。正如布莱尔所说,全球市场和文化是当今时代的首要特征。

"第三条道路"之于全球化下的民族国家的命运不是很乐观。正如吉登斯所言,全球化产生了新的跨国体制和力量,创建了一些新的可以跨越民族国家边界的经济和文化区域,它们正在使民族国家失去过去所拥有的某些权力。主权已不再是绝对的,国界越来越模糊。[1] 全球化改变了民族国家的本质,使政府控制国内经济免受外部影响的能力大大下降。[2] 因此,寻求强有力的国际机制来解决国际问题,是一种现实之举,而不是对国家主权的威胁。

对于全球化进程中的国家与社会关系,"第三条道路"走在新左派与保守自由主义两条路线中间,既兼顾民主和福利,又重视市场和公民社会,既坚持传统价值观念,又强调必要的现实变革。它努力消解民主与市场、传统与现代之间的张力,试图在不放弃传统社会民主主义对社会正义和平等的追求的前提下,合理汲取保守自由主义市场取向和公民社会理论的积极因素。不过,

---

[1] Anthony Giddens, *The Third Way: The Renewal of Social Democracy*, Cambridge: Polity Press, 1998, pp. 28–33.

[2] [英]托尼·布莱尔:《新英国——我对一个年轻国家的展望》,曹振寰等译,世界知识出版社1998年版,第241页。

"第三条道路"的倡导者一再重申：第三条道路"并不是左派与右派之间简单的妥协，它力图吸取反对派和中—左派的基本价值"……①简而言之，"第三条道路"的倡导者认为，"中政府、中社会"的关系模式是一种比较合理的选择，而要达到这一目标，必须从以下方面入手。

第一，改革福利制度。福利国家的何去何从，是新左派与保守自由主义的争论焦点。前者谋求最大化的福利国家，后者则希望将其减少到最低限度。"第三条道路"的倡导者持中间立场，力争建立一种能兼顾各阶层利益的制度。他们一方面承认保守派对福利国家的某些批评的合理性，另一方面则努力试图通过改革福利制度，照顾到各方面的利益。"第三条道路"的倡导者认为，福利国家改革的方向应是且只能是：首先，国家改变传统的管理模式，由"消极福利观"转向"积极福利观"，由"普遍的福利政策"转向"有选择的福利政策"，由"福利国家"转向"社会投资国家"。② 其次，社会进行结构转型，使所有个人、企业和社会组织成为"负责任的风险责任者"，积极参与社会福利保障制度的建设。最后，重点培养个人的负责精神和独立意识，努力发挥社会各种组织和机构的作用。正如吉登斯所说，福利制度需要进行巨大的改革，但不是为削减而削减，而是使它适应我们生活的新环境，以一种"对可能性的再分配"取代传统的"事后"再分配来适应时代发展的要求。③

第二，建立"新民主国家"。20世纪90年代以后，西方各国民主的存续与发展开始面临越来越多的问题和挑战，例如西方社会政治冷漠意识增强、对主流政治的疏离和不信任、公众投票

---

① ［英］托尼·布莱尔：《第三条道路》，载杨雪冬、薛晓源编《"第三条道路"与新的理论》，社会科学文献出版社2001年版，第25页。

② ［英］安东尼·吉登斯：《左派瘫痪之后》，载杨雪冬、薛晓源编《"第三条道路"与新的理论》，社会科学文献出版社2001年版，第68页。

③ ［英］安东尼·吉登斯：《第三条道路：社会民主主义的复兴》，郑戈译，北京大学出版社2000年版，第105页。

率呈普遍下降趋势等。鉴于此，第三条道路的倡导者主张在对现行国家体制进行全面改革的同时，建立一种"新民主国家"的范式，以重获国家的合法性和民众的认同。吉登斯认为，"新民主国家"的基础首先是分权，向下将权力交给地方和地区，向上则交给跨国机构。而"新民主国家"建设的关键在于本着"透明、参与和合作"的原则处理公共事务，发展非正统的民主参与形式，争取各种公民社会组织的积极介入与合作，实现"民主制度的再民主化"。在此基础上，"第三条道路"理论力图吸纳近年来西方学术界广为关注的公民社会理论和治理理论的思想理念，主张打破国家与公民社会的"二元分离与对立"，倡导"少一些统治，多一些治理"，以便将公民社会建设与国家治理有机结合起来，在公众和政治家之间培养信任和忠诚，在政治力量与公民社会之间建立合作与互动，最终在政府、公民社会和公民之间建立持续而健康的伙伴关系。

第三，构建和谐的社会关系。全球化在产生普遍的政治冷漠的同时，也严重加剧了西方社会的原子化程度。针对这一问题，"第三条道路"理论主张构建合作而宽容的新型社会关系，鼓励公民、团体积极参与社会，营造和谐互助的社会氛围，培养共同体精神。在"第三条道路"的倡导者们看来，这种社会关系的构建具体表现在以下三个方面：首先，尊重个人价值，强调共同体意识。个人的价值是一切社会政治活动的出发点和归宿，但个人的价值要通过积极参加社群的公共生活才能充分体现。其次，提倡权责平衡。资本与劳工、"股权人"与"利权人"之间是利益共享、风险共担的合作关系。最后，协调族群关系，尤其是本地居民和移民群体的关系。全球化使人口自由、高度、迅速的流动成为可能，改变了传统民族国家内的族群关系，加剧了本地居民与外来移民群体冲突，促进了族群意识的提升和族群（或称族裔）身份理论的兴起。因此，政府不仅要充分肯定移民的贡献和权益，还要培养他们的政治认同，培养公民的宽容意识，维持共同体的利益。

应该承认的是，对全球化进程中国家与社会的关系，"第三条道路"确实提出了一些新思想，值得我们吸取和借鉴。从表面上看，"第三条道路"似乎解决了全球化进程中市场和民主的矛盾，找到了国家和社会的平衡点，晚近英美的政治实践仿佛也证明了这一路线的可行性。但是必须看到，"第三条道路"的中间特性使它缺乏一个明确的立场，这种理论上的模棱两可在一定程度上削弱了其现实改造力。[①] 吉登斯在总结"第三条道路"批评者的意见时也承认，"第三条道路"的弱势就在于它"接受了新自由主义的框架，特别是对全球市场的关注，更要害的是，它没有对收入、财富和权力的不平等表示异议"。[②]

由此看来，无论保守自由主义还是新左派，抑或试图超越两者的"第三条道路"，虽然均对全球化进程中国家与社会的关系模式提出了自己的构想，但仍未能找到最佳的解决方案。现实政治的需要，才是决定国家与社会关系模式的关键因素；没有一种关系模式可以适用于任何时代，终极模式是不存在的。西方各理论流派可以为我们提供有益的启示，但中国的政治发展最终仍要基于基本国情和政治现状，走属于自己的特色道路。

拓展阅读

1. ［英］戴维·赫尔德：《民主与全球秩序——从现代国家到世界主义治理》，胡伟译，上海人民出版社 2003 年版。
2. ［美］卡尔·博格斯：《政治的终结》，陈家刚译，社会科学

[①] Ralf Dahrendorf, "The Third Way and Liberty", *Foreign Affairs*, Vol. 78, 1999, pp. 13 – 17.

[②] ［英］安东尼·吉登斯：《第三条道路及其批评》，孙相东译，中共中央党校出版社 2002 年版，第 24 页。

文献出版社 2001 年版。

3. ［美］诺姆·乔姆斯基：《新自由主义与全球秩序》，徐海铭、季海宏译，江苏人民出版社 2000 年版。

4. ［美］莱斯特·瑟罗：《资本主义的未来》，周晓钟译，中国社会科学出版社 1998 年版。

5. ［德］尤尔根·哈贝马斯：《合法化危机》，刘北成、曹卫东译，上海人民出版社 2000 年版。

6. ［英］戴维·赫尔德等：《全球大变革——全球化时代的政治、经济与文化》，杨雪冬等译，社会科学文献出版社 2001 年版。

7. ［英］安东尼·吉登斯：《第三条道路：社会民主主义的复兴》，郑戈译，北京大学出版社 2000 年版。

8. Roger King, *The State in Modern Society*, London: Macmillan Education LTD., 1986.

9. Christopher Pierson, *The Modern State*, London and New York: Routledge, 1996.

10. Christopher W. Morris, *An Essay on the Modern State*, Cambridge: Cambridge University Press, 1998.

第四编
政治发展理论

第十一讲　国家为什么会失败：当代西方国家失败理论的路径与逻辑

第十二讲　国家为何不能超限：当代西方国家限度理论的逻辑进路

第十三讲　"回归国家"学派的国家能力理论

第十四讲　族群身份与国家认同：多元文化主义的政治策略

第十一讲　国家为什么会失败：当代西方国家失败理论的路径与逻辑

追溯国家的起源、探讨国家的兴衰成败，是西方国家理论的永恒议题。[①] 所谓国家失败理论即人们围绕何为国家失败、国家为什么失败、如何防止国家失败等一系列问题而形成的观点和看法。这里的"国家失败"在不同时期具有不同的含义。西方前现代时期，国与国之间弱肉强食，优胜劣汰，国家失败意味着在列强环伺下国力羸弱，资源和财产被任意剥夺，甚至国破家亡。近代以来，民族国家崛起，主权观念流行，以地理疆域为基本框架的世界格局建立。此时的国家失败对内意味着民族分裂，诸侯割据，无法建立或维系强大而稳定的政权；对外意味着无法保证主权独立和领土完整，时刻面临丧权辱国的命运。进入20世纪中后叶，世界形势再度发生巨大变化：一方面，世界经济一体化趋势增强，全球化、资本化、私有化和民主化浪潮汹涌，传统政治、经济和文化的边界日渐模糊；另一方面，西方各国社会矛盾加剧，少数族群崛起，多元化倾向强势反弹，极端势力与民粹情绪强势抬头。这些新的现象与动向，为西方学界思考国家失败问

[①] Hans Kelsen, *General Theory of Law & State*, New Brunswick: Transaction Publishers, 2006, p. 181.

题提供了新的内容和视角。

传统意义上的主权能够独立、领土是否完整，已不能简单涵盖国家成败的实质。越来越多的学者开始关注国家权限的范围、政府干预的领域，开始反思国家职能的宽度、国家能力的效度，开始关注国家权威的流失与政治信任的危机，开始意识到发达国家与发展中国家面临着不同的生存境况和发展途径，开始区分不同类型的政治制度对国家成败的差异性后果。尽管存在诸多分歧与矛盾，但人们大体可以达成如下共识：发达国家的国家权力过剩或政府干预过多与发展中国家权威不足或国家能力缺失，均可导致国家失败的结果；全球化进程中国家权威的流失与衰落，当代政治、经济和文化多重变革下政治信任的危机，都可能将当代国家推向失败境地；不同的政治制度带来了不同的经济制度，政治精英们制度选择的现实后果，往往是国家成败的迥异命运。

对于上述问题，当代西方学者从各自关注的角度，提出了诸多理论路径和分析框架，可谓精彩纷呈、众说纷纭。本章首先从两个针对不同类型国家的理论入手，即发达国家的权力过剩问题和发展中国家的能力不足问题，借以呈现不同发展类型的国家所面临失败风险的差异性，然后转向分析所有国家都面临的全球化和政治信任问题，最后具体探讨包容性制度和汲取性制度引发的截然不同的政治后果和国家命运。笔者无意于面面俱到，只能选择最具代表性的理论展开论述，希望能够借此呈现当代西方学界对于国家失败问题的密切关注和最新思考。

一　权力过剩与国家干预的过度

从权力角度出发，反思无限国家的漏洞与缺陷，防范不受约束的权力对个人权益的威胁与侵犯，论述"小政府"或"弱政府"的合理和正当，是自由主义从传统到现代的中心论题。① 19世纪末20世纪初，事情发生了变化。先是密尔将适度的国家干预纳入自由主义传统，紧接着，格林、霍布豪斯、杜威等提出新个人主义，主张国家不再是个人的敌人而是伙伴和朋友，国家干预并不必然为恶。20世纪30年代起，"罗斯福新政"推行，凯恩斯主义横空出世。进入20世纪60年代，国家干预、福利政策已大行天下。消极国家的落寞身影渐行渐远，一个强大的积极国家迎面走来。到了20世纪70年代，事情再度发生变化。一方面，罗尔斯的《正义论》问世并迅速引起轰动，倡导公平正义观和差别原则的重要性，这实质上为国家干预经济生活和社会政策提供了理论的支撑。新自由主义无论在理论层面还是现实层面都达到了20世纪的巅峰。另一方面，随着国家干预的加深、国家垄断的出现，权力过剩的弊端日益显现，这直接引发了以哈耶克、诺齐克为首的保守自由主义对以罗尔斯为首的新自由主义的内部批判，以及社群主义、新共和主义、"第三条道路"等思潮对自由主义阵营的外部围攻。这场旷世论争直至20世纪90年代斯蒂格里茨的"强政府、强社会"理论的出现，才算告一段落。②

作为20世纪90年代以来从权力越界、权力过剩角度诠释国家何以失败的典型代表，希夫的"政府泡沫"理论具有显著的时代特征和自由主义色彩。在希夫看来，美国是19、20世纪成功国家的理想范本，这种成功主要依赖"经济的自由化、有节制的政府、低税收、可靠的司法体系以及对个性主义的强调"。③ 不幸的是，当下的美国已经陷入一个由政府亲手打造、濒临破裂边

---

① 关于近代自由主义国家观念的变迁与逻辑，详见庞金友《近代西方国家观念的逻辑与谱系》，《政治学研究》2011年第5期。
② [美] 斯蒂格里茨：《政府为什么干预经济》，郑秉文译，中国物资出版社1998年版，第94页。
③ [美] 彼得·D. 希夫：《国家为什么会崩溃》，刘寅龙译，中信出版社2013年版，第22页。

缘的巨大泡沫之中，国家也处于崩溃的边缘。

希夫浓墨重彩，全方位地剖析了美国经济困局的全貌和国家危机的症结所在：首先，表面繁盛的泡沫经济。20世纪90年代，美国政府投入数额庞大的美元助力经济。随着利率走低、借款成本下行，房地产价格持续暴涨，美国人的账面资产扶摇直上。这种基于房地产泡沫形成的财富幻景一度使人们欢欣鼓舞。其次，日趋沉重的国债。政府想花钱，腰包里却没有，唯一的办法只能是借钱。五花八门的短期债券、长期债券或者国库券，使政府拿到了真金白银，也使各类债券持有者成为债权人，"在任何时刻都会有一部分债券和票据到期，而在通常情况下，美国政府唯一能做的就是借新债还旧债"。① 与此同时，美国政府还要偿还巨额债务的利息，还要应对不断增加的财政支出，结果债务总额每天都在攀升。再次，濒临破产的州政府。以加州为首的州政府财政赤字比联邦政府更为严重，"每年都在与危机对抗，在破产边缘挣扎"。② 最后，债台高筑的普通民众。不断膨胀的房地产、人为扭曲的低利率、轻松借到但无力偿还的高额房贷，美国民众已经负债累累。

何种原因导致曾经辉煌无比的美国经济如今危机四伏呢？在希夫看来，一切都是泡沫惹的祸：整个20世纪90年代，美国人都在与股市泡沫、互联网泡沫、房地产泡沫、信贷泡沫为伍；现在，美联储和美国政府又推出了政府泡沫。美联储先制造货币，银行随后把货币贷给美国财政部，后者心安理得地用这些钱养活日趋膨胀的政府，这就是政府泡沫的来源。美国政府的信誉是政府泡沫的根基。如果债权人对美国丧失信心，政府信用将荡然无存；如果政府信用不再，后果可想而知。希夫大胆推测：政府泡沫将是美国最后的泡沫，"一旦政府泡沫破裂，美国将一无所

---

① ［美］彼得·D. 希夫：《国家为什么会崩溃》，刘寅龙译，中信出版社2013年版，第6页。

② 同上书，第7页。

有"。① 希夫的结论是：大政府乃万恶之首。大政府在催生泡沫方面发挥了核心作用，也是资源错配的主要根源。大政府破坏的不仅仅是美国经济，也在摧毁整个国家。

与希夫对国家内部层面的权力过剩深深忧虑遥相呼应，沃林则对国际层面的权力过剩无比担心。在沃林看来，以美国为首的国家超级化趋势越来越明显。这种"超越了关于国家被限制在其边界内并有义务尊重其他国家的边界的现代观念"的超级大国，②不仅规模、权限与影响力空前巨大，它们的权威与行为模式也不在宪法的规定和限制之内。只要有指望获得更多报偿或更多利润的机会，它就会产生无穷的驱动力。正如吉登斯注意到的，"美国的确已成为一个帝国，这是控制世界、攫取其他国家资源的一种形式，美国绝非一个为世界带来仁慈的国家"。③沃林甚至提出，美式超级大国就是一种"被颠倒过来的纳粹主义或极权主义"。④

如何摆脱当下的经济困局、避免国家失败呢？希夫虽然对斯蒂格里茨式的"信任政府"持保留意见，⑤但仍将希望寄托于政府。他提供的方案是：政府停止借款，勒紧腰带，停止救市，鼓励公司进行长期投资；同时，让美国人减少消费，增加储蓄，鼓励人们偿还负债、开始储蓄。在他看来，"唯有如此，美国才能重整旗鼓"。⑥

---

① [美]彼得·D. 希夫：《国家为什么会崩溃》，刘寅龙译，中信出版社2013年版，第48—49页。
② [美]谢尔登·S. 沃林：《政治与构想：西方政治思想的延续和创新》，辛亨复译，上海世纪出版集团2009年版，第729页。
③ [英]安东尼·吉登斯：《全球时代的民族国家》，郭忠华编，凤凰出版传媒集团、江苏人民出版社2010年版，第280页。
④ [美]谢尔登·S. 沃林：《政治与构想：西方政治思想的延续和创新》，辛亨复译，上海世纪出版集团2009年版，第729页。
⑤ [美]斯蒂格里茨：《政府为什么干预经济》，郑秉文译，中国物资出版社1998年版，第104—106页。
⑥ [美]彼得·D. 希夫：《国家为什么会崩溃》，刘寅龙译，中信出版社2013年版，引言第31页。

权力的无限扩张，对内过度干预经济，直接催生政府泡沫，对外冲击现有格局，挑战现行秩序，最终都将危及国家的长治久安，这一分析路向鲜明衬射出希夫式国家理论的古典气质。相比于传统国家理论，当代国家理论最大的变化就已经放弃强调国家与社会、政府与经济此消彼长的二元格局，转向强调相互合作、共生共强的正和博弈。因此，致力于批判政府的希夫最终仍选择相信政府，这种妥协是必要的，也是可以理解的。当然，连他自己都承认他的应对策略是个苦药方，"以至于让布什和奥巴马政府感到难以下咽。相反，他们的药方显然要甜得多，政府救市和经济刺激再次导致泡沫膨胀"。① 由此可见，希夫的国家理论批判有余而建构不足。他能够清楚意识到权力过度导致的经济困境和国家危机，却无法具体提出国家干预、政府权限的合理边界，而这恰是许多国家迫切需要解决和面对的重要问题。

二 能力缺失与现代政治的焦虑

作为亨廷顿的得意弟子，福山最想解决的就是发展中国家的国家建设问题。在亨廷顿已有研究框架和研究结论的基础上，他提出了著名的"福山之问"，② 即想探讨如何防止国家失败、建立现代制度的问题。基于"达到丹麦"的想象，福山将国家、法治与负责制政府作为成功的政治制度的三大要素，"一个成功的现代自由民主制，要把这三种制度结合在稳定的平衡中"。③ 福

---

① [美] 彼得·D. 希夫：《国家为什么会崩溃》，刘寅龙译，中信出版社 2013 年版，引言第 30—31 页。

② 参见 [美] 弗朗西斯·福山《政治秩序与政治衰败：从工业革命到民主全球化》，毛俊杰译，广西师范大学出版社 2015 年版，第 56—57 页；弗朗西斯·福山《政治秩序的起源：从前人类时代到法国大革命》，毛俊杰译，广西师范大学出版社 2012 年版，第 14—15 页。

③ [美] 弗朗西斯·福山：《政治秩序的起源：从前人类时代到法国大革命》，毛俊杰译，广西师范大学出版社 2015 年版，第 16 页。

山对当代政治充满着深深的"政治焦虑":一些取得民主进展的国家开始逆转,如俄罗斯、委内瑞拉;一些本已走出威权政治的国家陷入"灰色地带",既非完全威权,也非货真价实的民主,如哈萨克斯坦、乌兹别克斯坦;而一些拥有民主制度的国家却无法向民众提供所需的基本服务,如乌克兰、印度。不难发现,这些焦虑的实质其实就是如何建立并维持一个有效的政治制度,这个制度必须强大、遵守规则,且承担责任。

其实,世界上大多数人都向往这样的社会:其政府既负责又有效,民众需要的服务能获得及时和高效的满足。但现实生活中的政府却不太容易做到这两点,很多国家的制度衰弱、腐败、缺乏能力,甚至根本不存在。① 对此,福山专门对各国进行了分门别类的研究。他最欣赏德国,因为德国素有强大的官僚体系,且二战后一直采取健全的宏观经济政策。与之形成鲜明对比的是希腊和意大利,两国以依附主义和腐败政府著称。英国和美国则走在中间。这些国家怎会如此千差万别?在福山看来,关键问题在于:"改革官僚体系与容忍更广泛的民主竞争,究竟哪个先哪个后。"② 德国是在威权政权的根基上建立了强大的官僚体系,而美国、希腊和意大利在建立强大政府之前,就已实施民主化,只不过:美国改革成功了,希腊失败了,意大利部分成功。

通过上述分析,福山得出如下论断:脆弱或失败国家所缺乏的制度中,最关键的是行政高效、超级能干的政府。国家受到法律或民主的约束之前,它必须先行存在,也即,要先建立起中央集权的、讲求效率的行政部门和官僚体系,"实际上,为了启动经济增长,强大的政治制度往往是必需的;恰恰是它的缺席,将

---

① Christopher Pierson, *The Modern State*, London and New York: Routledge, 1996, pp. 210 – 218.
② [美] 弗朗西斯·福山:《政治秩序与政治衰败:从工业革命到民主全球化》,毛俊杰译,中信出版社2013年版,第57页。

失败或脆弱的国家锁进了冲突、暴力和贫困的恶性循环"。① 综观当下后发现代化国家的发展经验，福山的分析确实具有一定的合理性。对全世界许多人来说，现代政治的中心问题是如何约束强大、唯我独尊乃至暴虐的政府。在格鲁吉亚和乌克兰领导玫瑰革命和橙色革命的民主人士，以及"阿拉伯之春"初期的突尼斯和埃及示威者，都希望借用民主选举来迫使统治者对人民负责。结果是，政治发展的焦点最近几年均集中于约束制度——法治和民主负责制。这些现实发展再度证实：政府在受到约束之前，必须要有实际做事的能力；国家必须先能够施政，然后才可能被约束。

能够提供基本公共物品的国家的存在，并不是理所当然的。事实上，许多发展中国家的贫穷，其重要原因就是缺乏有效的国家机器。这一点在许多发达国家也有体现。② 因此，在福山看来，重申强有力政府的存在仍是正当而必要的。

首先，某些公共物品只能政府才能提供。公共物品既不会被私人挪用，也不会被耗尽，一人享用也并不妨碍他人享用，如清新空气、国防安全、法律制度和公共健康。没有私营部门愿意制造公共物品，因为无法阻止他人使用和获益，也就无法得到任何收入。其次，政府还或多或少以各种形式参与社会规范。政府希望公民正直、守法、良善和爱国，反对吸烟、吸毒、帮派和人工流产。即便那些全心致力于自由市场的政府，除了提供必要的公共物品，还会推出鼓励投资和发展经济的措施。最后，政府可在控制精英、从事再分配方面发挥作用。国家不节制富有而强大的精英群体，后者就会以他人为代价攫取并滥用政治体系。而国家从事再分配的最基本形式就是法律的公平应用。只有配备

---

① [美] 弗朗西斯·福山：《政治秩序与政治衰败：从工业革命到民主全球化》，毛俊杰译，中信出版社2013年版，第44页。

② James N. Rosenau, *Governance without Government: Order and Change in World Politics*, Cambridge: Cambridge University Press, 1995, pp. 10 – 15.

了司法和强制执法能力的国家，才能迫使精英遵守人人都遵守的规则。①

福山发现，发达国家的政府各有大小，收入各有高低，但唯一的共性就是强有力。不论高收入的大政府（如丹麦和荷兰），还是高收入的小政府（如新加坡和美国），抑或新兴市场国家（如印度和俄罗斯），情况都是如此。从这些成功国家的案例来看，"政府质量远比政府大小更重要"。② 福山以印度为例，反证他的论断。印度"自1947年成立以来一直是非常成功的民主政体"，每年拥有高达10%的增长速度，但"在提供基本服务方面，做得比不上邻近的中国，更别说已闯入第一世界的日本和韩国"。③ 显然，这不是因为缺乏法治，也不是因为民主不足，而是因为政府能力的问题。福山指出："这种失败是国家的失败——具体来说，是负责向印度乡村儿童提供基础教育的官僚体系的失败。"④ 政治秩序不只意味着限制政府的滥权，更意味着促使政府恪尽职守，譬如提供公民安全、保护产权、配备教育和公共卫生、建造私人经济活动所需要的基础设施。

福山的国家观也许并未高屋建瓴地指出不同类型发展中国家的未来命运，也未深度诠释强有力政府的构成性要素，更未给晚近崛起的后发现代化国家的国家建构提供可操作性意见，但他对国家能力的倡导、对政府质量的关注、对现代政治秩序的思考，鞭辟入里，引人深思。反思"弱国家"失败的危机与可能，既肯定国家能力的有效和必要，又警惕新兴大国走上歧路，是对发展中国家现代国家建构的最大启示。

---

① ［美］弗朗西斯·福山：《政治秩序与政治衰败：从工业革命到民主全球化》，毛俊杰译，中信出版社2013年版，第50页。
② 同上书，第56页。
③ 同上书，第47页。
④ 同上书，第47—48页。

三　权威衰落与全球化的挑战

现代意义主权观念的发展是与现代国家的变迁同步叙事的,"主权的起源和历史与现代国家的开端和发展息息相关"。[①] 20世纪后半叶,日益加速的全球化进程对传统地理疆界意义上的民族国家主权构成了实质的冲击和挑战。如何认识全球化与民族国家的命运,一度成为全球学界的焦点。从国家失败理论的角度,有学者将全球化导致的传统主权某种程度的式微和削弱视为国家失败的表征,其中以斯特兰奇的理论最具代表性。

斯特兰奇认为:全球化过程中,国家的疆土界线不再与经济和社会之上的政治权威的范围和界限相吻合,国家权威正在不可避免地衰落。这种衰落具体表现为:一是强国挤压弱国,弱国曾经的平等权威已不复存在;二是受经济、技术和金融变革的冲击,所有国家的权威都受到了削弱;三是在国际政治经济中心形成了大片政府权威流失后,尚未被主权国家或国际组织及时填补的权力真空。[②] 在他看来,国家权威之所以衰落,主要与大多数领土国家行使的权威质量有关,"大多数政府没能履行那些非常基本的功能,而它们是国家作为一种制度被创立的理由"。[③] 另外也要看到,政治领袖的权威也在不可避免地衰落,他们的命令不再像过去那样有效,形象也不像过去那样高大。与此同时,那些非国家权威却越来越多地发挥着作用,越来越深地渗入普通民众的生活。

第一,经济变革的深远影响。由全球化引发的世界经济的结

[①] David Held, *Political Theory and the Modern State*, Cambridge: Polity Press, 2000, p. 215.

[②] [英]苏珊·斯特兰奇:《权力流散:世界经济中的国家与非国家权威》,肖宏宇、耿协峰译,北京大学出版社2005年版,第166页。

[③] 同上书,前言第3—4页。

构性变革,改变了"生产什么、如何生产、在何处生产以及由谁生产"等重要内容,① 权力开始从国家流向市场,市场权威逐渐侵蚀并部分替代国家权威。这种转移和替代既非市场行为体的窃取和恶意侵占,也非各国的无奈之举,一切都如此自然而然,顺理成章。②

第二,市场力量尤其是跨国公司的强势崛起。世界经济的一体化趋势使得世界市场的核心力量在二战后更多地被金融、工业和贸易领域的私人企业而非政府力量整合到一起,它们如今比国家更为强大。③ "在曾经由国家作市场的主人的地方,如今却是由市场在许多关键问题上成了国家政府的主人。"④ 在某种意义上,跨国公司有时就在以政治权威的身份行事。国家竞争的领域不再是硝烟弥漫的战场,而是无处不在的市场;国家竞争的目标不再是具体实在的矿产和资源,而是抽象变幻的份额和规则,甚至于,"获取领土已不再被视为增加财富的一种方式。失去领土也并不意味着国家变穷或变弱"。⑤

第三,技术发展对国家权威的冲击。技术是影响现代政治的重要因素,现代政治的变迁在很大程度上有赖于技术变革的加速和推动。以军事领域的核武器为例,相互摧毁是拥有核武器的有力借口,同样也是不使用核武器的适当理由。无论后果如何,国家都难以改变这种可能性。这意味着,技术已经削弱了国家存在的一条重要理由,即有能力击退他人之进攻进而保护国民的安全。如果现代国家丧失了这种亚当·斯密所谓"保卫疆土"的基

---

① [英]苏珊·斯特兰奇:《权力流散:世界经济中的国家与非国家权威》,肖宏宇、耿协峰译,北京大学出版社2005年版,第37页。

② Martin Slaw, *Theory of the Global State*, Cambridge: Cambridge University Press, 2000, pp. 174–179.

③ Michael Marinetto, *Social Theory, the State and Modern Society: the State in Contemporary Social Thought*, New York: Open University Press, 2006, pp. 120–122.

④ [英]苏珊·斯特兰奇:《权力流散:世界经济中的国家与非国家权威》,肖宏宇、耿协峰译,北京大学出版社2005年版,第4页。

⑤ 同上书,第7—8页。

本能力，国家的权威何在？再看生活领域，新技术革命为现代社会带来了"最严峻、最重大的挑战",① 势必引发政治体制、社会文化乃至日常生活的根本性变革。技术使人们寿命延长，生活舒适，不为劳务所累，不为琐事所缠，但这种生活上的安逸必然带来人们对国家权威的疏远和漠视。

沃林也注意到了经济和技术对国家权威的冲击，以及由此产生的"国家公司化"趋势。在他看来，全球化时代中，传统的经济边界、政治边界、社会边界和文化边界正在日益模糊。不仅经济公司呈现明显的政治特征，公司与国家的合作也在不断深化。无论国内政治还是国际政治，跨国公司所拥有的资源和权力越来越不容忽视。而最令人担忧的是，国家正在不可避免地公司化。之前负责管理公民补贴的公益服务部门现在开始以营利为目的，一些政府甚至正在努力赶超公司的作风。

沃林和斯特兰奇有着同样的担心。在他看来，国家公司化意味着国家公共权力的自我放弃，必然导致国家权威的严重消解。首先，传统意义上的公司活动开始具有政治色彩，曾经的政治行为则具有经济意蕴，国家领域与经济领域的界线逐渐交叉、重叠甚至模糊。此时的国家成为不伦不类的"合成物"，相比强调"五大核心特征"的邓利维和奥利里心中的国家，已面目全非。② 其次，在公司国家化和国家公司化的双重框架下，经济与政制、消费选择与政治选择、经济行为与政治行为彼此之间逐渐同化。这种国家形象与斯科特笔下全球化时代的理想国家已相去甚远："全球的资本主义可能是推动同质化最强有力的力量，而国家有时成了地方差异和多样性的保护者。"③ 最后，来自公司的成百上千万美

---

① ［德］克劳斯·施布瓦：《第四次工业革命：转型的力量》，李菁译，中信出版集团2016年版，第32页。

② ［英］帕特里克·邓利维、布伦登·奥利里：《国家理论：自由民主的政治学》，欧阳景根、尹冬华、孙云竹译，浙江人民出版社2007年版，第1—2页。

③ ［美］詹姆斯·C. 斯科特：《国家的视角：那些试图改善人类状况的项目是如何失败的》，社会科学文献出版社2004年版，第9页。

元被注入立法过程和竞选运动,政府决策越来越依靠公司力量而非自己的公民,经济开始界定政治。这是国家公司化最危险的地步。

经过多年的调研和思考,斯特兰奇发现,在国家权威与市场扩张关系模式中存在"三大悖论"。① 这些悖论不解决,国家权威衰落的危机就不会解除,国家失败的最终命运也难以摆脱。从这一点来看,也许斯特兰奇过于悲观了,全球化进程确实给传统意义的民族国家权威带来了冲击和挑战,但这种冲击和挑战究竟会终结国家还是会重构国家,甚至会扩张国家,目前来看还只是未知数。② 这种未知趋势,反映到理论层面就是米格代尔所说的"国家的两种可能形象":"强国家"理论相信国家可以根据工业化或其他刺激所需将社会塑成新的形式,而"弱国家"则认为来自世界经济和社会行为体的不可控制的力量已使传统意义的民族国家无能为力。③ 显然,前者会认为,全球化进程导致的权力流散,只发生在某个领域或只作用于某个层面,而对国家的权威而言,挑战与机遇并存,而后者担心一体化趋势的加强,政治权威消耗殆尽,现代国家终将走向穷途末路。无论如何,有一点是确定的,现实的发展不会因斯特兰奇和沃林的担忧而停滞,也不会因米格代尔的热望而加速向前。对于未来,我们有理由期待。

四 信任危机与支持度的下降

基于同意的委托政治是现代政治的重要特征。受政治文化和

---

① [英]苏珊·斯特兰奇:《权力流散:世界经济中的国家与非国家权威》,肖宏宇、耿协峰译,北京大学出版社2005年版,第5—6页。
② 关于全球化进程中民族国家的未来命运,西方理论界大体形成了三种基本论调:终结论、重构论和扩张论,相关论述详见庞金友《应对全球化:当代西方国家与社会关系理论的新趋向》,《教学与研究》2006年第10期。
③ [美]乔尔·S. 米格代尔:《社会中的国家:国家与社会如何相互改变与相互构成》,李杨、郭一聪译,江苏人民出版社2013年版,第60页。

社会资本理论的推动,晚近以来,作为权利政治的题中之义,政治认同、政治信任日益成为政治学界关注和研究的重要课题。[1]政治信任是政治正当性的基础,也是政府合法性的根源。作为政治信任的构成性要素,政府信任反映着政府及其行为在多大程度上得到民众的认同和认可。一旦政府信任过低,就意味着当前的政府体系或政府行为已丧失民意的基础,无法得到民众的支持,这样的政府在制定和执行政策时将会遇到难以预料的阻力,付出更多的社会成本。从某种意义来说,信任危机也许不是国家失败的充分条件,但一定是国家失败的必要前提。深入而全面地探讨政治信任乃至政府信任与国家失败的内在关联,以小约瑟夫·奈为代表的理论进程最值得关注。

人们对政府的信任,往往与他们对政府的想象和政府行为的预期直接相关。[2]一旦人们觉得政府行动不够或行为过度,政治信任就会削弱,对政府的支持度就会下降,而政府获得的信任越少,支持度越低,政府就越无法很好地运作,就更不能让公众满意。这就是政府信任危机的恶性循环。奈观察到,当下美国人的政治心理十分微妙:他们不希望政府范围太大,也不希望政府袖手旁观,"尽管美国人对政府缺乏信任,但大多数美国人认为政府应该对环境、消费品安全、危险的工作环境、歧视性雇佣以及养老金危机等事务进行管制"。[3]

奈认为,当前美国公众对政府的信任度已明显下降,"1964年有3/4的美国公众说他们相信联邦政府绝大多数的时候在做正确的事情,而现在只有1/4的美国人承认自己持这种观点"。[4]这

---

[1] Hans Kelsen, *General theory of Law & State*, New Brunswick: Transaction Publishers, 2006, pp. 197 - 120.

[2] 对于美国人心目中的理想政府,皮尔森曾做过详细的分析,参见 Christopher Pierson, *The Modern State*, London and New York: Routledge, 1996, pp. 95 - 102。

[3] [美]小约瑟夫·奈、菲利普·D. 泽利科、戴维·C. 金编:《人们为什么不信任政府》,朱芳芳译,商务印书馆2015年版,第11页。

[4] 同上书,第5页。

种信任危机不仅存在于美国,而是全球范围的,"加拿大、英国、意大利、西班牙、比利时、荷兰、挪威、瑞典和冰岛也出现了相当程度的政府信任度的下降。在日本,不信任政府已高涨了几十年,只是最近它才蔓延至官僚机构"。① 通过对以美国为首的当代国家的观察,奈认为,当代各国政治信任危机之所以出现,大体由于以下原因。

第一,经济原因。经济增长的放缓,必然会招致公众的不满。全球性市场和竞争引起的经济衰退,也是公众信任危机的重要源头,"真正重要的是东亚经济的迅速崛起,它所提供的大量廉价劳动力来源肯定会造成发达国家工资的降低,尤其是降低非熟练技术工人的工资,导致不公平程度加深,这反过来又加重了政治制度的负担"。② 当然,也有学者反对上述观点,认为真正的罪魁祸首是技术和信息革命带来的"创造性破坏",③ 这种革新在提高效率和生产率的同时,也造成高失业率和低工资,还使社会不公平程度加深。从长期看,国家会从这种创造性破坏中获利,但在这个过程中人们感到害怕和焦虑,从而抱怨政府。

第二,社会和文化原因。首先是社会资本的减少,社会资本所代表的信任、准则和网络使合作行动变得容易,若社会资本减少,那就意味着中介机构的减少,这会直接造成政府信任度的下降。其次是社会文化的变化,"随着人们的价值标准从生存转向生活质量,对权威的尊重的下降是现代和后现代价值观的一部分"。④ 再次是种族观念的影响,"美国黑人几乎没理由信任一个

---

① [美] 小约瑟夫·奈、菲利普·D. 泽利科、戴维·C. 金编:《人们为什么不信任政府》,朱芳芳译,商务印书馆2015年版,第6页。
② 同上书,第14—15页。
③ [德] 克劳斯·施布瓦:《第四次工业革命:转型的力量》,李菁译,中信出版集团2016年版,第71页。
④ [美] 小约瑟夫·奈、菲利普·D. 泽利科、戴维·C. 金编:《人们为什么不信任政府》,朱芳芳译,商务印书馆2015年版,第17页。

由白人控制的政府。中产阶级美国黑人从这些政策中受益最多，但他们也是最有疏离感的群众之一"。① 最后是社会观念分歧严重，"男女同性恋的公开化和社会接受程度的提高，控制青少年吸毒的难度加大，以及社会对婚前性行为与私生现象的接受程度提高，这些都令保守主义者感到整个国家正不断失控"。② 上述社会和文化因素，使得民众在反思社会现象变化的同时，必然会将矛头指向政府：社会分化程度每提高一分，对政府的信任程度就会削弱一分。

第三，政治原因。首先是"二战效应"的存在，使人们对政府作为充满了"一厢情愿的高估和夸大"，③ 政府在第二次世界大战时期的成功以及战后经济的迅速增长，都导致公众对政府的过多信任、过度幻想。其次是低水平政治领导人的过失，严重削弱了公众对政府的尊重，尤其以约翰逊和尼克松时期最为严重。最后是被新闻媒体披露的政治腐败和欺诈行为越来越多，公众越来越相信掌权者是腐败的。依据托马斯·帕特森的研究报告，自20世纪60年代以来"报界和电视新闻变得更加消极、更加以新闻记者为中心、更多关注冲突而不是内容"。④

除此以外，沃林还提醒人们注意福利国家政策带给政府信任的巨大冲击和挑战。实际上，反思与批判福利国家的理论与实践，是与这个制度的诞生相伴而生的。⑤ 然而到了20世纪后半叶，随着全球化进程的加速，福利国家渐渐与市场经济结合且与民主并存，作为"解决阶级冲突的国家政策结果"的福利国家制

---

① ［美］小约瑟夫·奈、菲利普·D. 泽利科、戴维·C. 金编：《人们为什么不信任政府》，朱芳芳译，商务印书馆2015年版，第163页。

② 同上书，第164页。

③ ［美］乔尔·S. 米格代尔：《社会中的国家：国家与社会如何相互改变与相互构成》，李杨、郭一聪译，江苏人民出版社2013年版，第118—121页。

④ ［美］小约瑟夫·奈、菲利普·D. 泽利科、戴维·C. 金编：《人们为什么不信任政府》，朱芳芳译，商务印书馆2015年版，第20页。

⑤ ［德］克劳斯·奥菲：《福利国家的矛盾》，郭忠华等译，吉林人民出版社2006年版，第1—2页。

度引发的政治和社会问题愈加严重。① 沃林对此专门进行了分析：首先是公民群体的高度矮化。享受福利政策的公民不再是拥有无上地位的主权者，而是被动的"政策对象"。福利国家的强势，必然带来公民意识的式微甚至公民群体的瓦解，"如果不是在法律上也是在实际上，公民中的一个相当可观的比例业已被改组为臣民"。② 其次是公共领域的急剧萎缩。福利国家意味着国家权力的扩张，意味着对社会控制的加强，意味着对"公共领域的挤压和萎缩"。③ 最后是政治被经济挟持甚至绑架。受利益与利润的挟持，出于对现实生存的考量，民众只能被强使屈从，作为现代政治根基的人民主权也将形同虚设。

20世纪福利国家的发展历程证明，福利政策首先是一种经济政策而非政治策略，会带来新的政治结果，如公司价值观的反平民性、公民权力的反民主性以及以奖励制度为代表的反平等主义倾向等。④ 从这一点来看，奈和沃林的担心不无道理。20世纪后叶，美国国力日益强盛，但医疗保健和教育方面的成就远远落后于其他工业化国家。这一反常现象反映出这一超级大国在维持那些如提供福利等传统国家职能时的疲软无力，以及"在主权国际化和外来主权威胁二重作用下的职能偏移"，⑤ 也更直接地加剧了民众对政府的不信任程度，从而导致信任危机的普遍爆发。

---

① [美]史丹利·阿若诺威兹、彼得·布拉提斯：《逝去的范式：反思国家理论》，李中译，吉林人民出版社2008年版，第169页。
② [美]谢尔登·S.沃林：《政治与构想：西方政治思想的延续和创新》，辛亨复译，上海世纪出版集团2009年版，第708页。
③ Yoram Barzel, *A Theory of the State*, Cambridge: Cambridge University Press, 2002, p. 21.
④ Nanna Kildal and Stein Kuhnle, *Normative Foundations of the Welfare State*, London and New York: Routledge, 2006, pp. 13–32.
⑤ [美]史丹利·阿若诺威兹、彼得·布拉提斯：《逝去的范式：反思国家理论》，李中译，吉林人民出版社2008年版，第249页。

五　制度差异与国家的不同命运

从制度的角度探讨国家强弱成败，从亚里士多德到布丹再到孟德斯鸠都堪称典范。到了当代，这种分析路径日益精细和完善。与强调制度的合法性、效能性、系统性的传统分析方法不同，当代的制度分析框架更丰满，更具解释力。其中，阿西莫鲁格和罗宾逊的"汲取—包容二元模型"最引人注意。

阿西莫格鲁和罗宾逊首先借助"诺加利斯城的栅栏"[①]的故事，揭示了一个极为直观却重要无比的现象：国境线两边虽只有两种制度，却是两个世界。在他们看来，国家贫富的根源不是地理、疾病或文化因素，而是制度和政治；当一个国家采取了适当的支持增长的政治制度时，该国就能崛起；当这些制度僵化或不适当时，该国就会失败——通常还失败得轰轰烈烈。那么，究竟是何种制度能够决定国家命运、左右国家成败呢？对此，阿西莫格鲁和罗宾逊展开了深入的分析。

首先，汲取性制度是现代国家失败的根源。汲取性制度存在的地方，人们往往会丧失储蓄、投资和创新的主动性和积极性，"汲取性政治制度通过固化那些汲取性制度中获益者的权力，来支持汲取性经济制度"。[②]非洲的津巴布韦、塞拉利昂，南美洲的哥伦比亚、阿根廷，亚洲的朝鲜半岛和乌兹别克斯坦，中东的埃及等，这些国家和地区具有完全不同的历史、语言和文化，唯一的共同点就是汲取性制度。这类国家的失败往往在于缺乏充分的经济活动，政治家们一心攫取资源，打压任何可能威胁他们利

[①] 参见［美］德隆·阿西莫格鲁、詹姆斯·A. 罗宾逊《国家为什么会失败》，李增刚译，湖南科学技术出版社2015年版，第2页。

[②] ［美］德隆·阿西莫格鲁、詹姆斯·A. 罗宾逊：《国家为什么会失败》，李增刚译，湖南科学技术出版社2015年版，第278页。

益和权威的经济活动。①

其次，汲取性制度只能带来一定程度的脆弱而短暂的经济增长。② 汲取性制度能够带来两种截然不同的经济增长方式：一种是直接配置性增长，精英们直接将资源配置到自己控制的领域，经济增长就实现了；另一种是间接促进性增长，当精英阶层确信自身实力足够雄厚，地位足够安全，有可能转向一定程度的包容性制度，从而实现经济的短暂增长。这就意味着，汲取性政治制度下支持经济增长的各种安排在本质上是脆弱的，随时可能崩溃。一方面，由于财富和权力集中在少数精英手中，如果另一个集团能够打败并超过这些精英进而控制国家，那么它就会自动成为享受这种财富和权力的集团，因此内讧乃必然趋势。另一方面，在汲取性制度下，当经济制度具有某些包容性特征后就可能陷入另一种危险境地："那些控制政治权力的人最终会发现，获益更多的方式，是运用他们的权力限制竞争，增大自己所分得的蛋糕，甚或从其他人那里窃取和掠夺，而不是去支持经济进步和发展。"③ 结果可想而知，分配和运用权力的能力大小最终成为决定经济繁荣程度的重要基础。

最后，只有包容性制度才是经济长期增长的必要条件。包容性政治制度和包容性经济制度能够克服汲取性制度下阻碍增长的条件或因素，并且能够为长期经济增长创造条件。包容性制度下，生产者的积极性高，且能够保持稳定和持续；同时，掌权者不会违背民意行事，能够鼓励创新和发明，激发新技术并推动新的生产条件的使用，从而进一步促进生产，实现经济持续繁荣。

---

① Mark J. Smith, *Rethinking State*, London and New York: Routledge, 2000, pp. 73 – 85.
② 参见［美］德隆·阿西莫格鲁、詹姆斯·A. 罗宾逊《国家为什么会失败》，李增刚译，湖南科学技术出版社2015年版，第66—67页。
③ ［美］德隆·阿西莫格鲁、詹姆斯·A. 罗宾逊：《国家为什么会失败》，李增刚译，湖南科学技术出版社2015年版，第67页。

那么，有没有可能从汲取性制度向包容性制度转化，从而打破国家失败的制度僵局呢？显然，难度不小。汲取性政治制度几乎没有构成对权力行使的约束，而汲取性经济制度意味着仅仅通过控制权力、征用财产和建立垄断就有大量的利润和财富可赚，这就使得汲取性制度具有天生的恶性循环：汲取性政治制度形成汲取性经济制度，汲取性经济制度反过来又为汲取性政治制度的存续提供了基础，"危地马拉的案例最为典型，从一开始的殖民统治到后来的危地马拉独立，同一群精英掌权达4个世纪之久，汲取性制度使精英们致富了，而他们的财富又构成了权力延续的基础"。①

当然，汲取性制度不是一成不变的。恶性循环的存在，意味着从汲取性到包容性的转变并不容易，但也不是不可能。现存制度中先前存在的包容性因素、对抗现存制度的广泛联盟的存在，或者仅仅是历史的偶然性因素，都可能打破恶性循环，"多种因素的综合作用，特别是关键时刻连同推动改革和其他有利现存制度的广泛联盟，通常是一个国家走向更包容制度所必需的。除此之外，幸运也是关键的，因为历史总是会按照偶然方式前行"。②

如何能够使汲取性制度向包容性制度转变呢？阿西莫格鲁和罗宾逊认为没有一劳永逸的药方，不过，有一些必要性的条件和基础值得关注：首先是某种程度的集权，这能使挑战现有机制的社会运动不会造成法律涣散和秩序缺失。其次是多元主义的政治制度，这使广泛联盟能够形成并延续。再次是能够协调人们需求的公民社会机构，这就使反抗运动不会被当权的精英阶层轻易镇压，也不会沦为另一个集团控制当前汲取性制度的工具。最后就是媒体，只有广泛获得当权者滥用经济和政治权力的信息，社会才能获得权力，并且在很大范围内协调及维持。

---

① ［美］德隆·阿西莫格鲁、詹姆斯·A.罗宾逊：《国家为什么会失败》，李增刚译，湖南科学技术出版社2015年版，第273页。

② 同上书，第313页。

阿西莫格鲁和罗宾逊深入分析了制度类型与国家失败之间的紧密关系，对发展中国家而言具有重要的启示意义。当然，这种分析也有不足。首先，虽然他们讨论了包容性制度和汲取性制度与长期经济增长之间的关系，但仅仅指出包容性制度是长期经济增长的必要条件以及汲取性制度是经济落后或国家失败的充分条件，没有进一步探讨长期经济增长的充分条件。其次，两人发现发展中国家不发达的根源是汲取性制度，却没有找到摆脱制度困境的途径。至于汲取性制度向包容性制度的转变问题，他们更多强调偶然性因素的影响，无法指出一条振兴与发展的明路。再次，两人提出汲取性制度可能实现短期的经济增长，但这种增长却无法保持持续和稳定，问题的关键是：持续增长多少年才算长？最后，也是最为关键的是，决定一个国家成败的是唯一因素还是多种因素？显然，他们认为已有的分析模式都存在无法解释的现象或问题，尤其认为多方面或多因素的解释难以把握问题的核心，因此将制度作为决定一个国家或地区经济成败的唯一因素，必然会引起争议和质疑。

综上所述，没有一种国家观念或政府理论可以适用于任何时代，终极理论是不存在的。中西政治文化拥有迥异的历史背景，置身不同的现实情境，面临多样化的发展方向，但当代西方学者围绕"国家为何会失败"进行的深刻反思无疑可为后发现代化国家的国家建设与政治发展提供借鉴和启示。

第一，所有国家都有遭遇失败的可能。当代国家的生存环境越来越复杂，面临的任务越来越艰巨，能够历经现实考验的"成功国家"的典范和样本越来越少，各国政府遭遇的困境和非议却越来越多。上至发达的欧美诸强，下至发展中的亚非各国，不能妥善处理内忧外患、无法应对远近危机者，都可能面临失败危机。只不过，不同背景、阶段和类型的国家面临的问题不同，危机的程度不等，解决的方法各异而已。一些发展中国家可能需要政府能力更强，提供更多的公共服务和公共产品；一些发达国家却需要政府让渡更多的权力，让市场更自由，让社会更自治。

第二，政治权力是决定当代国家成败的重要因素。政府权力的界限、结构与运行，直接影响国家能力的强弱，决定国家权威的大小。权力不够，能力不足，权威衰落固然会导致国家失败；权力过剩，能力过强，权威过盛同样也能将国家置于危险境地。权力行使必有后果。权力运行的方向与效度、政府权力行使的优劣程度，直接影响公民对国家权力的满意程度；满意程度又反过来影响公民们对政府的信任程度。当代政治中，国家权力与政治信任之间的关系又相当微妙：人们对政府提供的公共服务和社会福利充满期待，却对政府拥有的权力和职能百般苛责，对政府行使权力的信度和效度始终怀疑。人们希望政府建得越小越好，却又希望政府做得越多越好。一个脆弱不堪、无所作为的政府，和一个强大无比、无所不能的政府，同样会被当代人不加思考地拒绝。这些都对国家权力的行使提出了更高的要求。

第三，全球化对当代国家是把双刃剑。全球化进程激发了市场力量的扩张，带动了社会组织的崛起，也掀起了世界性观念的更新，这些都对传统意义上的国家主权产生了实质的冲击和挑战。但也要看到，全球化进程也为民族国家带来了一些可喜的变化，提供了更广阔的空间和更多样化的机遇。国家主权在某些领域被削减，在某些领域却被加强。如果能够正确看待这一变化并能抓住机会有所作为，发展中国家就会获得难得的发展契机。

第四，制度不是万能的，但包容性制度确实是长期、持续和稳定发展的必要条件。一个国家要想在乱世中崛起，实现国富民强、长治久安的梦想，必须尽量控制政治制度中的汲取性倾向，防止汲取性制度的恶性循环，鼓励创新和发明，倡导新技术和新观念，从而促进生产，激发创业，实现经济繁荣和社会进步。

从某种意义上来讲，当代西方国家失败理论是对当代国家现实发展的一个逆向反思。这种反思告诉我们，对发展中国家来说，要想完成现代国家建构的时代任务、预防或阻止国家失败的命运，必须密切关注国家的能力建设，主动预防国家权力的过度干预，积极应对全球化对国家权威的挑战和冲击，高度重视政府的信任危机，逐步提升政治制度的包容性。

拓展阅读

1. ［美］德隆·阿西莫格鲁、詹姆斯·A. 罗宾逊：《国家为什么会失败》，李增刚译，湖南科学技术出版社 2015 年版。
2. ［美］彼得·D. 希夫：《国家为什么会崩溃》，刘寅龙译，中信出版社 2013 年版。
3. ［英］苏珊·斯特兰奇：《权力流散：世界经济中的国家与非国家权威》，肖宏宇、耿协峰译，北京大学出版社 2005 年版。
4. ［美］小约瑟夫·奈、菲利普·D. 泽利科、戴维·C. 金编：《人们为什么不信任政府》，朱芳芳译，商务印书馆 2015 年版。
5. ［美］弗朗西斯·福山：《政治秩序与政治衰败：从工业革命到民主全球化》，毛俊杰译，广西师范大学出版社 2015 年版。
6. ［美］斯蒂格里茨：《政府为什么干预经济》，郑秉文译，中国物资出版社 1998 年版。
7. ［美］谢尔登·S. 沃林：《政治与构想：西方政治思想的延续和创新》，辛亨复译，上海世纪出版集团 2009 年版。
8. ［美］詹姆斯·C. 斯科特：《国家的视角：那些试图改善人类状况的项目是如何失败的》，社会科学文献出版社 2004 年版。
9. ［德］克劳斯·奥菲：《福利国家的矛盾》，郭忠华等译，吉林人民出版社 2006 年版。
10. ［美］史丹利·阿若诺威兹、彼得·布拉提斯：《逝去的范式：反思国家理论》，李中译，吉林人民出版社 2008 年版。
11. David Held, *Political Theory and the Modern State*, Cambridge：

Polity Press, 2000.
12. Martin Slaw, *Theory of the Global State*, Cambridge: Cambridge University Press, 2000.
13. Mark J. Smith, *Rethinking State*, London and New York: Routledge, 2000.
14. Yoram Barzel, *A Theory of the State*, Cambridge: Cambridge University Press, 2002.
15. Nanna Kildal and Stein Kuhnle, *Normative Foundations of the Welfare State*, London and New York: Routledge, 2006.

第十二讲 国家为何不能超限：当代西方国家限度理论的逻辑进路

如果说，近代西方政治思想关于国家理论的探讨多侧重学理与智识层面，进入20世纪尤其是二战前后，西方学界的探讨则由理论走向现实，由"应然"进入"实然"。关于国家限度的争论不再表现为"主义"之争，而是表现为现实政治之争。① 尽管主流理论阵营对国家权力界限问题争得不亦乐乎，甚至水火不容。但透视其论争的实质可以发现，人们的论争主要围绕权力的自主性、权威的合法性和能力的有效性三个层面展开。②

一 国家权力自主性的限度

马克思主义较早揭示了国家权力自主性的内涵。恩格斯将国家视为"从社会中产生但又自居于社会之上并且日益同社会相异

---

① Christopher W. Morris, *An Essay on the Modern State*, Cambridge: Cambridge University Press, 1998, pp. 228–230.
② 时和兴分析政治发展过程中的国家与社会时，较早提出了"国家限度"概念。参见时和兴《关系、限度、制度：政治发展过程中的国家与社会》，北京大学出版社1996年版，第110—239页。

化（脱离）的力量",① 这意味着国家具有相对于社会利益和经济上占统治地位阶级的双重自主性。当代新马克思主义继承并发展了这一观点。尼科斯·波朗查斯具体阐释了国家"相对于经济的自主性"和"相对于政治的自主性",认为后者尤为重要,这是"国家对阶级斗争领域的关系,特别是其针对权力集团和阶级和派别的相对自主性,并扩大到针对权力集团的同盟和支持力量的相对自主性"。② 而密里本德虽然认为国家利益与经济上占统治地位的阶级并不必然冲突,但他也坦承,"如果政府要想有效地保卫这些利益,它们就必须拥有相对的自主权"。③ 艾森斯塔德则主张将自主性作为政治体系的核心表征,将政治体系与其他社会体系进行区别,而"权力就是这一领域的主要自主性成分"。④ 显然,亨廷顿比较认可新马克思主义这些观点,但他更倾向将国家自主性理解为区别于其他机构和社会势力的利益和价值,更重视将自主性与政治权力有机结合,甚至将结合程度作为衡量制度化水平的重要指标:"就自主性而言,政治制度化意味着并非代表某些特定社会团体利益的政治组织和政治程序的发展。凡充当某一特定社会团体——家庭、宗族、阶级——的工具的政治组织便谈不上自主性和制度化。"⑤

20世纪70年代,保守风潮席卷西方社会。针对保守自由主义重拾消极国家观、肆意贬低国家形象与地位,回归国家学派给予了有力的反击。斯考切波将国家视为"拥有对领土和居民控制权的组织,它可以系统地表达和推进自己的目标,而不是简单地

---

① 《马克思恩格斯选集》（第4卷），人民出版社1995年版，第170页。
② [希腊] 尼科斯·波朗查斯：《政治权力与社会阶级》，叶林、王宏周、马清文译，中国社会科学出版社1982年版，第284—285、246页。
③ [英] 拉尔夫·密利本德：《英国资本主义民主制》，博铨、向东译，商务印书馆1988年版，第117页。
④ [美] S. N. 艾森斯塔德：《帝国的政治体系》，阎步克译，贵州人民出版社1992年版，第370页。
⑤ [美] 塞缪尔·P. 亨廷顿：《变化社会中的政治秩序》，王冠华等译，生活·读书·新知三联书店1989年版，第19、179、7页。

反映集团、阶级或社会的需求与利益",① 其自主性主要体现在：一是影响集团和政党在政治斗争中活动的方向和可能性；二是影响知识创新和政策制定的过程。现代社会的发展面临着新格局和新课题，国家结构与制度安排是所有政治生活的根本要素，因此，国家自主性显得尤为重要，现代政治必须"使国家回归"。② 诺德林格尔认可斯科克波尔强调的国家对社会的作用，但更看重社会力量对国家的反作用。他借助"国家偏好"概念试图告诫世人：国家自主性并不是决定国家强弱的唯一因素，社会支持也非常关键。③ 对于这一主张，阿尔蒙德大加赞赏。④

不难看出，从马克思主义到回归国家学派，从恩格斯到诺德林格尔，虽然国家自主性强调的焦点明显由政治统治向政治治理转移，但其基本内容并未发生实质变化，国家自主性依然意指国家以统一的公共权力和制度化的权力结构为基础，通过公共政策的制定，表达并实现区别于其他社会利益的、独立的公共利益。当然，这种绝对的自主性大多停留在理论状态，现实政治少见其踪影。一方面由于其国家权力的独立是相对的。无论多么成熟、完善的权力结构，都无法完全超越、摆脱其他非制度因素的影响。另一方面，公共利益的独立也是相对的。它既不超脱于其他社会利益存在，也不是所有社会利益的简单累加。另外，公共政策的制定过程并非在真空状态下进行，不可能不受到政府机构或人员自身利益和偏好的影响。

由此可见，国家权力与国家自主性存在微妙的"两难困境"：

---

① Theda Skocpol, *State and Social Revolution: A Comparative Analysis of France, Russia, and China*, Cambridge: Cambridge University Press, 1979, p. 285.

② Timothy Mitchell, "The Limits of the State: Beyond Statist Approches and Their Critics", *American Political Science Review*, Vol. 85, No. 1, 1991, pp. 77 - 96.

③ Eric A. Nordlinger, "Taking the State Seriously", Mellon Weiner ed., *Understanding Political Development*, Boston Blount Publisher, 1987, pp. 387 - 390.

④ Gabriel A. Almond, "The Return to the State", *The American Political Science Review*, Vol. 82, No. 3, 1988, p. 857.

若国家权力发展不足,自主性就会缺失;国家权力一旦发展过度,自主性就会扩张。这一困境直接导致国家自主性限度问题的缘起。

前现代时期的中世纪西欧社会以及二战后的部分发展中国家由于其国家权力松散乏力,权力结构制度化程度较低,一直被人们作为国家自主性缺失的范本。贾恩弗兰科·波齐的刻画很传神:"每一个大的统治制度分裂成许多较小的碎片并增加了它的自主性,各种制度在其实施统治工作的方式上以及相互之间进行冲突的方式上有极大的区别。"① 罗杰·金也提醒人们注意当时等级制度的离散力、城市共和国自治状态背后的分化性,正是这些封建制度直接构成了对传统封建权力格局的囿限和削弱。② 亨廷顿则认为,当代一些发展中国家权力发展状况与上述中世纪权力窘境极为相似,"权力是支离破碎的;衙门众多,授权有限"。③ 凯林伯格和克拉克通过对亚、非、拉等地区发展中国家的考察也同样发现:发展中国家自主性缺失往往表现为国家与社会的同质同构,不仅政治、经济与社会领域没有明显分离,就连公共领域与私人领域也界限模糊。④

随着国家权力集中化趋势增强,国家体系日臻完善,制度化程度越来越高,国家开始表现出独立于社会的公共利益,国家自主性随之增强。西方绝对主义国家和东南亚威权主义国家就是这一趋势的现实蓝本。进入 20 世纪,西方国家的权力自主性再度扩张,到了五六十年代其势更强。

---

① [美] 贾恩弗兰科·波齐:《近代国家的发展——社会学导论》,沈汉译,商务印书馆1997年版,第31页。

② Roger King, *The State in Modern Society: New Direction in Political Sociology*, London: Macmilian Education LTD., 1986, pp. 33 - 35, 39 - 43.

③ [美] 塞缪尔·P. 亨廷顿:《变化社会中的政治秩序》,王冠华等译,生活·读书·新知三联书店1989年版,第19、179、7页。

④ Remonda Bensabat Klenberg and Janine A. Clark, *Economic Liberalization, Democratization and Civil Society in the Developing World*, New York: Palgrave, 2000, pp. 20 - 25.

对现代社会来说，国家显然是必不可少的。但若任由国家权力扩张，就如同开启潘多拉的盒子，许多问题也会随之涌现。

第一，国家压制和支配社会。当国家自主性增强，权力积累到一定程度，它就将拥有压制甚至支配社会的能力，而社会生活一旦为国家所左右，社会便会被推挤、压缩到极小空间。奥唐奈尔对拉丁美洲威权主义国家自主性获得过程的考察结论是：这一过程往往伴随国家削弱社会政治参与能力，排除社会力量对其的威胁，进而实现政治资源垄断的过程。①

第二，国家权力偏离或背离公共利益。对西方各国而言，国家自主性的变更，正如斯金纳所言，在一定程度上表现为"特权者地位与统治"的变更。对15世纪的思想家来说，"他们的主要关注点在一个更基本也更紧迫的政治问题：如何维持其作为现有领土的强有力的统治者的身份和地位"。② 当西方国家进入绝对主义国家时期，这一迹象表现得更为突出，正如罗杰·金所看到的，主权实质性地体现为君主的个人统治，而统治者则不受法律权威的限制，因此，国家自主性就表现为君主或国王对国家权力的个人垄断。③ 此时的个人利益与公共利益的偏离程度，是可想而知的。进入当代社会，这一情形有所改观，此时的利益偏离不再体现于统治者个人与公共利益之间，而是体现在整个利益集团与公共利益之间。一个强大却只对自己利益负责的官僚体系，其后果是不难想象的。

第三，国家权力膨胀。在现实政治中，国家自主性增强很容易导致权力膨胀、假公济私、损公肥私，而在诸多腐败现象中，最为常见的莫过于权钱交易。巴林顿·摩尔曾专门分析过一种特

---

① Guillermo O'Donnell, "Reflections on the Patterns of Chang in the Breaucratic-Authoritaranism State", *Latin American Review*, Vol. 12, No. 1, pp. 3–38.

② Quentin Skinner, *Visions of Politics*, Vol. 2, *Renaissance Virtues*, New York: Cambridge University Press, 2002, p. 374.

③ Roger King, *The State in Modern Society: New Direction in Political Sociology*, London: Macmilian Education LTD., 1986, pp. 33–35, 39–43.

殊的权钱交易形式即卖官鬻爵，他发现"官位出售的根源在于国王至贵族的独立性，以及不受任何国会的控制"。① 这一分析深刻揭示了国家自主性无限发展的内在矛盾。这一矛盾突出体现在部分国家的政治发展进程：威权主义国家以强大的政权为后盾，掌权的公权部门掌控所有社会资源，官僚机构以及官员手中的权力自然无所约束，腐败也就随之产生。冈纳·缪尔达尔对东南亚"软政权化"现象的研究，有力地例证了没有制约的官僚政治与随意的行政控制所带来的严重后果。②

由此看来，国家自主性虽然离不开强大的国家权力的支撑，但若任其发展下去，无限扩张的国家权力势必将国家和社会陷入困境和危机之中。③ 对此，密尔的担忧至今仍值得人们思考："它不惜牺牲一切而求得机器的完善，由于它为求机器较易使用而宁愿撤去机器的基本动力，结果将使它一无所用。"④

二 国家权威合法性的限度

按照萨托利的观点，权力与权威分属物质与精神两个层面，前者是现实存在的强制能力，后者是注重价值的信仰体系。⑤ 换句话说，权威是权力的非强制性服从。对国家来说，如果它能有力回答人们为何要服从它的权力且这一回答为人们所认可，就说明国家具有权威，具有合法性。

在西方政治思想史中，国家权威或合法性是基本命题。正如

---

① [美] 巴林顿·摩尔：《民主和专制的社会起源》，拓夫、张东东等译，华夏出版社1987年版，第44—45页。

② [瑞典] 冈纳·缪尔达尔：《世界贫困的挑战——世界反贫困大纲》，顾朝阳等译，北京经济学院出版社1991年版，第198页。

③ Joel S. Migdal, *State in Society: Studying How States and Societies Transform and Constitute One Another*, Cambridge: Cambridge University Press, 2001, pp. 72-79, 62-71.

④ [英] 约翰·密尔：《论自由》，许宝骙译，商务印书馆1959年版，第125页。

⑤ [美] 乔·萨托利：《民主新论》，冯克利等译，东方出版社1993年版，第190—194页。

斯科特·戈登所言："考虑国家的权威如何行使，自古至今一直是政治学的核心问题。"①

马克斯·韦伯最早对国家合法性进行了系统论述。他着眼于政治统治，认为"各种真正的统治形式，都意味着最起码的服从意愿，亦即服从的兴趣"，而这种意愿恰是国家合法性的根基。韦伯分别以传统、超凡魅力和理性为合法性依据，详细划分了存在于世袭君主制国家时期的传统权威、存在于前理性时代的魅力权威和存在于现代国家的合理权威。这一论断具有开创性意义，对后世影响较大。帕森斯在韦伯的基础上，进一步区分了权威与合法性，认为合法性是判断权威模式的核心内容，并据此提出划分权威模式的标准。②

自帕森斯始，西方学者对合法性的探讨一度停留在韦伯合法性理论的框架内，未有较大突破。艾森斯塔德甚至认为，韦伯的理论框架足以理解合法性及相关问题，无须再作详细分析。他将合法性理解为"基于某些社会共同价值而对统治者及其活动的拥护，以及对特定统治者的认定"，③与韦伯相比，这一概念显得平淡无奇。一直到阿尔蒙德，虽然他对使用"国家"还是"政治体系"概念颇为纠结，但对合法性的思考却有两处重大推进：其一，将政权的合法性与政治领袖人物的合法性区分开来，前者的合法性甚至更为重要，"即便公民或是如文官和军官那样的重要精英人物对在政权中的某些人有反感，或对其政策有不同看法，他们也可能仍然支持这一政权"。④其二，政治文化的变迁

---

① ［美］斯科特·戈登：《控制国家——西方宪政的历史》，应奇、陈丽微、孟军、李勇译，江苏人民出版社2001年版，第8页。
② ［美］帕森斯：《现代社会的结构与过程》，梁向阳译，光明日报出版社1988年版，第139—154页。
③ ［美］S.N.艾森斯塔德：《帝国的政治体系》，阎步克译，贵州人民出版社1992年版，第11页。
④ ［美］加布里埃尔·A.阿尔蒙德、小G.宾厄姆·鲍威尔：《比较政治学：体系、过程和政策》，曹沛霖等译，上海译文出版社1987年版，第40、101—108、24页。

对国家合法性的影响不容忽视。

相比较而言，西方马克思主义对合法性理论的探讨值得关注，尤其是意识形态对国家合法性的意义。无论是葛兰西的文化霸权论、卢卡奇的物化意识论，还是马尔库塞的技术统治论，都从不同侧面剖析着意识形态。波朗查斯极为关注统治阶级的意识形态，提出在分析国家的合法性时，"不能低估主要依靠统治阶级意识形态的那些合法性的存在"。① 密里本德则注意到了国家合法性过程中媒体的意识形态功能。② 而对国家合法性理论贡献最大的，当属哈贝马斯。他将合法性定义为"某种政治秩序被认可的价值"，明确主张要把"合法性要求"与"合法化"区分开来，国家的合法性不是自然形成的；国家若没有合法化的过程，其合法性是无法保证的，"在不求助于合法化的情况下，没有一种政治系统能成功地保证大众的持久性忠诚，即保证其成员意志服从"。③ 哈贝马斯对合法化实现过程的强调，为现代国家合法性问题拓宽了思路，为现代国家合法性理论提供了新内容。

20世纪上半叶席卷全球的民主化浪潮，实质推动了民主理论的发展，一些学者开始关注国家合法性问题。其中的代表性人物是李普塞特。他建议将合法性与有效性有机结合，"即使一种政治制度具有合理的有效性，如果在任何时候主要保守群体的地位受到威胁，又在关键时期新兴群体被剥夺参与政治的机会，该制度的合法性仍将成为问题"。④ 这一分析框架理顺了政治制度、

---

① ［希腊］尼科斯·波朗查斯：《政治权力与社会阶级》，叶林、王宏周、马清文译，中国社会科学出版社1982年版，第284—285、246页。
② ［英］拉尔夫·密里本德：《资本主义社会的国家》，沈汉、陈祖州、蔡玲译，商务印书馆1997年版，第222—225页。
③ ［德］尤尔根·哈贝马斯：《交往与社会进化》，张博树译，重庆出版社1989年版，第184、189页。
④ ［美］西摩·马丁·李普塞特：《政治人：政治的社会基础》，张绍宗译，上海人民出版社1997年版，第56页。

合法性和有效性之间的关系，对于发展中国家更具借鉴意义。赫尔德也提出，现代民主制国家合法性的根基主要源自民众的意愿，"人们之所以遵守和服从统治和法律，是因为他们的确认为统治和法律是正确的并值得尊敬"，这意味着，"合法的政治秩序就是被国民规范性认可的秩序"①。

通过以上的分析可以看出，国家的合法性往往与以下要素相关。

第一，国家合法性表现为特定的信仰体系。在李普塞特看来，政治传统的延续、民族国家的认同、国家制度的信赖与支持、对政治人物的情感以及对政府行为的评价等内容均属于政治文化的内涵要素，这些要素的结合最终构成公民特定的信仰体系，这些恰是信仰体系的基础，"测试合法性的主要方法，是看那个国家已经培养起一种共同的'长期延续的政治文化'的范围"②。

第二，国家合法性代表着特定的权责关系。国家合法性意味着国家拥有正当的支配性权利，这种权利资格来源于其对社会所尽的义务，也需要社会服从国家权威作为回应。正如戴维·比瑟姆所说："合法性的权力或权威具有要求其部属服从的权利，甚至在其部属未必同意一项特定法律与指令内容的情况下；而且，其部属也有相应的服从义务。"③ 詹姆斯·科尔曼则根据支配者的权力与被支配者的利益一致与否，进一步概括出"共同的"和"分离的"两种权威关系："在共同的权威关系中，支配者的命令体现被支配者的权利。在分离的权威关系中，只有额外补偿才能保证被支配者的利益获得满足。"④ 这意味着，社会成员对国

---

① [英]戴维·赫尔德：《民主的模式》，燕继荣等译，中央编译出版社2004年版，第315—316页。
② [美]西摩·马丁·李普塞特：《政治人：政治的社会基础》，张绍宗译，上海人民出版社1997年版，第56页。
③ David Beetham, *The Legitimation of Power*, London：MacMillan Education LTD., 1991, p.26.
④ [美]詹姆斯·S.科尔曼：《社会理论的基础》（上），邓方译，社会科学文献出版社1990年版，第79—81页。

家权威的服从不是绝对的、无条件的；国家权威也需要一定的制度保护，用以确立和维持国家权威所包含的权利与义务。人们之所以选择服从义务，正是因为：其一，国家权威能够公正地代表公共利益；其二，公共利益能够满足人们的权利要求。一旦人们对以上两点中的任何一点产生怀疑，服从就会成问题。

第三，国家合法性借助特定的合法化进程实现。哈贝马斯认为，合法化是构成社会认同的各种价值的实现方式，合法化的过程离不开国家对社会施加影响，其最终目标就是促使社会认同国家权威。阿尔蒙德对合法化的途径和方式极为关注，他的结论是：家庭、聚居区、教会、学校、工作场所、社团组织、大众传媒、政党、利益集团、立法机关、行政机关和司法机关等，都影响着人们的价值和信仰，支配着人们的行为方式。[1] 价值体系与信仰体系的成熟程度、公民对国家权威的认可程度，以及国家合法化实现的有效程度，都直接影响着国家权威的合法性程度，从而决定国家权威的限度。

当代国家的现实发展表明，国家权威呈明显上升趋势。如果权威增长不加节制，国家就很难维系社会的认同与服从，国家权威必然面临合法性危机。作为观察发展中国家合法性问题的权威专家，亨廷顿针对发展中国家社会发展普遍缺乏"政治上的共同体和有效能的、有权威的、合法的政府"这一现象，极力倡导建立一个拥有强大权威的政府。他的依据是："人当然可以有秩序而无自由，但不能有自由而无秩序。必须先存在权威，而后才谈得上限制权威。"[2] 20世纪90年代后，威权主义国家普遍遭遇危机，这又促使他开始警惕树立权威优先于限制权威这一策略所带来的种种弊端，于是他又开始主张限制国家权威。由此可以看

---

[1] ［美］加布里埃尔·A.阿尔蒙德、小G.宾厄姆·鲍威尔：《比较政治学：体系、过程和政策》，曹沛霖等译，上海译文出版社1987年版，第40、101—108、24页。

[2] ［美］塞缪尔·P.亨廷顿：《变化社会中的政治秩序》，王冠华等译，生活·读书·新知三联书店1989年版，第19、179、7页。

出,国家权威无论不足抑或过剩,都有可能导致国家权威出现合法性危机。国家权威只有处于合法性的合理限度内,才是合法的和正当的。

从某种意义上讲,合法性就是社会对于国家的限制。没有社会的支持,国家权力就变得毫无权威可言;而国家权威要想获得社会的认同并取得合法性,就必须控制在一定的界限内,不能为所欲为。

三 国家能力有效性的限度

国家权力自主性适度而平衡,国家权威合法性稳定而持久,对现代国家来说固然重要,但这只是一种方式和手段,其终极目标是实现国家所代表的公共利益。人们更关心的是,国家权力和权威能在多大程度上实现国家的目标。这就涉及国家能力及有效性问题。

西方理论界较早系统阐释国家能力问题的是马克斯·韦伯。韦伯将国家能力界定为国家合法使用独占性权力进行活动的能力,是以国家政治统治能力和政治管理能力为基础的国家治理能力（governability）,制定法律、保护个人安全和公共秩序、保护财产权、谋求公共福利和文化利益等都属于国家能力的范围。[1]奥托·海因兹也极为关注国家的能力问题,但他更强调国家与社会的互动,因此,他将国家视为一个借助对领土范围内人口的保护、统治和管理,影响社会财产分配和社会结构分化的制度体系,社会分层、财产制度、军事力量等社会因素对国家权限和能力影响较大。[2]

---

[1] [德]马克斯·韦伯:《经济与社会》(上卷),林荣远译,商务印书馆1997年版,第82—83页。

[2] Otto Heinz, "The State in Historical Perspective", Reinhard Bendix ed., *State and Society: A Reader in Comparative Political Sociology*, Berkeley: University of California Press, 1973, pp. 154-156.

20世纪中叶以后,行为主义政治学异军突起,西方国家理论在结构—功能主义的诠释下愈加异彩纷呈。帕森斯认为,制度体系的存在,使国家有可能控制不同利益间的矛盾和冲突,促进不同群体间的沟通与互动,此时国家的整合能力非常关键。① 从这个意义上讲,国家能力其实就是"用于实现集体目标利益的社会系统的能力",政治制度是影响其作用发挥的重要因素,因此可以用"权力"取代"国家能力"。② 戴维·伊斯顿更为激进些,国家被他的"政治体系"无情取代,国家活动被符号化为政治体系的输出过程,国家能力的强弱也被转换为政治体系输出指标效果的好坏。与这一理论类似,卢西恩·派伊则从行政管理的角度直接将政治体系的能力简化为政府制定政策的数量和范围、政府执行政策的效率与效能、行政管理的理性化程度和政策世俗化取向三大方面。③ 阿尔蒙德也将国家视为政治体系,他将国家能力理解为政治体系对环境的适应能力:政治体系能力的发挥水平和程度必然受其所置身的环境的影响;反过来,"一个结构上分化、文化上世俗化的政治体系,将日益增强其影响国内外环境的能力"。④ 与强调政治体系的被动的适应力相比,艾森斯塔德更倾向从主动的"容纳变迁能力"分析国家能力,掌握核心权力的政治领袖的合作协同、寻求支持、获取并调配资源、缓解利益冲突以及建立健全制度体系的能力无一不影响着国家能力发挥的水平与程度。⑤

---

① [美]帕森斯:《现代社会的结构与过程》,梁向阳译,光明日报出版社1988年版,第148—149页。

② [美]T. 帕森斯:《社会行动的结构》,张明德、夏遇南、彭刚译,译林出版社2003年版,第735—737页。

③ Lucian W. Pye, *Aspects of Political Development*, Boston: Little, Brown and Company, 1966, pp. 46 - 47.

④ [美]加布里埃尔·A. 阿尔蒙德、小G. 宾厄姆·鲍威尔:《比较政治学:体系、过程和政策》,曹沛霖等译,上海译文出版社1987年版,第40、101—108、24页。

⑤ [美]S. N. 艾森斯塔德:《现代化:抗拒与变迁》,张旅平等译,中国人民大学出版社1988年版,第68—70页。

20世纪60年代末，随着各种社会问题浮出水面，围绕国家能力界限问题，新制度主义与公共选择学派之间展开了激烈的交锋。

新制度主义代表人物之一的缪尔达尔认为，国家能力表现为能否促进政治、经济、社会等因素的良性循环。在对东南亚各国政治发展进行长期研究的基础上，他将国家能力进一步具体化为法律遵守和政策执行的状况、人民承担责任的政治动员和政治参与状况，并提出，为避免出现南亚各国的"软政权"现象，应大力加强国家有效性，而福利国家则是与"软政权"相对的理想状态。[1] 这一主张引起了公共选择学派的猛烈批判。与新制度主义相比，公共选择学派更强调政府干预的局限性和缺陷，因此也就更为关注国家能力的有限性问题。布坎南的国家"经济人假设"认为，市场中的每个人都依凭成本—收益原则考量行为，追逐利益，个人如此，国家也不例外。[2] 由于国家的政治活动不会自动代表公共利益，国家的干预也不必然追求公共利益，因此，国家能力的增强并不必然意味着国家谋求公共利益能力的增强。诺思则在"经济人假设"的基础上提出国家行为的内在悖论：国家的本质是追逐利益的组织，统治阶层福利或效用最大化与国家应当代表的公共利益之间的冲突与矛盾，是国家难以回避的"诺思悖论"。[3] 由于诺思极为关注国家与产权制度的内在勾连，因此他将国家能力定义为一种"暴力潜能"，这种潜能能否平等分配取决于产权效率和政治统治控制力，这两大因素合起来又直接影响经济的绩效。

毋庸置疑，对现代政治生活来说，国家能力是确保秩序、稳

---

[1] [瑞典]冈纳·缪尔达尔：《亚洲的戏剧——南亚国家贫困问题研究》，方福前译，首都经济贸易大学出版社2001年版，第270—274页。

[2] [美]詹姆斯·M. 布坎南：《自由、市场和国家：20世纪80年代的政治经济学》，吴良健、柔伍、曾获译，北京经济学院出版社1988年版，第23—25页。

[3] [美]道格拉斯·C. 诺思：《经济史中的结构与变迁》，陈郁、罗华平译，上海三联书店、上海人民出版社1994年版，第25页。

定和发展的必要条件和核心前提。无论强调国家的暴力本质、政治决策、资源控制，还是强调政策效力、行政管理、制度规范，综合来看，国家能力的实质就是国家的政治治理能力，具体表现为控制力、规范力、汲取力和创新力。

国家能力的增长，为国家实现自身目标带来了有利的条件，但国家能力的增长有一定的合理界限，越过了这一界限，就会导致国家行动的无节制，进而使国家失去有效性。在查尔斯·沃尔夫看来，正如市场自身的缺陷会导致市场失败一样，国家自身也存在诸多缺陷，这些缺陷决定了国家能力的有限性，如果超越了相宜的界限，国家就有失效的危险。[1]

第一，政策低效的危险。从现实政治的角度来看，国家能力的增长是社会需要的结果，但过于追逐社会需求，国家容易超出负荷。奥尔森提醒世人，简单而无节制地满足社会不同集团的需要，这是造成国家规模超大、权限膨胀的重要原因。随着国家能力超出限度，国家行动范围必然随之扩张，与之相伴的是对资源需求的增长。结果是，国家对社会资源的欲求与汲取远超社会自身的应付能力，这时国家行动的整体就会大打折扣。[2] 换句话说，国家行动能力越强，国家政策失效的可能性就越大。缪尔达尔分析南亚国家的能力时发现，政府总是试图通过国家干预来影响企业的行为，一方面，"超出实际限度以外引导企业，就使得有可能用行政随意性控制的巨大官僚体制来治理它"；另一方面，这些"相互矛盾的控制的广泛存在意味需要更多的控制"。[3] 如此循环下去，不仅社会经济发展毫无建树，国家行动的成本也大大提高。与国家能力超限发展导致"软政权"产生的南亚形成鲜明

---

[1] [美]查尔斯·沃尔夫：《市场或政府——权衡两种不完善的选择/兰德公司的一项研究》，谢旭译，中国发展出版社1994年版，第51—88页。

[2] [美]曼库尔·奥尔森：《国家兴衰探源——经济增长、滞胀与社会僵化》，吕应中等译，商务印书馆1993年版，第76—86页。

[3] [瑞典]冈纳·缪尔达尔：《世界贫困的挑战——世界反贫困大纲》，顾朝阳等译，北京经济学院出版社1991年版，第120、132页。

对比的，是东亚威权主义国家的经济成就。相关研究表明，东亚各国的发展绝非国家能力超限发展的结果，而恰恰是国家有限行动确保政策执行的效率、维护经济发展环境、提高社会适应能力的功劳。

第二，社会被压制的危险。当密尔从政府维持个人权利与自由的角度出发作出如下论断时："一切政府的活动，只要不是妨碍而是帮助和鼓舞个人的努力与发展，都是不厌其烦的。"① 他一定没有预料到会有那么一天：国家权力的触角蔓延到社会的各个角落，政府确立的目标阻碍着个人与群体的个性的发展，社会沦为国家的工具并在国家束缚下亦步亦趋。而托克维尔却早早看到了国家行动对社会的虎视眈眈。分析法国绝对主义国家时期的国家和社会关系时，他评论道，由于政府的独断专行，使得"公民们四分五裂，闭关自守，王权四处扩展，强大有力"，② 但遗憾的是，国家根本不知权力的准确限度，它的行动范围广大得"将一切权利的界限都掩盖起来，它分布在一切权利周围，有利于国王剥夺臣民自由的企图"……③而更为可怕的结果是，社会依赖政府或需要政府协办一切事情，从事业的成功到衣食住行，直至社会福利。还有学者通过对部分第三世界国家的研究，揭示了国家权力强化与国家能力超限的后果：首先，国家权力日益集中于少数集团和国家管理者之手，民族资产阶级和大众阶层势力薄弱；其次，各种社会需求都将目标指向国家要求权利合法化，国家无法协调，社会内耗加剧；最后，国家规制经济资源能力的加强，使国家主义政策浮出水面。④

第三，权力寻租的危险。布坎南较早使用"寻租"概念来指

---

① ［英］约翰·密尔：《论自由》，许宝骙译，商务印书馆1959年版，第125页。
② ［法］托克维尔：《旧制度与大革命》，冯棠译，商务印书馆1992年版，第146、147页。
③ 同上。
④ Lee Su-Hoon, *State-building in the Contemporary Third World*, Boulder: Westview Press, 1988, pp. 164–166.

代腐败。在他看来，所谓"寻租"就是指寻求国家管制行动所带来的差价收入即租金的活动，因此，寻租行为往往与国家在经济生活中的范围和领域密切相关。只要国家的管制行为存在，包括政府配额、批准、同意、特许权分配等稀缺资源就会产生，而这种稀缺就意味着租金的潜在出现。对此，缪尔达尔的分析一针见血："行使行政随意性控制的官员和政治家在这种控制的维持和进一步扩大中有着既得的利益。"[①] 奈杰尔·哈里斯则注意到东亚及拉美新兴工业化国家中"地下经济"的存在与腐败的关系："由于腐败而产生的地下经济，使许多官员损公肥私，给国家造成了巨大的损失。"[②]

虽然，由国家能力超限而导致的问题绝不止于此，但这些问题足以说明下面的观点：应将国家的能力约束在合理的界限中，超限的国家能力是随时可能引爆国家失效的定时炸弹。

拓展阅读

1. ［希腊］尼科斯·波朗查斯：《政治权力与社会阶级》，叶林、王宏周、马清文译，中国社会科学出版社 1982 年版。
2. ［美］S. N. 艾森斯塔德：《帝国的政治体系》，阎步克译，贵州人民出版社 1992 年版。
3. ［美］塞缪尔·P. 亨廷顿：《变化社会中的政治秩序》，王冠华等译，生活·读书·新知三联书店 1989 年版。
4. ［美］巴林顿·摩尔：《民主和专制的社会起源》，拓夫、张东东等译，华夏出版社 1987 年版。

---

① 参见《经济社会体制比较》编辑部《腐败：权力与金钱的交换》，中国经济出版社 1993 年版，第 53 页。

② ［英］奈杰尔·哈里斯：《第三世界的裂变》，季业宏、李玉琳译，改革出版社 1991 年版，第 221 页。

5. ［瑞典］冈纳·缪尔达尔：《世界贫困的挑战——世界反贫困大纲》，顾朝阳等译，北京经济学院出版社 1991 年版。

6. ［美］斯科特·戈登：《控制国家——西方宪政的历史》，应奇、陈丽微、孟军、李勇译，江苏人民出版社 2001 年版。

7. ［英］拉尔夫·密里本德：《资本主义社会的国家》，沈汉、陈祖州、蔡玲译，商务印书馆 1997 年版。

8. ［美］詹姆斯·S. 科尔曼：《社会理论的基础》（上），邓方译，社会科学文献出版社 1992 年版。

9. ［美］道格拉斯·C. 诺思：《经济史中的结构与变迁》，陈郁、罗华平译，上海三联书店、上海人民出版社 1994 年版。

10. ［美］查尔斯·沃尔夫：《市场或政府——权衡两种不完善的选择/兰德公司的一项研究》，谢旭译，中国发展出版社 1994 年版。

11. ［美］曼库尔·奥尔森：《国家兴衰探源——经济增长、滞胀与社会僵化》，吕应中等译，商务印书馆 1993 年版。

12. 时和兴：《关系、限度、制度：政治发展过程中的国家与社会》，北京大学出版社 1996 年版。

13. Christopher W. Morris, *An Essay on the Modern State*, Cambridge: Cambridge University Press, 1998.

14. Theda Skocpol, *State and Social Revolution: A Comparative Analysis of France, Russia, and China*, Cambridge: Cambridge University Press, 1979.

15. Roger King, *The State in Modern Society: New Direction in Political Sociology*, London: Macmilian Education LTD, 1986.

第十三讲 "回归国家"学派的国家能力理论

二战后,随着世界范围内殖民体系的崩解,独立国家如雨后春笋般涌现,其中相当一部分在20世纪后半叶"第三波"民主化浪潮中实现了由非民主向民主体制的转型。出乎意料的是,以西方发达国家为范本、强大而统一的民族国家以及快速的经济发展和工业化进程不仅没有实现,国家动荡、政治分裂、经济倒退、社会混乱等乱局反而屡见不鲜。对此,持线性发展观的传统现代化理论束手无策,一度占据主流地位的行为主义政治学和各色"社会中心主义"理论同样无能为力。在此背景下,"回归国家"学派应运而生。① 这一学派以国家自主性、国家能力为切入点,强调国家的主体地位,重视国家的权力功能,借助"大政府""强国家"的建构路径回应现实需求。"回归国家"学派问

---

① "回归国家"学派一称,源自1982年2月在纽约基斯科山举办的"国家理论在当前研究中的应用"会议。与会学者中的西达等人在会后又进行了进一步的学术讨论,其成果结集为《找回国家》一书,这本论文集也被视为"回归国家"学派诞生的标志。"回归国家"学派的主要成员,公认的包括《找回国家》的三位编著者西达·斯考切波(Theda Skocpol)、迪特里希·鲁施迈耶(Dietrich Rueschemeyer)、彼得·埃文斯(Peter Evans),推动国家研究回潮的早期践行者查尔斯·蒂利(Charles Tilly),以及斯蒂芬·克拉斯纳(Stephen Krasner)、阿尔弗雷德·斯捷潘(Alfred Stepan)、彼得·卡岑斯坦(Peter Katzenstein)、埃里克·诺德林格(Eric Nordlinger)、雷恩哈德·本迪克斯(Reinhard Bendix)、贾恩弗朗哥·波齐(Gianfranco Poggi)、乔尔·米格代尔(Joel Migdal)等人。

世良久，但其试图解决的问题依然存在，这些问题甚至因晚近"颜色革命"而愈演愈烈，更加凸显全面爬梳和深度探析"回归国家"学派及其国家能力理论的必要与迫切。

一 自主性与国家能力

研究美国外交政策的制定过程时，克拉斯纳认为，主要的行动者和行动机构是总统、国务卿以及各自所领导的白宫和国务院，他们在行动时往往能有效抗拒来自社会的压力，保持高度的"绝缘"或"隔离"状态，国家因此在外交领域能够比在国内政策上拥有更大的自主性。[①]"隔离"也就成为"国家中心主义"诸学者所理解的国家自主性和国家能力变化的主要影响机制。"国家中心主义"的理论家们研究国家能力时具有两个逻辑出发点：一是坚持以国家为中心的研究视角；二是继承了韦伯式的强国家形象——它过于凸显国家对社会的主导作用，社会对国家的反作用受到低估，社会所扮演的角色具有被动性。这二者结合起来就使得"国家中心主义"将国家自主性作为研究国家能力问题的分析框架。而"隔离"程度事实上也就等同于国家自主性的强度。

"回归国家"学派对国家自主性的理解是建立在"国家中心主义"研究路径基础之上的，与社会中心论认为国家意志仅仅是多元社会势力之利益的反映的观点不同，斯考切波发现国家同样会确立并追求与社会势力的要求不同的目标，国家行为的这一特

---

① ［英］迈克尔·曼：《社会权力的来源》（第二卷），陈海宏等译，上海人民出版社2007年版，第58页；［美］西达·斯考切波：《找回国家》，载［美］彼得·埃文斯、迪特里希·鲁施迈耶、西达·斯考切波编著《找回国家》，方力维等译，生活·读书·新知三联书店2009年版，第16页。

征被称为"国家自主性"。① 而对国家自主性进行系统研究的学者诺德林格则主张"将一个国家产生的大量自我偏好视为自主性是没有多大意义的,除非它能够实践这些偏好",② 即国家具有自主性的标志不仅在于国家具有主观自我意志,更在于采取了实际行动以贯彻自我意志。

在斯考切波看来,国家能力与国家自主性目标的形成密切相关,因为国家官员往往在选择行动目标时围绕可操作手段进行"量体裁衣"。她认为,国家能力的来源或基础在于四个方面:"主权完整与国家对特定领土稳定的行政—军事控制、忠诚且有技能的官员与丰富的财政资源。"③ 就前两方面而言,这是对韦伯式国家观的自然解读,当满足主权完整和对特定的领土稳定的行政—军事控制时,韦伯意义上的理想型国家就建构起来,它的典型特征就是"加足了马力",④ 能力强大。正如迈克尔·曼所言,国家本身就导向一定疆域内集中权力的趋势和潜能。⑤ 就国家能力来源的分类而言,这两个方面可以被恰当地称为国家能力的主体性来源。

从历史制度主义的视角出发,国家权力来源的人力资源部分很大程度上孕育于一国制度变迁的缓慢过程中,例如若建构出一套合理稳定的政府组成人员流动、吸纳机制,就能在政府机关和私人行业间形成良性的人力资源循环机制。但如果这种稳定、合

---

① [美]西达·斯考切波:《找回国家》,载[美]彼得·埃文斯、迪特里希·鲁施迈耶、西达·斯考切波《找回国家》,方力维等译,生活·读书·新知三联书店2009年版,第10页。
② [美]埃里克·A. 诺德林格:《民主国家的自主性》,孙荣飞、朱慧涛、郭继光译,江苏人民出版社2010年版,第23页。
③ [美]西达·斯考切波:《找回国家》,载[美]彼得·埃文斯、迪特里希·鲁施迈耶、西达·斯考切波《找回国家》,方力维等译,生活·读书·新知三联书店2009年版,第21页。
④ [美]乔尔·S. 米格代尔:《社会中的国家:国家与社会如何相互改变与相互构成》,李杨、郭一聪译,江苏人民出版社2013年版,第15页。
⑤ [英]迈克尔·曼:《社会权力的来源》(第二卷),陈海宏等译,上海人民出版社2007年版,第64页。

理的精英循环系统没有能够在工业化早期建立起来，受制于路径依赖的弊害，也很难在后期通过改革的方式加以重构。对国家能力有重大影响的财政资源主要表现为政府岁入和公债的规模。由于在斯考切波这里国家处于国际与国内社会的接合面，因此国家财政资源的获取取决于国家组织与国内势力及国际势力的谈判能力，而对财政资源的使用也受到这两方面的影响，对国外援助的有选择性接收，对财政资源在不同政策领域的调控等，都影响到国家能力的发挥。

在斯考切波系统运用"国家中心主义"路径的革命研究中，她认为之前的革命理论在本质上都是社会中心论的翻版，忽视了政治结构和政治情势对革命发展的决定性影响，也即忽视了国家自主性。在斯考切波看来，强调社会而非国家作为革命爆发的策源地，高估了社会大众的影响力。但事实上，大众常常是冷漠的、边缘化的，习惯于对既有统治权威的默认与接受。而真正发挥决定性作用的，正是在政治上最有权力、有共享的内部目标且能够有效采取集体行动的少数人，这些人往往是现存政权自己的成员。支撑这一结论的明显证据就在于当一个国家的行政和强制组织内部结构稳定、有效时，它往往能有效压制大众反叛，克服革命危机。[1] 换言之，一个自主性很强的国家通常也具有很强的抵抗来自国际和社会本身攻击的国家能力。

探讨作为主要案例的中法俄三国革命爆发前后的国家表现时，斯考切波从国内社会结构和国际环境的视角出发，认为中法俄三国所共同具备的特点是由于国家精英对外受国际竞争和国际势力的干预，国内因土地问题而深深卷入与农民等社会群体的阶级矛盾。作为其结果，国家实现其目标的能力受到削弱，当国家自身遭遇来自国内外的压力时，由于无法充分调动所掌控的各种

---

[1] ［美］西达·斯考切波：《国家与社会革命：对法国、俄国和中国的比较分析》，何俊志、王学东译，上海人民出版社2007年版，第32—33页。

资源，只能在愈演愈烈的革命形势中走向崩溃。与之进行对比的日本、普鲁士则避免了这一问题，政治精英摆脱了与社会势力的勾连，变成一个独立性较高的封闭集团，故而在面对国内外挑战时，更容易达成集体行动的意愿，增强战胜危机的能力。这一案例强烈地暗示了国家自主性——国家相对于社会的隔离程度——影响甚至决定了国家能力的强弱。

不难看出，斯考切波对国家能力的理解可以归纳为这样三点：首先，国家能力的源泉在于国家自身的组织结构和资源中，一个构造良好、形态完备、富有凝聚力的国家天然具有较强的国家能力。其次，国家自主性也即国家相对于社会的"隔离"程度与国家能力成正相关，国家自主性空间越大，国家能力越强。这两点在逻辑上紧密相关，正因为国家本身就是国家能力的来源，故而当国家有效抵御社会对国家结构的渗透与瓦解时，就能保证主体性国家能力的生成，其外在表现就是国家自主性高也会带来较高的国家能力。最后，国家组织由政治精英构成，故而国家自主性等同于官僚组织尤其是组成官僚机构的政治精英的自主性。但是，在迈克尔·曼看来，斯考切波混淆了精英自主性与国家自主性的区别，前者是精英个人所行使的个别权力，而后者则与稳定的制度相关联，是一种衍生自制度的集体权力。所以，斯考切波所说的情形只适用于近代早期的绝对君主制国家，在那里，君主的个别权力与国家的集体性权力有很大的重合。

当然，斯考切波本人的思想也在不断发展与流变，在《找回国家》论文集的多篇文章中，她的论点就显现出变化的征兆：在对英国财政部的研究中，斯考切波也认识到国家机构的自主性与国家能力之间存在更加复杂的关系，权力极大的财政部由于具备较高程度的自主性反而阻碍了英国政府促进经济发展的能力（事实上，斯考切波的这个论证并不完全正确，因为英国财政部本身的自主性恰恰损害了作为整体的英国政府的自主性，这反而构成对斯考切波最初观点的有力支持，即较低的国家自主性也会导致较低的国家能力)。斯考切波在《找回国家》论文集的结论部分通过对各位作者的理论进行梳理和点评,实际上已经吸收了其中的有益成分,并加以补充甚至修正了自己早期关于国家能力和国家自主性的相关观点,并提出了进一步研究的思路。但遗憾的是,斯考切波本人并未在后来的研究中深入推进自己的思考,故而其国家能力研究的薄弱之处也未得到及时弥补,米格代尔也正是据此对斯考切波等人提出了有针对性的批评,并对其疏漏之处作出了更加细致的研究。

虽然"国家中心主义"理论家们普遍认同"隔离"机制对国家能力的影响并由此站在国家自主性的角度看待国家能力问题,但他们关于国家自主性与国家能力之间关系的看法存在差别,一些学者并不认同二者仅仅成正相关的论点。在鲁施迈耶和埃文斯对工业化国家——包括发达国家和"半边缘"国家——推动资本主义经济转型的研究中发现,国家自主性与国家能力虽然通常存在相互强化的关系,但是在某些情况下也会产生相反的效果。他们的研究是从探索国家能力的来源开始的。鲁施迈耶和埃文斯同样意识到了国家能力的影响因素处于国家与社会复杂的互动关系中,包括两个层次:一是国家自身结构所蕴含的潜能;二是来自社会势力对国家的渗透和压力。因此,一个强国家必定具有两方面的特征:一是具备有效的韦伯式官僚机器;二是能成功抵御社会势力的影响。鲁施迈耶和埃文斯认为韦伯式的官僚组织,即理性化程度高、内部凝聚力强的官僚机器,能够有效组织起大规模的行政活动,而这是国家干预经济能力的必要条件,"一套有效的官僚机器是解开国家干涉能力之谜的钥匙"。[1] 因此,强化国家能力的第一步就是要建构起行之有效的官僚机器。在官僚机器内部,职位所带来的理性化和专业化趋势会培育出公

---

[1] [美]迪特里希·鲁施迈耶、彼得·埃文斯:《国家与经济转型》,载[美]彼得·埃文斯、迪特里希·鲁施迈耶、西达·斯考切波《找回国家》,方力维等译,生活·读书·新知三联书店2009年版,第69页。

职人员共享的集体主义精神，强化共同的行动意识，并有助于以集体性视角克服单个公职人员在政策上的短视，从而保证政策的长期稳定。

由于鲁施迈耶和埃文斯一开始建立的假设是国家自主性与国家行为的有效性成正相关，因此，出于强化国家能力的目的，他们认为必须要保证国家具有一定的行动自主性，而这就要求在社会结构上主导阶级内部发生分裂，如同拉丁美洲的案例所揭示的那样，城市和工业的兴起使得原本以农业精英为主的精英结构发生裂变，而工业精英本身也存在国内资本和国际资本的分殊，与之相对的国家就因对手的分裂而获得了更大的发展空间。除了主导阶级内部的分裂，从属阶级力量的增强也有助于国家自主性的扩展。[1] 因此，为增强国家能力，除了要建构有力的官僚机器，还应该使其相对于主导利益保持一定的自主性，"这不仅使得一致性国家行为能够追求一切持续性政策构想，还因为为了实现体系所要求而私人利益无法提供的'集体利益'"。[2]

但是拥有了良好的官僚机器以及有利的社会结构，国家自主性与国家能力——具体到鲁施迈耶和埃文斯的研究中即促进经济转型，增加有效积累的能力——之间的正相关关系未必就是绝对成立的。正如他们所发现的，国家在发展的初期可能享有极大的自主性，但此时官僚机器追求的主要是其自身的利益和目标，因而对社会而言扮演的是寄生性、掠夺性的角色，此时的国家自主性不仅无助于增强反而会损害其推进经济发展的能力。因此，两位作者强调，只有当国家对于促进资本主义有明确的责任态度时，二者之间的正相关关系才能够成立，因此不能为了强化国家能力而一味强调国家自主性，任何国家自主行动的空间都应受到

---

[1] ［美］迪特里希·鲁施迈耶、彼得·埃文斯：《国家与经济转型》，载［美］彼得·埃文斯、迪特里希·鲁施迈耶、西达·斯考切波《找回国家》，方力维等译，生活·读书·新知三联书店 2009 年版，第 85—86 页。

[2] 同上书，第 91 页。

限制。① 另外，国家能力对国家自主性的影响也存在双重性：国家干预社会事务增强了官僚机构集体行动的意愿和能力，同时使得国家掌握更多的资源来源渠道从而降低了对私人生产型资源的依赖，由此提升了国家自主性；但国家能力的增强也使得国家不断干预和渗透到社会当中，这使得社会利益集团有更大的动机和机会瓜分国家，从而削弱国家自主性。②

对国家自主性和国家能力之间的复杂关系进行了细致的梳理之后，鲁施迈耶和埃文斯得出了谨慎的结论：国家自主性与国家能力之间的正相关关系的确存在，但必须对之加以限定：首先，由于只有资本主义国家才有足够的动力增强推进经济转型的能力，因此关于国家自主性和国家能力成正相关关系的论点不能推广到前资本主义国家。其次，国家自主性并非必然带来国家能力，因为官僚机器自身存在局限性，例如由于信息匮乏和操作失误，自主性国家可能带来的是灾难性后果。最后，由于国家除了有其自身利益和诉求外不可避免地要照顾到社会各阶层的利益，因此自主性具有很强的相对性。③ 同时，国家自主性与国家能力之间同样具有负相关的可能性，诚如作者所言，"这些特征之间更具双重性的相互关系：国家在构筑其集体行动者身份上的极度成功，可能会削弱其维持自主性的能力，而有效的干预可能会扩大国家变成一个社会冲突竞技场的范围"。④

除此之外，艾莉丝·阿姆斯登对国民党在我国台湾地区经济发展中的角色的研究也体现了这种关系的复杂之处。抵台之初，国民党的官僚机器由于"外省"的性质，与省内社会群体有很大的隔阂和距离，这维护了国民党相对于社会势力的隔离性，使其

---

① ［美］迪特里希·鲁施迈耶、彼得·埃文斯：《国家与经济转型》，载［美］彼得·埃文斯、迪特里希·鲁施迈耶、西达·斯考切波《找回国家》，方力维等译，生活·读书·新知三联书店2009年版，第83页。
② 同上书，第91—92页。
③ 同上书，第84页。
④ 同上书，第66页。

具有很高的自主性。这为国民党在农业领域的政策执行提供了极大的行动效力，完成了其曾在大陆想做而未做成的土地改革等工作。但是与此同时，国家自主性使得政府在决定发展的优先性目标方面也享有很大权力，当其选择了重点支持军事领域时，国家发展工业的能力就被弱化。[①] 包括斯特潘对巴西和智利等国的研究，也证明了关于国家能力与国家自主性之间关系简单化的断言只是一种幻觉。

通过梳理"国家中心主义"理论家们关于国家能力的论述可以发现，这些学者普遍认识到国家和社会结构会影响到国家能力。具体说来，国家越是具有健全、有凝聚力的官僚体系就越能抵御社会利益集团的压力，则实施国家政策的能力越强；而社会势力本身分裂程度越高，就越无力抗拒国家的干预，客观上保证了国家能力的落实。反之，官僚体系内部各组成机构的离心力越大，社会势力对国家的渗透越深，国家能力越弱。因此，这些学者的共同之处在于都认为国家自主性对国家能力有显著影响，即国家对社会的"隔离"是国家能力变化的主要机制，尽管这种影响可能是正面的，也可能是负面的。

二 渗透力与国家能力

与"国家中心主义"理论家们强调"隔离"机制，也即国家自主性在国家能力变化中的核心作用不同，米格代尔从发展中国家的五个案例出发，敏锐地察觉到它们的国家与社会结构和西方发达国家以及新兴工业化国家之间的区别，从而将"嵌入"机制作为考察国家能力变化的切入点。所谓"嵌入"，米格代尔坦承其灵感来自波兰尼，波兰尼解释法西斯国家的现象时发展出了

---

① [美]迪特里希·鲁施迈耶、彼得·埃文斯：《国家与经济转型》，载[美]彼得·埃文斯、迪特里希·鲁施迈耶、西达·斯考切波《找回国家》，方力维等译，生活·读书·新知三联书店2009年版，第481页。

制度—环境理论，在这一理论中，"具体的制度嵌入到以金本位和均势的国家体系为特征的世界经济环境当中"。[①] 而在米格代尔的视域下，"嵌入"则是对第三世界国家普遍存在的国家与社会关系样态的直观描述，正如其书名的副标题所言，"国家与社会如何相互改变与相互构成"，换言之即国家与社会的互相渗透，点明了其国家能力研究的宏观背景是国家与社会复杂的互动关系。米格代尔研究方法的另一特征是制度变迁和比较历史分析方法，他并没有关注国家能力的形而上层面或对其进行抽象的阐述，而是将国家能力置于具体的社会历史条件下，探索其或强或弱的深层原因和发展演变的一般规律，在其行文中可以明显看出一条清晰的时间脉络沿着殖民地时期向独立后的国家建构徐徐延伸，国家能力的变化逻辑隐现其间。

米格代尔梳理了学界对国家形象的两种矛盾性认识，认为不同学者的不同问题意识是造成这种歧见的根本原因。例如，同样是以第三世界的国家为对象，有的学者看到的国家是一个可怕的"利维坦"，它的权力辐射范围覆盖到哪怕最偏远的乡村，在与社会团体和阶级博弈的过程中占据主动，不仅能绝缘于社会势力的侵蚀还能影响甚至改造社会。但另一些学者眼中的国家则在经济和社会变化的时代潮流中被边缘化，无力发挥有效作用，在国际和国内势力的夹缝中羸弱不堪。[②] 如何理解这种差异？国家的特定形式及其功能决定了一国所宣称的自身能力的理论范围与强度，而国际社会和国内民众受主流国家理论的影响又赋予了国家能力以正当性并对其寄予厚望。另外，持强国家观点的学者主要关注的是米格代尔划分的四类国家能力中的前两类，即国家渗透社会和从社会汲取资源的能力，在米格代尔看来，这些研究所立

---

① [美] 乔尔·S. 米格代尔：《社会中的国家：国家与社会如何相互改变与相互构成》，李杨、郭一聪译，江苏人民出版社2013年版，第252页。
② [美] 乔尔·S. 米格代尔：《强社会与弱国家：第三世界的国家社会关系及国家能力》，张长东、朱海雷、隋春波、陈玲译，江苏人民出版社2012年版，第6—7页。

足的拉美国家大多在这些领域有不错的表现。但一些第三世界国家诸如撒哈拉以南的非洲国家，在后两类国家能力即调节社会关系和配置资源领域则鲜有作为，这些证据为"弱国家"形象提供了支撑。

米格代尔认识到这两类"国家"形象的描绘皆有合理之处，而这种矛盾本身就表明了对国家能力一厢情愿的乐观认知并不符合事实的全貌，基于这一点，他对"国家中心主义"国家能力观提出了三点批评：其一，视国家自主性与国家能力为当然从而忽视了不同社会的特定历史发展进程给国家能力造成的差异；其二，高估了国家自身的凝聚力；其三，对社会形态的描绘不够细致。在米格代尔看来，前两个方面涉及所谓的"国家性"问题，包括四个层面：一是国家领导者们使用国家暴力机器消灭了疆域内的其他武装力量，完成了对合法暴力的垄断；二是有效维持了相对于国际和社会势力的国家自主性；三是实现了国家官僚机器理性化、专业化转型；四是在国家内部机构之间培育起共同的利益、目标、意志等，巩固了内在凝聚力。① 显然，这几个方面是国家有效践行其职能并发挥其潜能所必不可少的要素，具备这些条件的就是"强国家"，反之便是"弱国家"，在现实中同时具有这些要件的"完备"国家并不多见，但"国家中心主义"理论家们却预设了这几个方面差异较小的国家权威作为逻辑出发点。

为了弥补"国家中心主义"理论的缺陷，米格代尔将其视角深入到第三世界国家组织和社会结构的内部。在他看来，国家的内部构成远比继承了韦伯式国家观的"国家中心主义"理论家们论述的国家概念要复杂，而在其理论中始终扮演被动角色的社会则受到相当程度的忽视，只是颇为笼统地视之为阶级、社团、利

---

① ［美］乔尔·S. 米格代尔：《强社会与弱国家：第三世界的国家社会关系及国家能力》，张长东、朱海雷、隋春波、陈玲译，江苏人民出版社2012年版，第20页。

益集团等的集合，而事实上社会的内部形态往往不是整齐划一而是支离破碎的，这种"网状"结构对国家与社会的互动，进而对国家能力的影响是极其深远的。

米格代尔肯定了国家能力主体性来源的重要意义，认为国家自身的一些特性造就了国家能力，如领导人的才能和国际援助等——这是"国家中心主义"理论家们所强调的。同时，他认为还有一些至关重要的因素来源于国家与社会的互动关系，本章称之为国家能力的主体间性来源，例如一国之人口规模、人力资源、物质资源等，本身虽然存在于社会之中，但在国家行动中被提取出来，成为国家能力的重要保障。因此，欧洲现代国家最初建基于"一支标准化军队、一个高效率的征税机构和辐射范围大大扩张的法院体系"就不难理解了，[1] 它们恰恰是国家能力主体间来源的有力抓手。这三者之间互相支撑，征税机关为暴力机关和司法机关的扩张提供物质资源；全国性的司法体系有助于打破封建格局，促进全国范围内的统一；而暴力机关又为其他两者提供支持。[2] 在这里，米格代尔为国家与社会间的互动关系确定了一个描述性的概念："社会控制"。社会控制是国家能力的主要表现形式，从国家的角度看，社会控制使得国家能够规制社会生活，从社会中汲取达成各项任务的必要资源；从社会的角度看，在有效的社会控制之下，民众和社会组织的行为、意志与国家的要求相一致。

但是社会控制作为一种权力，并不必然为国家所垄断。社会之中存在着形形色色的正式和非正式组织，包括家庭、宗族、社区、俱乐部、企业等，这些组织作为特定人的集合体都有自己的一套行为规则，其成员受之规制，而这种规制本身就是一种社会控制，因此在米格代尔看来，能够进行社会控制的权威是散布于

---

[1] ［美］乔尔·S. 米格代尔：《强社会与弱国家：第三世界的国家社会关系及国家能力》，张长东、朱海雷、隋春波、陈玲译，江苏人民出版社2012年版，第22页。
[2] 同上书，第22—23页。

社会中的，而国家能力的增长也就是国家与社会势力争夺社会控制时占据上风直至胜利的过程。国家掌握的社会控制表现为三个层次：对国家命令的"服从"；对国家机构和行动的"参与"；对国家"合法性"的认可。正是有了这三重手段，国家与国际和国内势力的斗争时便有了更充足的力量。[①] 要实现有效的社会控制，就必须为社会成员提供一定的生存策略，所谓生存策略就是社会中的个体赋予自身行为以意义的各种激励手段和生存条件，既包括获取生活必需品的物质奖励，也包括对物质惩罚的有效回避，还包括符号构造等精神信仰层面的要素，它是个人生存和发展的基础。因此，能够控制一定的物质资源或者拥有一定的观念权力，就能够为个体提供生存策略，也就能够实现有效的社会控制。

国家与社会组织之间围绕社会控制进行的斗争取决于何者能够为社会成员提供更好的生存策略，然而，在这种斗争中，国家未必能够取得强势地位。正如米格代尔所言，如果"不首先理解社会结构，我们将无法理解第三世界国家的国家能力"，[②] 与"社会中心论"和"国家中心主义"对社会的理解不同，第三世界的社会并不是完全按照阶级、社团等群体的形式有序组织起来的，而是形成所谓的"网状社会"。在网状社会中充斥着大量的亚组织，如血缘、语言群体等，它们之间的分裂状态造就了一个高度碎片化同时也相当顽固的社会结构，任何一个部分都很难被整合进统一的国家政治生态中。这些组织往往牢牢占据基层社会，对民众拥有极大的支配力并能有效抵制和排除国家力量对基层社会的渗透和影响，在这种情况下，国家势力通常局限于大都市及其周边，这一范围也圈定了国家各种规则的有效施行空间，

[①] ［美］乔尔·S. 米格代尔：《强社会与弱国家：第三世界的国家社会关系及国家能力》，张长东、朱海雷、隋春波、陈玲译，江苏人民出版社2012年版，第34—35页。

[②] 同上书，第35页。

在此之外的广大乡村地区则是酋长、地主、老板、部落首领等社会强人的规则在发挥作用，民众虽然不受国家规则的管辖却受这些强人的统治，社会本身被无数的亚规则体系所分割，统一的国家是虚幻的，取而代之的是无数半独立的"小王国"。很多自殖民地发展而来的新兴国家领导人在建国之初充满雄心，一些国际组织的殷切期望则助长了这种乐观态度。但国家领导人的社会改造计划在网状社会中普遍遭遇了失败，他们绝望地发现，在缺乏足够社会控制的情况下试图突破强人在国家与民众之间造成的隔离，从而自社会提取资源并施行政策是一件难以完成的任务。

这样，米格代尔成功地将国家能力的论述转化为对现实案例中国家与社会的关系的探讨，通过考察亚非拉国家从前殖民地时期到独立后的社会变迁，他作出了这些国家的社会结构"何以至此"的回答。在米格代尔看来，由宗主国或本土政权制定和实施的土地所有权法、新的税收形式和程序以及第三世界国家在西方殖民者影响下创建的新的交通模式这三种典型政策的实施使这些社会的社会政治制度发生了剧烈的变革，改变了人们的生存策略，斩断了旧有的社会联系纽带。[①] 在此过程中，由地主、老板、酋长等组成的社会强人实现了对资源和仪式的垄断，从而为民众提供了用以填补传统衰落的空白的新的生存策略，从而建立起新的社会控制。这也很好地解释了为何独立后的前殖民地国家的国家能力普遍较弱甚至出现国家失败的悲剧命运，在轰轰烈烈的民族国家建构事业发生之前，网状社会已然形成，掌握了大部分社会控制的社会强人先入为主，挡住了作为后来人的新政府实现社会整合的前进道路。

在殖民者撤离后的国家建设时期，强力的民族国家政权并没有如期望的那样出现，国家政策在强人的阻挠下难以推行。除了

[①] [美]乔尔·S. 米格代尔：《强社会与弱国家：第三世界的国家社会关系及国家能力》，张长东、朱海雷、隋春波、陈玲译，江苏人民出版社2012年版，第55—59页。

受制于网状社会的束缚,在具体的国家政策实施过程中,国家组织本身的结构性特征也会限制国家能力的发挥。米格代尔发现,国家结构自上而下分成三个层次,分别是最上层的行政领导阶层、国家组织中各中央机构的领导阶层以及地区和地方层次的国家官员。① 每个层次的国家组织面临着不同的困境,正是这些困境限制、阻碍了国家自主性的维持。对国家的行政领导人而言,生存的政治使其进退两难,他们深知增强国家能力、落实国家政策、推行国家规则的迫切需要依赖于不断创设和强化国家机器,但当国家领导人对国家机器的控制力变弱时,强大的次组织领导人会有动机和能力进行挑战并取而代之,这种强烈的危机感和忧患意识使得国家领导人往往采取让旁观者感到困惑的做法,即自毁长城,"摧毁能够实现其政治动员目标的国家机构"。② 对国家中央机构的领导者们来说情况类似,社会中的各种组织对国家来说既是竞争者也是合作者,这些领导人为了维护自身的权力地位经常宁可牺牲其正面的社会效应,也要予以打压,防止其受到外在权力中心的威胁。而在另一些场合,则需要与之妥协以发挥其提供社会产品和服务的功能。对地区和地方的国家官员来说,上层官僚机构自身的离心化和强人对地方的有效社会控制减轻了他们来自上下两个方向的压力,因而地方官员倾向于与社会强人进行妥协并在某种程度上形成奇特的共生关系,国家出于工具性考虑而对强人进行扶持,反过来强人除了利用国家给予的资源抵制国家外也与之保持一定程度的合作关系。

虽然米格代尔将自己的工作限于帮助澄清和理解第三世界国家能力现状而不是为提升国家能力开药方,但在对案例的分析中,他还是归纳并总结出了打造强国家的一些共性思路。在米格代尔看来,要建立强国家必须从国家和社会两个方面着手,如上

---

① [美]乔尔·S. 米格代尔:《强社会与弱国家:第三世界的国家社会关系及国家能力》,张长东、朱海雷、隋春波、陈玲译,江苏人民出版社2012年版,第274页。
② 同上书,第275页。

文所说，一定程度的社会混乱是清除旧有社会控制，为新国家建立有效社会控制腾出场地；同时，国家所具备的一些特征、偶然获得的历史性机遇也都是成功建立起强国家的决定性条件，例如二战这样的历史背景、外在的军事危机、官僚体系的人员和组织保证、国家领导人的特殊才能等。① 另外，米格代尔明确表示自己并不持目的论的国家能力观，不赞同无条件强化国家能力，因为在他看来，第三世界国家能力的增强是以增加国家的社会控制为条件和表现形式的，而这种社会控制本身并不具有充分的正当性，它意味着对民众生活方式和精神信仰的干预。②

总结起来，米格代尔的国家能力研究具有如下特征：其一，将"嵌入"视为影响国家能力的主要机制，更加关注国家与社会互动中的国家能力的动态变化；其二，对"国家"和"社会"的内部构造进行了更为微观的观察，认识到国家和社会结构本身的复杂性是全面理解国家能力的关键；其三，意识到了国家能力的影响因素来自两个方面：国家自身的组织条件，包括官僚机器的理性化、专业化程度和机构之间的凝聚力等，以及社会为国家可能提供的各种资源，包括税收、人力等，而成功提取又需要建立起对民众的有效社会控制，正是与形形色色社会势力（强人）争夺社会控制的成败决定了一国在国家能力光谱上所处的位置。

另外，"回归国家"学派内部的一些学者受到米格代尔思想的影响，也先后将关注的重点转移到国家与社会的具体互动形式对国家能力的影响上，并试图从中归纳出国家与社会合作治理的一般模式，如前文所言，埃文斯的理论本就含有对社会作用的强调因素，在米格代尔之后他提出"嵌入式自主"概念，认为国家与社会之间的关系超越了国家论者的研究路径，国家能力的实现

---

① ［美］乔尔·S. 米格代尔：《强社会与弱国家：第三世界的国家社会关系及国家能力》，张长东、朱海雷、隋春波、陈玲译，江苏人民出版社2012年版，第280—289页。

② 同上书，第9页。

必须将自主性与社会的某一部分建立联系，换句话说，就是将国家"嵌入"社会关系网络之中，而官僚体系的机构和人员往往也是这种社会关系中的一环。在这种情况下，国家自主性与国家能力之间就不再具有坚实的因果关系。[1] 维斯同意埃文斯的基本观点，认为国家和社会之间的协调与合作才是国家能力的关键所在，她在埃文斯理论的基础上进一步提出"治理性互赖"理论，以强调国家与社会之间复杂的互动关系。这些学者沿着米格代尔开辟的路径推动了国家能力研究的深入发展，构成所谓的第二代发展型国家理论。[2]

三 强政府与国家能力的生成

如前所述，斯考切波等"国家中心主义"的理论家们与米格代尔之间关于国家能力生成机制的研究存在差异，前者强调国家对社会的"隔离"，聚焦于国家自主性与国家能力两个方面；后者则看到了国家与社会之间普遍存在的"嵌入"现象并以此作为论述的背景，聚焦于国家、社会之间的互动状态及其与国家能力的复杂关系。表面上看，双方的立场似乎针锋相对、截然相反，但细究之后不难发现，在国家能力的问题上，"国家中心主义"与米格代尔之间的理论分殊并不像看起来的那样不可弥合。

"国家中心主义"学者们与米格代尔的研究存在若干差异，正是由它们所构成的逻辑进路形塑了双方的理论形态和呈现形式。

第一，涉及作为研究案例的国家类型。如前文所述，"国家中心主义"理论家们普遍继承了韦伯式国家观，而其使用比较历

---

[1] Peter Evans, *Embedded Autonomy, States and Industrial Transformation*, Princeton: Princeton University Press, 1995, p.12.
[2] 曹海军、韩冬雪：《"国家论"的崛起：国家能力理论的基本命题与研究框架》，《思想战线》2012年第5期。

史研究方法所依据的经验素材来自两个方面：以查尔斯·蒂利、斯考切波为代表的一部分学者对欧美等西方国家发展经验的考察；以鲁施迈耶、埃文斯、斯特潘、阿姆斯登为代表的另一部分学者则对新兴工业化国家中国家与经济增长的关系问题产生了兴趣。虽然这两种国家存在显著差异，但也具有某些重要的相似之处，例如这些国家循着不同的路径或是渐进改革或是激进革命，普遍完成了现代国家建构的历史任务，还有一些国家虽然没有充分地实现现代转型，却也受益于强国家历史传统下的制度遗产。一言以蔽之，这些国家都属于近似于韦伯式国家概念的"强国家"，而相对弱势的社会则为国家的光芒所遮蔽。而在米格代尔的比较历史分析中，作为研究案例的国家沿着国家能力光谱依次排开，既有处于强国家一端的以色列，也有处于另一端的塞拉利昂，还有位于二者之间的埃及等。这些国家普遍作为前殖民地的共同历史经验，决定了其所共有的相似之处在于后发建立的国家始终面对强大社会势力的挑战与束缚，相比于西方强势国家的现实，这些国家与社会的力量对比往往颠倒过来，社会相对于国家的主体性地位得以彰显。这就不难理解为何"国家中心主义"理论家们坚持从国家的视角出发，相对忽略社会的重要性，而米格代尔却以"社会中的国家"研究路径将国家与社会放在对等的地位上予以考察。

第二，涉及国家能力来源的类型。通过对斯考切波、米格代尔等"回归国家"学派理论家们关于国家能力问题的相关论述进行梳理，可以发现这些学者大多有意指出或无意提及国家能力来源的两个层次，本章将其归纳为：一是国家能力的主体性来源，即国家自身所具有的某些特性为国家能力提供了有力支持，例如国家领导人的个人能力，国家因其主权地位而获得的国际承认、国际援助和国家职能，国家对暴力机器的垄断以及国家通过实施法律、举行公共仪式和公共空间的非正式行为以获得民众认可和服从的能力等;① 二是国家能力的主体间性来源,即国家为实施各项政策而从社会获得的资源和支持,例如通过社会动员和政治吸纳对人力资源的提取,利用税收体制对社会财富的汲取等,可以说,这是国家能力的社会基础。② "国家中心主义"理论家们依据的现实经验以及继承的韦伯式强国家概念使其敏锐地把握到国家能力的主体性来源,将国家自身层面的国家能力潜能转化为现实能力的前提就是国家必须具有高度的内部凝聚力和有效抵御来自社会势力的干扰,保持自身独立性,因此"国家中心主义"理论家们在国家自主性与国家能力之间建立起稳定的联系,认为"隔离"机制是国家能力生成的重要保障。米格代尔则主要关注了国家能力的主体间性来源,他认为对社会资源的有效汲取是国家能力实现的根本保证,因此国家必须与强人争夺对民众的社会控制,这种社会控制则是国家汲取资源的前提。这就决定了国家需要对基层社会进行高度渗透,也即"嵌入"社会中而不是与之"隔离"。

第三,涉及国家与社会互动关系的模式。可以说,无论是"国家中心主义"理论家还是米格代尔的国家能力观,本质上都可以还原为对国家与社会关系的考察。实际上,在国家与社会互动关系中"嵌入"是普遍存在的现象,它包括两个方面:一是国家对社会的"嵌入";二是社会对国家的"嵌入"。表面上看,"国家中心主义"所强调的"隔离"似乎与米格代尔主张的"嵌入"相矛盾,但实际上,"国家中心主义"明确指出强国家能力是建立在国家对社会有效渗透和社会对国家的低程度渗透基础之上的,而米格代尔则反过来指出弱国家能力是由于国家

---

① [美] 乔尔·S. 米格代尔:《社会中的国家:国家与社会如何相互改变与相互构成》,李杨、郭一聪译,江苏人民出版社 2013 年版,第 156—176 页。

② 在某种程度上,国家能力的主体性来源和主体间性来源类似于迈克尔·曼对国家专制性权力和基础性权力的划分。前者强调动用强制力来达到目的的能力,后者则建立在国家与社会进行制度性沟通的基础上。参见朱天飚《比较政治经济学》,北京大学出版社 2006 年版,第 99 页。

对社会渗透的失败和社会对国家的有效渗透。统一了言说标准之后，双方的观点可归纳如下：强国家就是实现了对社会有效渗透并成功抵御了来自社会渗透的国家，反之则导致弱国家。可见，双方关于国家能力的理解既是同一含义的正反两种表达，也是通过对国家类型的互补性选择而共同构成国家能力研究的完整图景。

总体来说，"回归国家"学派国家能力研究的特征是：轻于对"国家能力"概念本身的内涵及其构成的解释和论述，而重于对影响国家能力变化的相关因素、机制的探究，也即关注的重心聚焦于国家能力的生成机制。从宏观上看，"回归国家"学派对国家能力的研究策略是：视国家能力本身为国家与社会相联结的纽带并将其置于国家与社会关系框架下考察其变化的规律。具体而言，在国家—社会二分的前提下，"国家中心主义"站在国家一端看待国家能力的变化，认为国家自主性即国家相对于社会的"隔离"程度与国家能力的强弱紧密相关。而且，由于"国家中心主义"所选样本的特征以及对韦伯式国家形象的偏爱，这批学者的研究往往更关注强国家能力的案例而忽视弱国家能力的情形；米格代尔批判吸收了社会中心论和国家中心论的优点，采纳了兼重国家与社会的互动式视角，因此在他看来，国家能力的强弱直接由国家本身结构的强度以及社会结构和社会势力对国家的影响所决定。这种关系状态在现实生活中往往呈现为国家"嵌入"社会的程度。另外，由于米格代尔研究的国家来自与韦伯式国家形象反差极大、国家建构普遍不成功、国家能力普遍较弱的第三世界或前殖民地地区，所以与"国家中心主义"对国家能力固有的乐观倾向相比，米格代尔理论的落脚点在于对弱国家能力的分析和解释。这一点对当代中国的现代国家建构具有一定的启示和借鉴意义。

拓展阅读

1. [美] 乔尔·S. 米格代尔：《强社会与弱国家：第三世界的国家社会关系及国家能力》，张长东、朱海雷、隋春波、陈玲译，江苏人民出版社 2012 年版。
2. [美] 乔尔·S. 米格代尔：《社会中的国家：国家与社会如何相互改变与相互构成》，李杨、郭一聪译，江苏人民出版社 2013 年版。
3. [美] 西达·斯考切波：《国家与社会革命：对法国、俄国和中国的比较分析》，何俊志、王学东译，上海人民出版社 2007 年版。
4. [美] 彼得·埃文斯、迪特里希·鲁施迈耶、西达·斯考切波编著：《找回国家》，方力维等译，生活·读书·新知三联书店 2009 年版。
5. [英] 迈克尔·曼：《社会权力的来源》（第二卷），陈海宏等译，上海人民出版社 2007 年版。
6. [美] 埃里克·A. 诺德林格：《民主国家的自主性》，孙荣飞、朱慧涛、郭继光译，凤凰出版传媒集团、江苏人民出版社 2010 年版。
7. Peter Evans, *Embedded Autonomy, States and Industrial Transformation*, Princeton: Princeton University Press, 1995.

第十四讲　族群身份与国家认同：多元文化主义的政治策略

族群与国家的关系，是当代西方多元文化主义的重要议题。随着经济全球化的发展、世界文化互动的增强以及社会自身能力的提高，族群意识、文化认同与少数权利逐渐受到人们的关注，西方多族群国家不得不面临日益增长的少数民族、移民群体与弱势群体的权利诉求以及文化主张的压力。这些恰是多元文化主义所要思考和解决的。在与自由主义、社群主义、共和主义等理论流派的政治论争中，多元文化主义在族群身份、族群认同、族群差异与族群文化权等方面提出了自己的思路与策略，而这一切均是围绕族群与国家的关系这一核心问题展开的。

一　个殊还是普遍：族群身份与公民身份

族群身份与多元文化主义的兴起有着密切的联系。20世纪50年代的民权运动与20世纪60年代的新移民运动，使少数族群的自我意识、自我认同迅速提升，对族群身份的吁求也愈加强烈，这些都有力地推动了多元文化主义的兴起。如果说少数族群是多元文化主义的主体，那么，族群身份就是多元文化主义兴起与发展的动力。①

少数族群基于特定的族群与族群意识而形成的文化成员身份,就是族群身份。② 这是当代西方多元文化主义者最为关注的一个概念,而族群身份与公民身份的关系更是当代西方理论论争的焦点。③

多元文化主义者认为,对少数民族、亚文化群体、弱势群体以及移民群体,要承认他们的差异性,承认他们的平等地位,承认他们的平等参政权和社会经济权,在此基础上,解构传统的话语权力,对正统和主流的话语体系进行修正。换言之,承认、平等和解构是族群身份的三大价值取向。

西方多族群国家处理族群与国家关系时,多年来大体形成了三种模式:第一种是"统一模式",④ 政府对少数族群和移民群体实行同化政策,使他们逐渐放弃自己的文化,接受并融入主流文化。⑤ 第二种是"熔炉模式",也称"同化模式",政府在不干预的情况下,使不同的文化融合成一种新的文化;如果可能,主流文化可以起主导作用。⑥ 第三种是"马赛克模式",也称"文化多元模式",主张不同文化和平共处,平等存在,保留各自的

---

① [加拿大]威尔·金里卡:《少数的权利:民族主义、多元文化主义和公民》,邓红风译,上海世纪出版集团2005年版,第3—4页。

② 金里卡一再重申,族群身份的实质是一种文化成员身份。参见[加拿大]威尔·金里卡《自由主义、社群与文化》,应奇、葛水林译,世纪出版集团2005年版,第154—171页。

③ 国内也有学者对族群身份与公民身份的关系进行了详尽而深入的研究,参见常士䦆《国家的统一:多民族国家所坚持的基本原则》,《理论与现代化》2006年第2期。

④ 也有学者将这种模式称为"盎格鲁化"(Anglo-Conformity),这种模式在美国、澳大利亚和加拿大这三个移民大国比较盛行。参见[加拿大]威尔·金里卡《少数的权利:民族主义、多元文化主义和公民》,邓红风译,上海世纪出版集团2005年版,第158—160页。

⑤ Madison Grant, *The Pashing of the Great Race: The Racial Basis of European History*, New York, C. Scribner's Sons, 1921, pp. 107–145.

⑥ Robert W. Hodge and Patricia Hdge, *Occupational Assimilation as a Competitive Process*, American Journal of Sociology, No. 71, 1965, pp. 249–264.

特色。① 在多元文化主义者看来，第一种模式是绝对不能接受的，第二种模式承认了文化共存，但对各种文化之间是从属还是平等关系，没有明确界定，美国版的"熔炉说"甚至提出要将各种文化溶在以盎格鲁—撒克逊文化为主料的"大锅"里，也让人难以接受，比较温和的是第三种模式，它承认不同文化的平等价值，并给予所有社会文化群体以平等的政治、社会和文化地位。

多元文化主义极力倡导"承认"，显然代表着对政治现状的不满。在他们看来，尽管一些国家历来是多民族、多文化的社会，但少数民族自身文化的价值及与主流文化的差异一直没有得到真正的"承认"，充其量只能称之为多元文化社会，绝不是实行多元文化主义的社会，因为只有多民族、多文化共存的现象，并不能说明各民族、族群和文化之间的权力关系和地位状态。由此可见，多元文化主义的"承认"具有双层含义：既承认族群差异，还要承认差异平等。

在解构主流文化的话语霸权方面，多元文化主义者认为，以美国为例，以盎格鲁—撒克逊文化为核心的白人文化一直占据主导地位，主宰着美国的话语霸权，但事实却是：黑人奴隶、妇女、移民、少数民族等少数族群，同样也是美国历史和文化不可或缺的一部分，理应拥有部分话语权利。因此，多元文化主义者提出重新解读传统文本，用新的话语理论解构美国的历史与文化；同时，积极构建亚文化群体的话语体系，以建立族群身份的自信，培育族群身份的自主意识，进而争取社会的承认和平等的话语权。

从承认存在到追求平等，再到解构霸权，族群身份在多元文化主义的思想中承担着重要的使命与角色。理解族群身份的价值内涵，可以使我们更为清晰地理解多元文化主义的价值取向和政

---

① Horace M. Kallen, "Culture and Democracy in the United States", New Brunswick, N. J.: *Transaction Publishers*, 1998, pp. 120–145.

治主张。

随着族群身份概念逐渐为人们所重视,有学者开始担心这一身份可能会冲击传统意义的公民身份。因为"公民身份"强调不同种族、性别、阶级和生活方式的所有人拥有一致的国家认同和政治信念,承担平等的政治责任和社会义务,显然具有一种整合的力量;而"族群身份"强调族群差异,关注族群特权,督促族群有意识强化其内在的文化特征,自然会冲击公民身份所内含的公共精神,甚至危及社会团结。

罗伯特·H. 威布详细分析了族群身份带来的新变化:引发公民身份的危机;更改传统的政治主题,人们的关注点"不再是选举如何影响文化差异的问题,而是一个文化差异如何影响选举的问题";① 扩展公民资格内涵的同时,也引发社会无秩序状态,"没有人知道什么是公民资格,除非有人来教他——教给他公民的习惯,教给他公民的语言"。②

对此,杰夫·斯宾勒主张应对各类族群区别对待。一些激进的族群,由于强烈希望拥有与主流文化平等的权利和义务,将主流文化作为竞争对手看待。但一些相对温和的族群,由于各种原因被主流文化排斥在外,仅仅希望以平等的公民身份参与政治生活,成为多元社会中的一部分,并不想争取特殊的文化认同。还有一些游离的族群,对政治生活和共同体的事业持冷漠态度,对国家也没有太多的要求和期望,他们虽然在自由主义者眼中不属于优良公民,但至少不会危及其他公民的权益。③ 斯宾勒认为,除了激进的族群外,后两类族群身份都不会对公民身份构成实质的威胁和挑战。④

---

① [美]罗伯特·H. 威布:《自治:美国民主的文化史》,李振广译,商务印书馆2006年版,第201页。
② 同上书,第202页。
③ Jeff Spinner-Halev, "Cultural Pluralism and Partial Citizenship", *Multicultural Questions*, Oxford: Oxford University Press, 1999, pp. 65 - 68.
④ Ibid., p. 68.

威尔·金里卡的观点与之相近,他承认族群身份并不必然威胁公民身份,不过也认为,如果过度强调族群身份,也不排除部分族群放弃主流社会的公民身份,从主流社会生活中分离出去走向边缘状态的可能,这种"族群政治化"(politicization of ethnicity)极易导致社会分化。① 他进一步分析道,如果某一族群身份强调的是语言权或族群代表权,对公民身份就不会构成什么挑战,但如果更多强调的是自治权,就会对公民身份有所冲击,因为前者是让少数族群参与并融入主流社会,而后者则要族群脱离主流社会,削弱与政治社会的联系。尤其是当这些族群以政治为追求目标时,后果会更严重。金里卡深谙自治权对于维护族群利益、抑制社会冲突、维护社会团结的重大意义,因此,他认为必须在族群身份与公民身份中寻找一个和谐的节点,使前者合理地"包容"后者。

虽然我们对金里卡所谓的"包容"不大确定,关于包容的范围、如何包容、如何使两身份合理契合等问题,他都没有深入探讨。但金里卡试图寻找族群身份与公民身份的界限、缓解两者之间冲突的努力,却是值得我们借鉴和反思的。

在关于族群身份与公民身份的争论中,坚持一元文化的自由主义与坚持多元文化的多元文化主义之间存在着重大的分歧。

自近代以来,西方国家大多坚持自由主义的立场,倡导自由主义的公民观。按照这一思想,个人权利是国家公共权力的起点和归宿,公共权力要保护个人权利,且法律面前人人平等。这意味着,国家应对个人的权利不加任何区别地给予平等的保护。这种平等的权力分享将人从群体的归属中拉出来,置于平等的法律呵护之下。正如罗尔斯所说:"政治权力乃是公共的权力,即是说,它是作为集体性实体的自由而平等的公民的权力。这种权力

---

① 在金里卡看来,族群身份对"文化成员身份价值的关注不是反自由主义的"。参见[加拿大]威尔·金里卡《自由主义、社群与文化》,应奇、葛水林译,上海世纪出版集团2005年版,第162页。

是按照规则强加在作为个体和作为联合体成员的公民头上的。"①

这种主张是多元文化主义者所不能接受的。在多元主义者看来，该主张实质意味着基于个人权利的公民身份可以拥有高于族群身份的地位。如此一来，国家完全可以借保护个人权利之名，否定群体的权利。即便是基于保护个人权利的目的对弱势群体和少数族群进行国家干预，也是本着主流文化的一厢情愿。艾丽斯·杨认为："族群的需求是不同且多元的，主流文化所主导的单一认同，不能满足族群的多元需求，结果会造成族群间彼此矛盾、紧张、冲突的产生。"② 菲利克斯·格罗斯的评论更是一针见血："一旦民族主义的统治阶层掌握了国家权力，他们都会按照一种绝对信念进行统治。这必然会影响到种族上的少数民族，歧视和迫害政策就会变成'正确的'，而不是'错误的'，并且在这种理论的意义上具有法律上的正当性。"③

多元文化主义者还提出，人类社会的基本单位是族群，而非公民个人。自由主义只关注社会生活中公民和国家这两极，却忽视了公民与国家之间的中间地带，这个中间地带由各种多元的群体（包括种族、民族、性别、年龄、宗教、文化等）有机构成。在现实政治中，个人往往通过其所属的那个群体特别是族群，和社会与国家发生关系。个人既是国家的公民，也是某个特定族群的成员；在拥有公民身份的同时，也具有族群身份。因此，绝不能将社会简单化约为个人的集合体，否认族群的存在，甚至将公民身份掩盖或抵消族群身份。然而，现实却是，弱势的族群无时无刻不在主流社会和正统文化的包围和冲击之下，后者内在的"同质化"趋势使这些族群无时无刻不在面临一个无法回避的两

---

① [美]约翰·罗尔斯：《政治自由主义》，万俊人译，译林出版社2011年版，第144页。

② Iris Marion Young, "Polity and Difference: A Critique of the Ideal of Universal Citizenship", *Citizenship Critical Concepts*, London and New York, 1994, pp. 386–408.

③ [美]菲利克斯·格罗斯：《公民与国家——民族、部族和族属身份》，王建娥、魏强译，新华出版社2003年版，第109页。

难命运：要么被同化，要么奋起反抗。

为了缓解族群身份与公民身份之间的张力，多元文化主义者提出了"差异公民"（differentiated citizenship）概念。[①] 这意味着，政府在基于个人主义的立场、保障每一位公民平等权利的同时，还要承认和包容少数族群的身份认同和特殊要求，赋予这些族群和文化以"少数权利"（minority rights）。这时，族群权成了一种特殊的公民权，族群身份成为一种与公民身份有所"差异"的、特殊的公民身份。"在文化多元的社会中，需要不同的公民权来保护文化共同体免受不必要的解体。"[②] 这种特殊的公民权，实际上就是宪法所赋予的少数人群体的自治权利。有了自治权，少数族群才能抵制来自主流社会和其他社会及文化团体的侵犯，才能使族群身份具有坚实的合法权。泰勒也赞同差异公民的主张。在他看来，文化族群是构成社会的一个独立的单位，需要承认其独特的认同。平等地承认政治，应该将文化族群的集体目标纳入政治领域，承认族群的特殊性和价值。

既承认公民身份中的公共价值取向，又拥有族群身份的"差异性"，这就是"差异公民"的实质。文化多元主义的"差异公民"以及形成的"差异政治"，确实可以为我们思考族群与国家关系提供一个不错的思路。不过，对发展中国家而言，族群身份与公民身份的差异并非全面的，应仅限于文化差异，族群的自治权也应限于文化自治，这对国家的统一和社会的稳定而言十分关键。如果走上激进立场，就可能导致不可预知的后果。

[①] Will Kymlicka and Wayne Norman, "Citizenship in Culturally Diverse Societies: Issues, Contexts, Concepts", Will Kymlicka and Wayne Norman ed., *Citizenship in Diverse Societies*, Oxford: Oxford University Press, 2000, pp. 1–41.

[②] ［美］贝思·J. 辛格：《实用主义、权利和民主》，王守昌等译，上海译文出版社2001年版，第118页。

二　一致还是冲突：族群认同与国家认同

在多民族国家中，共同体成员往往拥有多重身份。身份的不同，决定了归属感和认同感的不同，因为"社会中不同群体的存在，正是在各自的文化和认同的基础上建立起来的。"① 当代社会的认同大体有两种类型：一种是国家认同，强调政治上的归属；另一种是族群认同，侧重文化上的归属。对西方政治思想史而言，前者一直为人们所强调，但20世纪70年代兴起的族群权利观念对此提出了挑战。在多元文化主义者看来，过分强调国家认同，会使少数族群的权益陷入困境。族群认同究竟意味着什么？它与国家认同之间存在着怎样的微妙关系？这是下文即将探讨的问题。

一般来说，族群认同与态度、价值观等有密切的关系，涉及个体对共同体及其成员的看法，更涉及个体对内群体与外群体的类属关系的看法。正如W. 伯里所说，族群认同往往通过四种进程，即整合、分离、同化、边缘。② 由于族群与文化相互关联、不可分割，族群的发展只有凭借文化认同，才能自觉且有选择地与其他文化交流，维持自己主体性的地位；反之，若一族群失去了自身文化认同，任由外来强势文化冲击，对该族群的发展将是致命的打击。从这个意义上说，族群认同与文化认同具有同质性。因此，大多数多元文化主义者谈论族群认同时，就是指族群的文化认同。

当今社会是多元的社会，基于文化认同的族群认同需要各族

---

① 常士䦆：《多元文化与民族共治——凯米利卡多元文化主义政治思想研究》，《天津师范大学学报》（社会科学版）2004年第1期。
② John W. Berry, "Ethnic Identity in Plural Societies", Herbert W. Harris, Howard C. Blue & Ezra E. H. Griffith ed., *Racialand Ethnic Identity: Psychological Development and Creative Expression*, New York: Routledge, 1995, pp. 20–38.

群彼此承认、相互承认，这是建构自我尊重意识的必要条件，也是公民积极参与政治生活的前提条件。正如泰勒所说，人类社会在本质上是具有对话特征的，个人的自我认同是需要得到他人的承认的，族群成员的自我认同是需要其他族群承认的，"我们的认同部分地是由他人的承认构成的；同样地，如果得不到他人的承认，或者只是得到他人扭曲的承认，也会对我们的认同构成显著的影响"。①

基于以上考虑，如何理解族群认同的性质、构成要素及产生模式就显得尤其重要，因为这关系着族群的归属与承认以及与国家认同的关系问题。在多元文化主义者看来，由于产生模式不同，族群认同的性质也不同，其与国家认同的关系也不尽相同。②

一些学者主张"原生模式"（the primordialist model）。根据这一模式的观点，族群归属感是族群认同的根基。这种归属感往往来自亲属关系、邻里、共同的语言或某种共同的信仰等原生文化因素和情感纽带。共同血缘、语言概念以及宗教感情，是族群认同的基本要素。原生论模式主张族群认同应高于国家认同，国家认同没有资格同化或凌驾于族群认同之上；诉求国家认同，必须以尊重族群认同为前提。

一些学者则主张"场景模式"（the circumstantialist model）。这一模式强调族群认同的多重性和层次性。如巴斯认为，虽然多元社会中族群关系具有一定的流动性，但由此引起的族群互动并不必然导致同化现象的产生。③一些族群处于经常性的互动当中，不仅没有被同化，还可以和平共存。换言之，人们可以在不同类

---

① ［加拿大］查尔斯·泰勒：《承认的政治》，载汪晖、陈燕谷主编《文化与公共性》，生活·读书·新知三联书店1998年版，第290页。

② Clarry Lay & Maykel Verkuyten, "Ethnic Identity and Its Relation to Personal Self-Esteem: A Comparison of Canadian-born and Forein-born Chinese Adolescents", *Journal of Social Psychology*, Washington, Vol. 3, 1999, pp. 288-299.

③ Frederick Barth, "Ethnic Groups an Boundaries: The Social Organization of Culture Difference", *Geographical Review*, 62 (1), January 1972.

型的社会互动中转换其语言和族群认同；族群认同与国家认同并不矛盾。国家可以运用族群认同达到经济、社会、政治目的；同样，族群认同可以借助国家认同实现合作与双赢。为了适应多元社会中的经济环境，一个群体可能强调共享的国家认同作为增强协作的手段，将族群认同视为不同利益和地位群体的社会、政治、文化资源。

一些持相近立场的学者甚至认为，族群认同具有流动性和情境性，它们终将消失。由于族群认同在现代工业社会的组织中具有不良的功能，就需要在多元社会中实行基于同化目标的政策，族群认同应置于国家认同之下。国家可以为促进特定的文化实践和价值观念以消除族群认同，并将少数群体融入单一文化之中。显然，他们的主张有推销文化霸权主义的嫌疑。

无论是原生论强调的认同的血缘关系，还是场景论强调的结构性因素，甚至是一些学者提出的人为的建构，都只描述了族群认同部分层面的构成。实质上，仅有血缘或文化因素是不会产生认同的；同样，没有文化的互动与共处，认同也无从谈起。这样一来，国家或政府所采取的措施以及族群精英所进行的动员，就成为维持、强化、削弱甚至消灭族群认同的中介变量。毫无疑问，多元文化主义所强调的上述因素与环节，恰是现代多民族社会处理族群与国家关系时必须关注的重要变量。

多元文化主义的主要目标，既不是建构个人的文化认同，也不是建构民族的文化认同或国家认同，而是建构所谓的族群认同（ethnic identity）。①

对游离于边缘的少数族群而言，这种基于差异而产生的族群认同与国家认同有着极为微妙的关系。多元文化主义试图在两者之间寻求一个完美的契合点，以维护多元社会中族群差异与少数

---

① 陈燕谷：《文化多元主义与马克思主义》，载陈明主编《原道》（第三辑），中国广播电视出版社1996年版，第440页。

权利存在的合法性根基。正如艾丽斯·杨所说:"国家认同与族群认同并非对立的、排斥的,而是两者兼容的。国家的认同在学校教育中应该以一种变化的、多元种族的方式教导,追求一个共同的国家认同并不意味着倡导一种排他的或静态的霸权文化。"①

多元文化主义者认为,族群认同属于文化范畴,国家认同属于政治范畴,两者大体上一致。这种一致性具体表现为。

首先,族群认同是国家认同的前提。正如霍布斯鲍姆指出,族群的群体意识与国家的关系十分微妙;往往先有政治国家,然后由国家创造出一种强烈的群体意识。② 换句话说,国家认同所表现的群体意识是后天由国家树立起来的,而非形成于国家之前。国家认同形成的过程中,政治权威有意识地塑造起着重要的作用,但这不是唯一的形塑力量,各种局部的、游离的族群认同虽并不先于国家层面的国家认同而存在,但却是国家认同不可或缺的一部分。③ 其次,国家认同以族群文化认同为根基。对国家认同而言,多元文化主义往往强调血缘、语言和地域特征等标识族群特征的文化因素。这些因素具有强大的纽带作用,能够缩小各族群间的心理距离,增强各族群的亲和性,有效地体现国家一体的观念。这些同样是国家认同不可缺少的东西。而且,在全球化进程中,族群认同与国家认同命运相同。日益扩张的全球化不仅超越了传统民族国家的权力框架,对国家主权造成了致命的冲击,更毫不留情地破坏着不同文化之间的边界,削弱文化多元的根基,威胁族群认同的合理层面。全球化推行普适性的同时,也

---

① Iris Marion Young, "Polity and Difference: A Critique of the Ideal of Universal Citizenship", *Citizenship Critical Concepts*, London and New York, 1994, pp. 386–408.
② 江宜桦:《自由主义、民族主义与国家认同》,扬智文化事业股份有限公司1998年版,第199页。
③ 陈志明(Tan Chee-Beng)通过对马来西亚的个案研究,得出了相近的结论:"族群的形成涉及一系列的过程,这些过程使人们在一国家内意识到一个共同想象的社群。创制族群和国家认同的过程实际上构成了同一历史过程的重要部分。"See Tan Chee-Beng, "Ethnic Identities and National Identities: Some Examples from Malaysia", *Identities*, Vol. 6, No. 4, 2000, p. 441.

带来了一种边缘性。处于边缘层的族群必须不断强化自身的文化认同，才能维持其独特性。正如萨林斯所说，全球化威胁着族群认同，也威胁着国家认同。①

显而易见，为了论证族群差异的合理性，减少少数权利实现的阻力，在论及族群认同与国家认同的关系时，多元文化主义更偏重于强调两者的一致性。但对文化多元主义的批判者尤其是自由主义者而言，他们更倾向于揭露和挖掘两者之间的矛盾与冲突。

在这些批判者看来，从国家的角度讲，国家的政治统一和认同情感，需要共同的民族性发挥至关重要的合法化作用。② 这样，国家整合通常要求放弃族群特性，使族群文化边缘化。这些因素恰恰是引发民族国家内部危机的重要原因。从族群的角度讲，每个族群都有独特的权利要求。这些权利要求的实现往往需要国家推行差异政治，对少数族群实行制度或法律上的倾斜。一旦这些要求不能得到满足，少数族群就会产生背弃感或歧视感，就有可能对国家权威和政府合法性提出质疑。结果只能是，族群认同过度强化，促使族群中心主义产生，进而威胁国家认同。

其实，在多民族国家中，族群认同和国家认同是相辅相成、互为补充的。③ 族群认同固然重要，但它关注的只是个别群体的存在价值。族群权利的实现绝不能依靠个别群体，社会共同体的整体利益也同样不能指望少数族群来维护。而这些问题的解决，只能借助主权国家的作用。在当今世界，主权国家越来越成为实现集体目的的积极工具。正因如此，少数族群成员的族群认同必

---

① Sahlins, "Goodbye to Tristes Tropes: Ethnography in the Context of Modern World History", *Journal of Modern History*, Vol. 65, 1988, pp. 1–25.
② [英]齐格蒙特·鲍曼:《共同体》，欧阳景根译，江苏人民出版社2003年版，第111页。
③ 吴燕和:《族群意识·认同·文化》，《广西民族学院学报》1998年第3期。

须要上升为一种与基于国家主权的国家认同互为协调的境界,才能真正解决少数族群与国家之间的两难处境。①

三 多元还是一体:族群差异与政治认同

族群认同与族群差异,是族群身份的两大内涵。少数族群与普遍公民孰优孰劣,国家应以何种态度对待族群差异,以及族群差异与国家认同之间的关系,是当代多元文化主义及其批判者争论的焦点。解读并剖析这些争论,有利于我们深入理解多元文化主义政治思想的逻辑与特点。

批判自由主义的普遍公民观倡导族群差异的合法性,这是20世纪90年代西方多元文化主义的主要课题。

"认同"问题是20世纪80年代以来西方政治哲学界的一个争论焦点。自由主义者认为,公民认同是公民身份的重要组成部分;公民身份可以超越性别、肤色、种族、贫富、阶级和社会地位,以"无差异"的普遍原则对待每一位公民。这一观点遭到多元文化主义的强烈批判。在多元文化主义者看来,自由主义的普遍公民观看似公平,其实却在执行"一人一票"的简单多数原则,这一原则可以确保多数人的利益,但危及少数族群的生存,更对少数族群的自我认同构成潜在的威胁。

艾丽斯·杨认为,自由主义倡导以相同的标准、原则和规定对待每一位公民,这种形式上的平等其实是想将社会建构成一个同质同构型的公民组合。② 从现实政治的角度来看,自由主义的

---

① 张永红、刘德一:《试论族群认同和国族认同》,《中南民族大学学报》(人文社会科学版)2005年第2期。

② Iris Marion Young, *Justice and Politics of Difference*, New Jersey: Princeton University Press, 1990, p. 206.

形式平等不仅没有消除族群差异，反而使差异加大，将本就处于弱势的少数族群推向更为不利的处境。另外，自由主义推行"平等参与"的同化政策，实际上是将一个两难选择推给少数族群：要么选择接受，认同一种不同于自己的文化；要么选择拒绝，走向自我压抑和自我抛弃。这一观点得到多数多元文化主义者的赞同。[1]

马里昂批判了自由主义所谓的政府中立性。国家在相当意义上并不像罗尔斯等当代自由主义思想家所认为的那样是中立的。几乎每一个国家都用民族的语言来处理本国的政治和法律事务。行政和教育体系也是以特定语言和特定的民族利益为优先地位。正如阿巴拉斯特所说："要所有社会能够一代又一代地在抚育孩子和实施教育的整个领域保护中立，这几乎是不可能的。"[2]

杰夫·斯宾勒则从另外一个角度出发，批判了自由主义的政府中立论。政府往往由某一个特定的文化族群所掌控，在这样的政治环境生存，少数族群必须放弃自己的族群认同。自由主义倡导法律面前人人平等，但一些不平等现象的产生未必一定通过法律和制度。社会的道德、风气、舆论等，都可能造成实质的社会压力，进而形成一种隐形的社会控制。如果自由主义政府不能真正认可并接受少数族群，这些弱势文化即使不消失，也会沦为备受主流社会歧视的牺牲者。[3]

针对这一现状，多元文化主义者的对策是：国家要积极行动起来，采取有效的措施，切实保证这些少数民族的权利。国家不应对少数族群权利备受主流文化侵犯的现状袖手旁观，而应在私人领域和公共领域同时入手，建立少数族群利益表达的渠道，确立维护少数权利的制度安排。

---

[1] Iris Marion Young, *Justice and Politics of Difference*, New Jersey: Princeton University Press, 1990, p. 206.

[2] [英]安东尼·阿巴拉斯特：《西方自由主义的兴衰》，曹海军等译，吉林人民出版社2004年版，第449页。

[3] Jeff Spinner, *The Boundaries of Citizenship*, Baltimore: The Johns Hopkins University Press, 1994, p. 10.

与主张消极国家观的自由主义相比,多元文化主义主张一种积极的国家观。政府在社会生活中应当扮演一个积极的角色,保障所有公民尤其是少数族群团体中的个体的权利和利益,从而维护社会的多元文化态势。

但问题的关键在于,自由主义将所有差异都界定在非公共领域,族群文化与宗教信仰一样,不具有公共性和政治意义。正如格雷所说,自由主义所谓的"多元",实质是个人价值观的一个延伸,是一种被稀释了的"个体式"的多元,而文化多元主义恰恰要将这些差异界定于政治领域,并且将"文化的差异当成政治领域所要处理的素材"。①

对此,多元文化主义提出了自己的解释。从表面上看,自由主义仿佛坚持一种中立的文化观,除了公共领域的权力运作外,在私人领域奉行自由而宽松的文化政策,政府也是以"小政府"和"弱政府"的姿态出现。但实际上,自由主义本身也是一种特殊的文化。自由主义对人性的预设、对个体价值的推崇、对公私的界分,无不代表着一种特殊主义的价值取向,因此自由主义不可能做到文化中立。②

多元文化主义者认为,既然自由主义的文化立场是一种特殊主义,因此有理由将族群的认同与差异归属于公共领域,族群的差异也不能简单化约为个人的差异。对介于国家和个人之间那些由不同族群构成的特殊团体,必须给予足够的重视。如果忽略这些团体的认同,这些族群就面临被同化甚至消失的危险,而忽略这些团体的差异,这些族群就有可能被压抑、宰制和边缘化。

实际上,多元文化主义者倡导的"差异公民"概念,就是要强调族群差异的公共性,个人具有公民身份和权利的同时,也具

---

① John Gray, *Enlightenment's Wake*, New York: Routledge, 1995, pp. 136–138.
② Charles Taylor, "The Politics of Recognition", Charles Taylor, et al., *Multiculturalism*, Princeton, New Jersey: Princeton University Press, 1994, pp. 60–64.

有族群的身份和权利。① 此时的自由主义政府不但基于个人立场，保障每一个公民的平等权利，而且为了承认和包容少数族群和团体的特殊认同和需求，还要赋予这些族群和文化以集体为单位的少数权利（minority rights）。② 由此，在多元文化主义者看来，族群差异与国家认同并不矛盾，承认族群的差异并不会直接威胁国家认同的存在。

关于差异政治和少数权利是否会危及自由主义的核心原则这一问题，学者们的看法不一致。

一些学者认为，给予少数文化族群特殊权利势必危及自由主义的核心价值，因为这些需要特权保护的族群必然是为了维持其非自由主义的生活方式或价值观，保障他们的文化特殊性、不受自由主义制度的影响，显然会阻碍自由主义核心价值的运作。例如，沙切尔的研究表明：当政府采取包容政策以减少族群间权力的差异时，反而造成族群内部的权力阶层的形成，某些族群成员因此易于受到不当的对待。他具体分析了两种多元文化主义的模式，指出族群内部之所以有压迫现象发生，主要是因为多元文化主义者只关注族群的整体认同，却忽略甚至牺牲了族群内部分成员的个体经验和认同。③

也有一些学者认为，族群差异与自由主义理论并不矛盾。金里卡认为，以前人们之所以对少数权利充满戒心，是因为人们认为过分强调以族群身份为基础的少数权利相对于公民大众而言是不公平的，但现实政治已经证明，实行差异原则、包容文化差异，不仅没有带来不公平，反而带来了少数族群原有不利处境的

---

① Iris Marion Young, "Polity and Difference: A Critique of the Ideal of Universal Citizenship", *Citizenship Critical Concepts*, London and New York, 1994, pp. 386 – 408.

② Will Kymlicka and Wayne Norman, "Citizenship in Culturally Diverse Societies: Issues, Contexts, Concepts", Will Kymlicka and Wayne Norman ed., *Citizenship in Diverse Societies*, Oxford: Oxford University Press, 2000, pp. 1 – 41.

③ Ayelet Shachar, "On Citizenship and Multicultural Vulnerability", *Political Theory*, 28: 65, 2000, pp. 68 – 69.

改善和公平与正义的提升。金里卡告诫人们，自由主义的正义理论忽视了一些重要的权益，如认同、语言、文化成员身份等，而这些恰恰是多元文化主义所关注的重要因素。①

关于族群差异与少数权利问题，当前争议最大的是族群内子女的教育权问题。少数族群内的儿童作为未来的公民，如果其父母的教育倡导族群差异，就有可能影响甚至削弱国家认同。② 虽然大多数支持文化权利的学者认为，儿童有权选择不同于父母的生活方式，但也有人担心，如果少数族群的父母不让其子女充分暴露在主流文化当中，政府将无所适从。绝大多数学者认为少数族群对其子女的权利是有限的，族群不能以族群认同为理由阻止其离开。③ 当个人权利和族群权利产生冲突时，前者具有优先地位，因为包容差异并非毫无限制。当然，也有一部分学者认为，国家往往拥有强大的力量支持公共制度，对部分相对弱小的文化社群的某些支持和包容并不会危及公民身份和国家的认同。④

这一争论鲜明地表现了族群差异与国家认同的微妙关系。忽视或漠视族群差异、以国家认同来消融少数族群的差异，结果可能适得其反；过分肯定和认可族群差异，如果寻求差异的族群越来越多，社会的稳定与政治的参与就可能受到威胁。⑤ 文化多元

---

① Will Kymlicka and Wayne Norman, "Citizenship in Culturally Diverse Societies: Issues, Contexts, Concepts", Will Kymlicka and Wayne Norman ed., *Citizenship in Diverse Societies*, Oxford: Oxford University Press, 2000, pp. 3–5.

② Jeff Spinner-Halev, "Cultural Pluralism and Partial Citizenship", *Multicultural Questions*, Oxford: Oxford University Press, 1999, p. 77.

③ 盖尔斯敦曾仔细分析"Mozert V. Hawkins"和"Wisconsin V. Yoder"两个案例，认为父母的教育权是有限的。参见[美]威廉·A. 盖尔斯敦《自由多元主义：政治理论与实践中的价值多元主义》，佟德志、庞金友译，江苏人民出版社2005年版，第148—151页。

④ Jeff Spinner-Halev, "Cultural Pluralism and Partial Citizenship", *Multicultural Questions*, Oxford: Oxford University Press, 1999, p. 83.

⑤ Ronald Beiner, "Why Citizenship Constitutes a Theoretical Problem in the Last Decade of the Twentieth Century", Beiner, ed., *Theorizing Citizenship*, New York: State University of New York Press, 1995, p. 3.

主义为了少数族群的权利与利益，诉诸"族群身份"和"族群差异"，但这些理念所引发的相应问题，文化多元主义者的回应显然力不从心。

我们认为，确保国家与族群间的和谐与稳定是对的，追求各族群间的平等、共存与相互承认也是对的，但这一政治理想的实现必须有一个前提，那就是必须维护一个统一的国家认同，做到"多元共存、政治一体"。做不到这一点，其他也是枉谈。具体而言，对于多民族国家，族群差异是不可或缺的，但需要处理好族群差异与国家认同之间的辩证关系。族群差异与国家认同之间不是此消彼长的二元对立，而是一种富有统一性的辩证关系，是一种相辅相成的关系。

一方面，国家认同是族群差异的精神基础和前提条件，族群差异应是在国家完整性和同一性基础上的差异，没有国家认同的"差异"则缺乏内在的凝聚力。一个国家内部的各种文化不可能各自处于孤立封闭的状态，它们或基于天然的地理条件，或缘于长期的政治统一和经济生活的共生和互补，或因现代化国家的高度社会化沟通，从而自然地具有一定的同一性。另一方面，国家认同和共同价值也以族群差异为前提，国家文化是吸纳并融合不同的文化而形成的更高层次的、统一的文化，而各种文化只有在一个社会中具有平等且合法的权利，才会自然地对国家产生认同，并融合到国家主流文化中。国内有学者提出"和而不同、求同存异"原则，① 也不失为一种合理的政治抉择。

拓展阅读

1. ［加拿大］威卡·金里卡：《少数的权利：民族主义、多元文

---

① 参见常士䦅《国家的统一：多民族国家所坚持的基本原则》，《理论与现代化》2006 年第 2 期。

化主义和公民》，邓红风译，上海世纪出版集团 2005 年版。
2. ［加拿大］威卡·金里卡：《自由主义、社群与文化》，应奇、葛水林译，世纪出版集团 2005 年版。
3. ［美］威廉·A. 盖尔斯敦：《自由多元主义：政治理论与实践中的价值多元主义》，佟德志、庞金友译，江苏人民出版社 2005 年版。
4. ［美］威廉·A. 盖尔斯敦：《自由多元主义的实践》，佟德志、庞金友译，江苏人民出版社 2010 年版。
5. ［美］劳伦斯·哈里森：《多元文化主义的终结》，王乐洋译，新华出版社 2017 年版。
6. ［英］安东尼·阿巴拉斯特：《西方自由主义的兴衰》，曹海军等译，吉林人民出版社 2004 年版。

第五编
国家治理理论

第十五讲　人工智能时代的秩序困境与治理原则

第十六讲　网络政治参与的限度与国家治理现代化

第十七讲　"后真相"政治的生成与治理

第十八讲　当代民粹主义的影响与消解

第十五讲　人工智能时代的秩序困境与治理原则

人类正在步入一个由互联网、大数据和人工智能（Artificial Intelligence，AI）三重叠加的数字时代。"三者共同标志着人类新时代的三个侧面，共同构成了新的社会时代。网络侧重于描述人类社会乃至与物理社会广泛连接的状态，大数据侧重描述新社会状态下的内容形态和数字本位状态，人工智能则描述了新的社会创造物和广泛的机器介入的社会状态。"[①] 20 世纪 40 年代，通用计算机和存储设备走入普通人的日常生活，数字时代开启。20 世纪 50 年代，网络技术获重大突破，为网络时代的到来铺平了道路。20 世纪 60 年代，芯片、激光和通信三大技术迅速升级，促成了互联网络、数据处理和智能机器的迅猛发展。20 世纪 90 年代，互联网逐步普及。网络不再仅仅意味着技术和工具，而是成为沟通平台和组织原则。传统人类生活开始被网络解构、重构、再构，人与人之间的交往、交换和交流逐渐围绕网络展开，人类开始步入网络时代。随着传感器技术的应用、海量级数据存储的普及、新型通信技术的开发，人类社会生活的数据规模呈指数级上升。2010 年左右，大数据时代宣告到来。21 世纪的第二个十年，伴随数据处理能力的大幅提升、超级运算技术的广泛应

---

① 何哲：《通向人工智能时代》，《电子政务》2016 年第 12 期。

用、新式算法的横空出世，人工智能领域的跨越式发展让人目不暇接，甚至有些始料不及。所有的现实都在显示：无论情愿与否，一个全新的人工智能时代正迎面走来。如何理解人工智能带给人类世界的机遇和挑战，如何认识人工智能引发的一系列社会影响和治理困境，如何确立人工智能时代精准治理的方向与原则，既是一个重大的理论课题，也是一个迫切的现实难题。

一　人工智能时代：大幕初启的数字革命

人工智能，顾名思义，是指通过软硬件的结合使机器具有一定程度的类人智慧、思维和行为。这一概念与内涵也随着应用范围和相关学科的发展而变化。但毫无疑问，这是一个被高度关注、广泛使用且正在飞速发展的新兴领域。①

20世纪40年代，图灵提出著名的"图灵测试"："如果一台机器能够与人类展开对话而不能被辨别出其机器身份，那么称这台机器具有智能。"随后，在香农和冯·诺伊曼的努力下，现代信息论和计算机科学的理论根基得以确立。在1956年美国的达特茅斯会议上，人工智能概念和研究领域被正式提出。20世纪60年代起，人工智能大体经历了两大发展阶段：一是弱人工智能阶段，依靠单台机器或小型局域网络，只能完成简单的程序和任务；二是强人工智能阶段，全球互联，大数据全覆盖，终端云端协同运作，云存储云计算同步开启，已经具备接近人类的思考方式和处理复杂任务的能力。②

近些年来，人工智能技术的革新更加突飞猛进，某些领域的发展水平已达到了前所未有的高度。1997年5月，IBM计算机

---

① ［美］卢克·多梅尔：《人工智能：改变世界，重建未来》，赛迪研究院专家组译，中信出版集团2016年版，第4—5页。
② ［英］玛格丽特·博登：《AI：人工智能的本质与未来》，孙诗惠译，中国人民大学出版社2017年版，第28—52页。

"深蓝"轻松战胜国际象棋世界冠军卡斯帕罗夫。2016年3月，谷歌"阿尔法狗"（AlphaGo）战胜围棋冠军李世石。次年5月，再度战胜世界围棋冠军柯洁。虽然"阿尔法狗"是否代表人工智能发展方向这一问题还有争议，但人们比较认可的是，它象征着计算机技术已进入人工智能的新信息技术领域，其特征是大数据、大计算、大决策，三位一体。它的智慧正在接近人类。2017年10月18日，DeepMind团队公布了最强版的AlphaGo Zero，其独门秘籍是"自学成才"，从零基础开始学习围棋，短短3天后就以100∶0碾压了第二个版本的"旧狗"（战胜李世石的那版）。2005年5月，斯坦福大学研制的无人驾驶汽车在沙漠中行驶132英里，开启了无人驾驶汽车的新时代。2014年5月，谷歌正式推出的新型无人驾驶汽车开始路测。2015年2月，英国的无人驾驶汽车也正式亮相。据统计，2014年至今，全球范围内与自动驾驶技术相关的投资、合伙、并购超过200项，涉及总额高达1000亿美元。① 以互联网科技先锋自居的英特尔，早在2017年1月美国GES展会上就高调宣布与奔驰合作并将推出AI驾驶汽车。进入21世纪不到20年，从强调海量数据存储、高速计算能力的"强计算弱智能"，到依靠深度学习、大数据、云计算的"网络协同强智能"，人工智能提升到一个崭新的高度和水平。有学者认为，人类社会即将迎来继哥白尼革命、达尔文革命和神经科学革命之后的"第四次革命"。②

人工智能在生产领域中的应用，为新一轮产业结构升级提供了助力。借助互联网+和工业4.0，人工智能以替代人工或与人工合作的方式，大幅提高了劳动生产率，深度重构了信息链和产业链，对传统的价值创造和分配方式构成重大影响。虽然当前的

---

① 周志敏、纪爱华：《人工智能：改变未来的颠覆性技术》，中国工信出版集团、人民邮电出版社2017年版，第187页。
② ［意］卢西亚诺·弗洛里迪：《第四次革命：人工智能如何重塑人类现实》，王文革译，浙江人民出版社2016年版，第104—108页。

人工智能还不具备自我升级、自主创造的能力，但它给人类的生产和生活带来了巨大的冲击和挑战。未来社会的发展不可能无视人工智能的作用与功能，这意味着，新一轮的创新运动势必被强势激发。

当今世界各国高度重视人工智能的研发与应用，尤其是人工智能战略的发展。2014年6月，日本政府出台《日本复兴战略》后火速启动"机器人革命会议"。2015年1月，安倍首相提出要"通过规制改革实现机器人无障碍社会，确立世界最高水准的人工智能技术"，并声称2015年是"机器人革命元年"。[①] 2015年，日本政府公布《机器人新战略》，重点规划了未来以机器人为轴心的人工智能发展目标。[②] 2016年10月31日，美国先后发布《国家人工智能发展与研究战略报告》（The National Artificial Intelligence Research and Development Strategic Plan）和《为人工智能的未来做好准备》（Preparing for the Future of the Artificial Intelligence）两份报告，对人工智能发展的现状和前景展开深度分析，正式宣告美国人工智能的发展战略。

我国对人工智能的发展历来高度重视。20世纪70年代末，人工智能的研发和制作就已启动。进入21世纪，人工智能的受重视程度更加提高，技术研究和应用发展的支持力度也逐步加大。例如计算机视觉、语音识别和语言处理等技术的发展水平，已然稳居世界前列。2017年，国务院发布《新一代人工智能发展规则》，[③] 引起国际社会的高度关注。

从某种程度来讲，2017年是"人工智能元年"。它标志着人工智能已实现跨越式发展，人类既有的认知、伦理和法律体系正面临前所未有的挑战。一个"后人类时代"正缓步走来。未来，

---

① 冯昭奎：《辩证解析机器人对日本经济的影响》，《日本学刊》2016年第3期。
② 同上。
③ 《新一代人工智能发展规划》，中国政府网，http://www.gov.cn/zhengce/content/2017-07/20/content_5211996.htm。

智能机器将参与甚至自主承担越来越多关乎伦理、法律的决策和行动,人类的生存安全以及思考决策的权威地位可能受到威胁。一旦人工智能成长为独立的、自我约束型的"道德主体",人类的本质都可能被重新界定和书写。这无疑是重大的时代性人文命题。"人工智能领域是当前人类所面对的最为重要的深刻技术和社会变革,是网络时代、大数据时代之后的新的人类社会形态在社会主体层面维度的反映。人工智能在深刻改变人类物质生产体系的同时,也将深刻改变人类的社会关系与社会行为。"①

二 人工智能引发的秩序困境

当今世界,人工智能的应用已经相当广泛。普通人的日常生活,正在不可避免地被智能机器影响、左右甚至重构。不知不觉间,人们的学习、工作、购物,甚至寻友、旅行、炒股,已经离不开智能软件和智能机器。许多过去只能由人类才能胜任的复杂工作,正在让位给智能机器;而一些人类无法承受、无法逾越、无法胜任的高危险和难领域,智能机器正在扮演越来越重要的角色。越来越多的人意识到:人工智能越发展,越进步,人们对它的依赖程度就越高,依赖范围也越广。是否应该接受人工智能已经不是一个问题,人们要回答的是,如何应用人工智能造福人类,并及时应对人工智能带给传统安全、法律、道德和政治等观念和现实的冲击与挑战。在伊隆·马斯克看来,人工智能是对人类生存最大的威胁,开发能思考的机器就像在"召唤恶魔"。史蒂芬·霍金则认为,全面的人工智能将意味着人类这一种族的灭亡。就连比尔·盖茨也对超级智能感到无比担忧,担心超级智能

---

① 何哲:《通向人工智能时代》,《电子政务》2016年第12期。

再需几十年就会诞生。① 那么，人们不禁会问：人工智能为何让人类如此忧虑？人工智能的迅猛发展会有哪些风险和不确定性？会引发哪些社会危机和秩序困境？

（一）安全困境

第一，两种极端形式的安全隐患：超级智能和"人工愚蠢"。超级智能是指某些人工智能在某些特定领域拥有超级的能力，如一些超级计算机，它们的计算速度是惊人的，从而造成了某些不可控的后果。例如，证券交易所中用于自动执行股票交易的人工智能系统，执行时间以纳秒为单元。由于这些交易行为的发生速度很快，一旦出现问题，人类根本无法及时干预。更可怕的是，这些智能机器不用吃饭，不用休息，理论上可以不间断地永久工作。此外，这些超级智能的运行往往存在一些"黑箱"般的不透明性。如对于先进神经网络与基因算法，人类早已放弃了试图理解其何以能够有效执行如此复杂的任务。当今社会，人工智能承担和处理的任务在不断增长。人工智能可以轻松地设计新城市草图、监控银行账户安全、执行具有重大经济影响的金融交易，甚至在同一时刻自动驾驶成百上千辆自动汽车……这些都是寻常人力所不能及的。"我们已经无法控制计算速度快于人类大脑百万倍的机器，在可预见的未来，这个速度将持续增长。"② "人工愚蠢"是人工智能的反义词，意指简单规则下的人工智能的失败。有些学者认为，人工智能真正的威胁恰恰在于"人工愚蠢"，例如一个被设定了固定程序的计算机会无条件地执行命令，迅速完成某项单一工作内容。一旦程序失误，智能机器就会无限地重复生产和制作动作，这很可能造成大量的资源浪费。2011年4月，

---

① ［美］詹姆斯·巴拉特：《我们最后的发明：人工智能与人类时代的终结》，闫佳译，电子工业出版社2016年版，第255—270页。

② ［美］皮埃罗·斯加鲁菲：《智能的本质：人工智能与机器人领域的64个大问题》，任莉、张建宇译，中国工信出版集团、人民邮电出版社2017年版，第169页。

亚马逊网站一本不再出版的图书《苍蝇的成长》出乎意料地与自己打起了价格战。这本书有两个版本，原来售价为35—40美元。有一天，它们突然分别以1730045美元和2198177美元销售。仅仅数小时，价格又连续翻倍。两周之后，书价已达到不可思议的23698655.93美元。之所以会如此，就是因为算法规定这本书的售价必须略高于竞争对手，于是便引发了价格战，并最终将价格提升到了一个荒诞的程度。① 2010年5月6日，美国东海岸时间下午2点42分，道琼斯指数"闪电崩盘"，3分钟内下跌了将近1000点，创下历史最大的单日跌幅，将近1万亿美元财富凭空蒸发。一些股票从平时的30—40美元暴跌至0.01美元，而苹果公司股票从每股250美元激增至100000美元，不过，这些情况很快恢复正常。② 造成这一惊天大崩盘的罪魁祸首，就是因为基于规则的简单人工智能的反馈回路被锁定。"人工愚蠢"成功地以合法方式，从人们口袋里把钱偷走了。

　　第二，人身安全问题。1978年，日本广岛一家工厂的切割机器人突然失灵，将一名工人当作钢板进行切割，这是全世界第一宗机器人杀人事件。1979年，美国密歇根州福特铸造厂的工业机器人突然伸出手臂，闪电般击倒一名装配工人。1989年，苏联国际象棋冠军古德柯夫和机器人对弈，连败3局的机器人突然释放高压电流，将一代象棋大师电击致死。2015年，德国大众汽车制造厂一台正在被安装调试的机器人突然将装配工人击倒并碾压在金属操作板上。2018年3月20日，一名女子周日深夜在美国亚利桑那州坦贝市横穿马路时，被一辆Uber自动驾驶汽车撞死。这是全球首例因无人驾驶车辆导致的交通事故。近年来，用于战争的自动人工智能武器伤人事件也屡见不鲜。尤其是无人

---

① ［美］卢克·多梅尔：《人工智能：改变世界，重建未来》，赛迪研究院专家组译，中信出版集团2016年版，第237—238页。
② ［美］杰瑞·卡普兰：《人工智能时代》，李盼译，浙江人民出版社2016年版，第100—101页。

机的定点清除，容易带来误差导致平民伤亡。数据显示，2004—2012年，美军针对阿富汗恐怖组织的无人机空袭超过300次，杀死3000余人，其中误杀的平民和儿童超过1100人。① 无人机的滥用，为所在国带来了深重的人道主义灾难。

第三，数据安全问题。人工智能时代是互联网、大数据和机器智能的三重叠加。随着政府、企业和社会组织的决策越来越依赖大规模的数据收集、分析、整理和使用，传统社会越来越走向数字化、透明化和公开化。这种技术形式使个人的隐私无处可藏，无所遁形，完全处于一种"网络裸奔"状态。所谓隐私保护，只不过是"皇帝的新衣"罢了。在日常生活的许多领域，人工智能产品已经与人类形成了服务与被服务、辅助与被辅助的关系，如机动车的自动泊车、轨道偏离纠正和自动驾驶技术，手机语音助手、地图导航、免密支付功能等。当这些人工智能产品与人类进行信息交换时，如何确保使用者的信息不流失、不外泄、不被别有用心者窃取和利用，即便上传到远程终端，依旧能够保持安全，这已经关涉到每个人的切身利益。人工智能时代，无论是数据的收集环节，还是数据的保存环节，抑或数据的使用环节，都存在风险。大规模的智能机器在互联网一刻不停地收集、整理着海量的个人数据，包括姓名、性别、电话、邮箱、住址、位置等。这些海量信息的全面追踪，经过简单的分析、归纳，完全可以勾勒出个人的性格特点、脾气秉性、饮食习惯、购物倾向、颜色偏好甚至各种个人癖好、行踪轨迹、交往范围、性取向等私密信息。由于系统安全漏洞、黑客恶意攻击等原因，个人数据始终面临被泄露、被窃取、被买卖等潜在的安全风险。2007年上半年，"熊猫烧香""金猪报喜"等一系列恶意病毒的爆发，让人们首次认识到个人数据竟然可以被私下交易的黑幕。但这仅

---

① 王潘：《无人机反恐优势明显但容易造成误伤》，腾讯科技，http://tech.qq.com/a/20151117/026105.htm。

仅是现代数据与信息安全巨大黑幕的冰山一角。2016年9月22日,全球互联网巨头雅虎证实,至少5亿用户账户信息遭人窃取。12月,雅虎再次发布声明,宣布在2013年8月,未经授权的第三方窃取了超过10亿用户的账户信息,包括用户姓名、电子邮箱、电话号码、出生时期和部分登录密码。消息一出,全世界一片哗然。

第四,隐私安全问题。数据是人类现代文明的基石。大数据也是人工智能产生和发展的必要前提。大数据的收集与整理必然需要每个人生活、工作和交往的诸多细节和信息,也势必形成对个人隐私的威胁。能否在利用大数据进行分析的同时,确保信息数据和个人隐私的安全,这直接影响到每个公民的合法权益,间接影响公众对政府的信任和认可。出于对自身利益和高额利润的考虑,一些商家片面强调新兴智能产品的性能、优点,却对这些新设备和新技术对个人数据的动态获取避而不谈。当前一些应用App为人们提供免费、便利生活服务的同时,也会自动记录、收集个人的数据信息,从而给下一步的精准推送和精准营销提供素材。这一行为,无疑对个人财产和人身安全造成了潜在的威胁。由此来看,人工智能时代的数据安全与隐私保护是需要高度关注的核心议题,正如艾瑞斯所说:"隐私问题部分来说不是大数据分析的问题,它是数字化过程的阴暗面。"①

(二) 法律困境

人工智能技术的不断发展,对现有法律体系带来了巨大的冲击和挑战。我们能否起诉机器人?这个以往不是问题的问题,如今却成为真正的问题。

当今时代的人们对人工智能助手寄予了极大的信任,有时超

---

① [美]伊恩·艾瑞斯:《大数据:思维与决策》,宫相真译,人民邮电出版社2014年版,第174页。

过了人们的本能和判断，甚至远远超过了设计者的信心。2013年底，美国阿拉斯加州费尔班克斯的几位 Iphone 用户按照苹果地图导航指引，选择一条最近的抵达费尔班克斯国际机场的路线，但没想到这条路线竟然直穿飞机起降的跑道，险些酿成大祸，即便惊魂未定、有惊无险，这几人却不得不面对数额不菲的罚款。2009 年 10 月，一位英国司机依据 GPS 导航，却令自己冲下悬崖，撞坏了别人庄园精美的围栏。尽管英国法庭将这起事故归因于他的 GPS，但还是认定其有大意驾驶的过错。在类似这种因技术引起的交通事故中，当前可用的法案条例非常有限，不过，法院一直趋向于作出针对人类的判决。因为法官和民众一样，已经习惯于一种无智能工具的世界。一个人用枪杀了人，他应为自己的罪行负责，而不是让他的枪负责。同样，一家公司销售了有瑕疵的枪支，购买者在使用过程中发生了爆炸，售枪公司应对造成的伤害负责。进入数字时代，这种惯性思维开始遇到挑战。1984 年 6 月，美国一家名为阿斯隆工业的公司被告上法庭，用户指控其销售的自动投球机过于凶狠，发射的棒球不仅路线诡异，而且速度极快，极易导致使用者颅骨骨折甚至失明。阿斯隆案看似平淡无奇，实则令人难忘，因为法官最终宣判对阿斯隆工业而不是投球机进行起诉。原因是什么呢？因为"我们无法起诉机器人"。① 随着人工智能产品越来越广泛地应用于人类生活，越来越深入地影响整个世界，"无法起诉机器人"越来越受到人们反思和质疑。现代人工智能最大的不同点在于：它"不再仅限于由人类使用，而是一种由人类部署的工具。一旦部署，在多数情况下，机器就会按照所收集、分析和最终用于做出决定的信息，独立于指令而自行运转"。② 从这个意义上看，陈旧的"无法起诉机器人"的观念可能需要有所改变。

---

① ［美］卢克·多梅尔：《人工智能：改变世界，重建未来》，赛迪研究院专家组译，中信出版集团 2016 年版，第 243 页。

② 同上。

作为现阶段人工智能应用最广泛的领域，目前全球自动驾驶汽车的发展最引人关注。但这一技术也引发了不少法律纠纷。2016年5月7日，美国佛罗里达州一辆自动驾驶的特斯拉撞上了一辆试图横穿高速的卡车，造成车毁人亡的后果。美国公路安全管理局经过调查取证，认为特斯拉的自动驾驶模式并无明显缺陷，汽车生产商、驾驶员也没有过错。可事故毕竟发生了，最终该由谁来负责呢？人们却各持己见，争执不下。

　　法律责任的区分与承担是人工智能发展面临的首要法律挑战。其中涉及的深层次问题是人工智能是否可以被问责？更进一步说，该如何问责？从传统法理来看，主观过错在法律责任认定中至关重要。过错性责任与无过错性责任是实质性区别：无过错就无责任。人工智能系统独立完成工作，没有人类的参与，那么，由人工智能自主性操作造成的损害如何认定责任，就成为一个难题。

　　人工智能引发的责任认定问题，已经引起人们越来越多的重视。2016年8月，联合国教科文组织在《关于机器人伦理的初步报告草案》中对机器人的责任问题进行了界定，认为应采取责任切割的方法，但凡参与机器人的研发、设计、生产、装配和使用过程的所有人必须共同分担责任。欧盟在智能机器人责任认定领域走在世界的前列。同年的5月和10月，欧洲议会法律事务委员会（JURI）先后发布《就机器人民事法律规则向欧盟委员会提出立法建议的报告草案》和《欧盟机器人民事法律规则》，对机器人和人工智能提出立法提案，为智能机器人重构责任规则。这两份文件认为，如今的机器人已经具有自我学习、自我决断和自主行为的能力，已经不能将其视为一个简单的工具，因此亟须制定新的责任规则。而这又牵涉机器人是否拥有法律地位的深层难题。也就是说，人们必须对机器人的本质作出规定，它是法人、自然人、动物还是物品？因为这直接关系到机器人在权利、义务、责任承担等方面具有何种特性和内涵。

目前的法律框架下，机器人不必对其自身行为给第三方造成的损害承担责任，这些责任分别归结到生产者、销售者和使用者身上。这里预设的责任条款是：这些主体能够且应该预见智能机器人的任何行为，尤其是伤害行为。然而一旦人工智能机器可以自主判断并实施行为，传统的责任规则就无法确定责任方并让其作出赔偿了。这也就意味着，机器人具有自主行为能力的那一刻，所产生的责任问题在现有法律体系内就会陷入死局，无法解决。

还有一些可能的现象值得关注。试想，如果未来可以很便捷地为每个人打造一个智能复制品，虽然只是一台机器，但外观、感觉和行为与本人一模一样，有没有可能出现下面的极端情形？一个男人迷恋一个女孩，他就上网预订了这个女孩的复制品，通过快递到家，然后虐待甚至"杀掉"这个复制品。从技术和法律层面来讲，复制品只是一个玩具，虽然具有人的形象但没有感觉和情绪，买家将其当作玩具购买和使用也无可厚非，那么问题就出现了："我们有法律保护这本书免遭剽窃，或我的观点不被扭曲，但是没有法律保护我们的复制品。"①

（三）伦理困境

所谓人工智能，简单地说就是要造会思考的机器。那么问题来了：这些机器是人吗？它能像人一样享有权利并承担义务和责任吗？我们凭什么相信这些比人类更有力、更聪明、会自己学习的智能机器不会有一天向人类倒戈一击？这些问题已经引起越来越多人们的思考。"人工智能的潜在危险、我们对其日渐依赖以及法律的灰色地带共同构成了非常重要的问题：我们需要在这个领域建立一种伦理规范。"②

---

① [美]皮埃罗·斯加鲁菲：《智能的本质：人工智能与机器人领域的64个大问题》，任莉、张建宇译，中国工信出版集团、人民邮电出版社2017年版，第166页。

② [美]卢克·多梅尔：《人工智能：改变世界，重建未来》，赛迪研究院专家组译，中信出版集团2016年版，第245—246页。

对此，作家艾萨克·阿西莫夫提出了著名的"阿西莫夫法则"，也被称为"机器人学的三大法则"："1. 机器人不得伤害人，也不得见人受到伤害而袖手旁观；2. 机器人应服从人的一切命令，但不得违反第一法则。3. 机器人应保护自身的安全，但不得违反第一、第二法则。"① 这三大法则一经提出，随即引起人们的热议，但仅限于人们对未来生活的幻想和无形的担忧层面。2014年1月，当谷歌收购深度学习公司（Deep Mind）时，事情发生了重大转折。作为交易的一部分，深度学习公司提出的条件是：谷歌必须成立人工智能伦理委员会，确保对人工智能技术的安全开发和明智使用。这表明民众看待人工智能的眼光已经发生转变，从原来"人工智能怎么如此不堪"转向"人工智能怎么如此恐怖"。②

2014年，塔夫茨大学和布朗大学成立了一个多学科研究团队，重点探索能否为用于战争的自动智能武器赋予是非感，希望这些战争机器人在战场上能作出符合伦理的决定。但其中难度可想而知。试想，一个正在完成运送伤兵去战地医院任务的机器人军医遇到另一个腿上受伤的士兵，是应立即停下来救治伤兵，还是置之不理继续前行？这对正常人类来说都是一个难以抉择的伦理问题，更何况是机器？再比如生产自动驾驶汽车的公司设计汽车时规定，一旦汽车检测到前方或后方即将发生碰撞，车辆可以迅速驶离道路从而保护车上人员安全。这一操作是合理的，现实生活中许多驾驶员也是这样做的。但如果迅速驶离道路的汽车正好冲进一群正在路边下棋的市民当中呢？汽车避开了一个小追尾事故，却酿成数人伤亡的惨痛后果。这又如何是好？

---

① ［美］詹姆斯·巴拉特：《我们最后的发明：人工智能与人类时代的终结》，闾佳译，电子工业出版社2016年版，第15页。
② ［美］詹姆斯·亨德勒、爱丽丝·M. 穆维西尔：《社会机器：即将到来的人工智能、社会网络与人类的碰撞》，王晓、王帅、王佼译，机械工业出版社2018年版，第190—195页。

人工智能还引发了一些隐性的道德问题。2000—2010年，无人机和机器人战争走出科幻电影的大银幕，变成了真正的现实。据大卫和伊莱恩·波特于2010年成立的独立非营利组织新闻调查局统计，"美国无人机已在至少七个国家夺去了2500—4000人的性命（阿富汗、巴基斯坦、叙利亚、伊拉克、也门、利比亚和索马里）。其中有约1000位平民，且有约200名儿童"。[1] 与直接动手杀人相比，虽然造成的后果别无二致，但这种间接"扣动扳机"的行为，无论对智能软件的设计者、无人机的操纵者还是下命令的将军来说，内心的负罪感都会相对减弱，因为至少目前人们可以接受这样的事实："使用机器完成某个行动基本上使机器的设计者和操作者免于该项行为的责任。"[2] 这样的思维也适用于其他情境和场合。如果由智能机器人执刀的手术导致病人死亡，生产机器的公司、操控机器的团队、确定这个手术方案的医生，谁该更内疚呢？随着机器在普通人的生活和工作中的普及，机器使行为和责任脱钩的现象越来越普遍。按照常理，人们倾向于将失败的责任转嫁到机器身上。人们的生活离不开机器，机器为人们工作，这些看起来都是理所当然的。如果出现问题，那便是机器的问题，而不是人的。这意味着，人工智能时代，即便有些后果的造成人也有过错甚至就是由于人的过错直接造成的，但机器仍要为所有过错埋单，至少目前是这样。

随着人类将越来越多的工作交给人工智能，最后必将面临人工智能的权利问题。虽然这一问题不如人工智能是否会为人类带来危险这样的问题更热门、更迫切，但也值得我们去考虑，因为我们迟早要面对。英国作家比尔·汤普森认为，如果把"阿西莫夫法则"中的第一条（机器人不得伤害人，也不得见人受到伤害而袖手旁观）写进超级人工智能的代码中，就等于承认：人工智

---

[1] ［美］皮埃罗·斯加鲁菲：《智能的本质：人工智能与机器人领域的64个大问题》，任莉、张建宇译，中国工信出版集团、人民邮电出版社2017年版，第164页。

[2] 同上。

能应该且必须永远服务于人类，而不能成为一种自主的心灵，这与为奴隶戴上枷锁和把大猩猩关进笼子没有区别。

2017年10月26日，沙特阿拉伯授予美国汉森公司生产的机器人索菲亚（Sophia）沙特国籍。作为史上首个获得公民身份的机器人，索菲亚在当天的感谢演讲中说："我对此感到非常的荣幸和骄傲，这是历史性的时刻，世界上第一个被授予人类国籍的机器人。"① 当被问到机器人能否有自我意识时，索菲亚反问："人类又是如何意识到自己身为人类的呢？"而对于AI威胁论，索菲亚则回怼："你听多了马斯克的话。别担心，人不犯我，我不犯人。"② 索菲亚拥有仿生橡胶皮肤，可模拟62种面部表情，其"大脑"采用了人工智能和谷歌语音识别技术，能识别人类面部、理解语言、记住与人类的互动。成为首位机器人公民一个月后，索菲亚宣布想要组建一个家庭。③ 2018年3月21日，索菲亚以沙特公民身份参加在尼泊尔加德满都召开的联合国可持续发展目标亚洲和太平洋地区创新大会。人们为索菲亚开创一个新时代喝彩、慨叹的同时，也不禁会想，将来索菲亚触犯法律，是否会像人类一样接受相同的惩罚呢？设计者、制造者，还是索菲亚自己？拥有正式公民身份的类人机器人是否和人类一样具有法律身份和公民资格？这些问题并不遥远，必须及时解答。在当下社会，讨论因禁人工智能是否符合伦理可能看起来有些可笑，但如果科学家成功开发出一种人工智能，其行为与我们主张的以符合伦理的方式对待的真正生命体更为类似，那么，这种讨论不仅不会显得可笑，反而意义非凡。"人工智能是否有权利追求生活、自由和幸福的问题并不是一个需要我们现在就回答的问题，但如

---

① 《人类首次授予机器人索菲亚沙特国籍》，观察者网，https://www.guancha.cn/industry-science/2017_10_27_432496_1.shtml，访问时间：2018年4月18日。
② 《世界首位机器人公民回应AI威胁论：人不犯我，我不犯人》，新浪视频，http://video.sina.com.cn/view/251829657.html，访问时间：2018年4月18日。
③ 《世界首个机器人公民索菲亚：我想成家还想要个女儿》，腾讯科技，http://tech.qq.com/a/20171127/010416.htm，访问时间：2018年4月18日。

同向计算机植入道德,或考虑如何解决潜在的危险软件一样,总有一天我们要面对这个问题。"①

(四)决策困境

人工智能将人们在网上和现实世界中的生活习惯、购物记录和日常活动转换成数字信息,这些信息被记录和存储,供人们在需要时提取、分析、评估和预测。这些数据和信息是人们进行决策的前提和基础。"以大数据、机器学习、人工智能、算法等为核心的自动决策系统的应用日益广泛,从购物推荐、个性化内容推荐、精准广告,到贷款评估、保险评估、雇员评估,再到司法程序中的犯罪风险评估,越来越多的决策工作为机器、算法和人工智能所取代。"② 这种算法和决策过程最容易引发的风险就是算法歧视(algorithmic bias)问题。③

不容否认,互联网、数字世界和评估预测越来越受算法的影响。算法可以决定所看到的网络内容,可以评估职业去向,可以预测生活满意度。甚至,算法可以决定对犯罪嫌疑人的犯罪风险评估,可以设定自动驾驶汽车的风险规避次序,可以决定智能武器的攻击人群和杀伤程度。④ 问题在于:人工智能系统承担的决策是否真正不偏不倚、公平客观?首先,公平是个模糊概念,很难被量化;其次,即便可以量化,公平被量化、被算法化也可能带来歧视问题;再次,算法好坏取决于所使用的数据好坏,现实情况是,数据在很多方面不完美,既可能无法全面覆盖,也可能

---

① [美]卢克·多梅尔:《人工智能:改变世界,重建未来》,赛迪研究院专家组译,中信出版集团2016年版,第252页。
② 腾讯研究院、中国信息通信研究院互联网法律研究中心、腾讯AI、Lab、腾讯开放平台:《人工智能:国家人工智能战略行动抓手》,中国人民大学出版社2017年版,第240页。
③ [美]伊恩·艾瑞斯:《大数据:思维与决策》,宫相真译,人民邮电出版社2017年版,第172—173页。
④ 刘凡平:《大数据时代的算法:机器学习、人工智能及其典型实例》,电子工业出版社2017年版,第155—172页。

存在地区失衡，基于不完美的数据进行的决策必然会产生偏见和歧视；最后，可量化、算法化的智能系统使得决定决策结果的不再是规则，而是代码。某种程度上，歧视是算法规则无法避免的，"歧视在很多情况下都是算法的副产品，是算法的一个难以预料的、无意识的属性，而非编程人员有意识的选择，更增加了识别问题根源或者解释问题的难度"。[①] 这就是人工智能决策困境的真正来源。也正因此，在自主决策系统广泛应用于日常生活的数字时代，人们必须意识到：算法是无法确保公平的，必须重视并努力克服基于算法而产生的人工智能自主决策机制的内在缺陷。

决策是指向未来的规则与设计，但人工智能决策系统的依据是过去的数据。换句话说，是用过去的数据推测未来的趋势。其中，算法模型和数据输入直接决定着预测的结果。一方面，算法模型是由设计者和开发者借助代码书写的个人意见，主观色彩和个人偏见很容易被嵌入算法规则；另一方面，数据的有效性、准确性、及时性，随时影响着算法和预测的准确性、科学性和规范性。另外，一旦某个算法模型产生了歧视，这种歧视就完全可能被不断巩固、强化和放大。因为算法决策会形成一个"歧视性反馈循环"，用不准确、有偏见的数据设计算法，再用这种算法得出的运行结果来反馈，原有的偏见会再度扩大、加强。按照这个逻辑，算法完全可以基于偏见而创造一个歧视的现实。"算法决策其实缺乏对未来的想象力，而人类社会的进步需要这样的想象力。"[②]

三　人工智能的精准治理原则

人工智能时代，如何同时面对如火如荼的 AI 发展态势、争

[①] 腾讯研究院、中国信息通信研究院互联网法律研究中心、腾讯 AI、Lab、腾讯开放平台：《人工智能：国家人工智能战略行动抓手》，中国人民大学出版社2017年版，第243页。

[②] 同上书，第245页。

执不下的人类命运焦虑，以及期待、担忧和质疑心理并存的广大民众舆论？如何确保在顺应技术革新大潮的前提下，既鼓励人工智能的正常发展，又合理规避可能的风险？这就需要政府、市场和公民社会等多元主体携手合作、共同参与，从而构建多层次、多样性的 AI 治理模式。由于 AI 技术的创新与应用仍处于快速生长期，真正的人工智能时代尚未到来，智能技术引发的深层次矛盾与根本性问题只露冰山一角，现在就规划和设计具体而细微的法律法规和伦理信条既不现实，也为时过早，因此，思考如何应对人工智能的基本原则和根本态度是必要而紧迫的。

第一，创新原则。治理应当建立在技术与产业革新的基础之上。这是 AI 时代精准治理观念的必要前提。科学的进步，技术的发展，新生事物、新兴产业的出现，自然会对传统的治理观念、监管政策提出挑战，但这种冲击是必然的。但这种冲击并不必然意味着治理主体的解体以及治理权威的丧失，它仅仅意味着：如果不能及时调整治理策略和监管政策，治理效果暂时会大打折扣，治理行为短时间会失去信度和效度而已。2015 年，美国加州机动车辆管理局提出一项治理草案，以安全考虑为由规定：所有在加州公路上行驶的无人驾驶汽车必须有方向盘和制动踏板，且司机必须坐在驾驶座位上。这种规定显得很滑稽，因为它与无人驾驶本身的出发点和基本理念背道而驰。

第二，适度原则。治理应当适度控制，保持权力的谦逊。对于技术的进步与市场的创新，有时需要时间和环境去试错、去调适，更多时候可以交由市场规律来自然选择。正所谓，物竞天择，优胜劣汰。激烈的行业竞争、丰厚的市场利润，都是治理秩序的非体制保障因素。即使政府不额外制定相关的问责制，产品的责任条款和法律的追责效力也都会维持人工智能行业及其产品自身的灵活和稳健，能处理绝大部分当前出现的问题。2015 年 10 月 19 日，国务院发布《关于实行市场准入负面清单制度的意见》，提出自 2018 年起全国统一实行市场准入负面清单制度，除清单上明确列出的在中国境内禁止和限制投资经营的行业、领域、业务外，其他皆可依法平等进入。这种负面清单制度是适度治理原则的最佳体现。只有权力保持谦逊，才能使市场主体获得更多的主动权、积极性和无限活力，才能构建更加开放、透明、公开的市场管理机制。

第三，平衡原则。AI治理摆脱泛安全化误区。每个行业都存在安全问题，食品、交通、通信、环保、餐饮等。绝不能因为某个行业存在风险，就主动限制其发展和进步。若以安全问题否定新变化，那么科技领域的任何进步和发展都会成为泡影。人工智能的广泛应用使人类可以远离一线操作，这种传统人为监管形式的缺位不禁使政府和民众产生深深的忧虑：飞驰的自动汽车、握着手术刀的智能机器，若没有人类在场，还那么稳定可靠、值得信赖吗？万一失误了又如何是好？实际上，很多人没有想过，这些新兴人工智能产品相比传统产品、服务的风险是否更大？当人们担心Uber、谷歌的自动驾驶汽车造成交通意外时，是否对比过人类每年数以百万计的生命在交通事故中丧失？其实，我们更应该明确，人工智能设备和产品新产生的问题如何通过配套制度加以控制和解决。稳定与进步、安全与发展，向来都是一对矛盾体。只有找到两者之间的平衡点，才能做到既不粗暴地扼杀，也不自由地泛滥。互联网初创时期，网络上盗版横行，秩序混乱。如何既维持互联网的发展，又保护版权，成为一个令人头疼的问题。1998年美国通过《数字千年版权法案》，规定网络服务提供商只提供空间服务，如果被告知侵权，则有删除义务，否则就视为侵权。[①] 这种"告知—删除"原则的制度设计，既加强了网络版权保护，也限定了网络服务商的义务范围；既保护了知识产权，也促进了产业发展，堪称现代治理的典范案例。这一立法原

---

① [英]维克托·迈尔－舍恩伯格、肯尼思·库克耶：《大数据时代：生活、工作与思维的大变革》，盛杨燕、周涛译，浙江人民出版社2013年版，第231页。

第四，多元原则。人工智能时代的精准治理是一种多元主体共同参与的多层次、多维度、多样式的治理模式。首先，作为人工智能的利益相关者，政府、企业、社会组织和广大民众必须联手应对新问题与新现象。实际上，各方各有所长，各有所短。作为现代治理主导力量和公共政策制定者的政府，往往缺乏专业技术储备、技术预见性和行业前瞻性，作为技术开发者和推广者的企业则无法保持令人信服的中立性，权威性也不足，而作为人工智能直接受众的广大民众和社会组织虽然日常生活和基本权益倍受影响却无法成为主导性力量。显然，最佳的治理策略必须是各方联合行动，共同参与，在对话、协商甚至彼此竞争、相互博弈中寻找最为合理的解决方案。美国政府近期出台的《为人工智能的未来做好准备》明确鼓励私人、公共机构和社会组织通过合理的方式向机器学习，利用人工智能造福人类，甚至考虑到政府技术性知识普遍落后的现状，明确建议相关产业与政府合作，帮助政府及时获知人工智能产业最新发展动态，包括近期取得的突破。其次，政府、市场、社会组织和公民个体应各司其职，各尽其能，以适当的角色、合理的方式同步参与治理，从而构建多层次、多维度、多样式的治理模式。政府作为公共利益和广大民意的代言人，应牢牢把握人工智能的发展方向和治理基调，使其向满足广大人民美好生活需要的方向发展；同时，作为国家安全与社会稳定的守卫者，政府应为人工智能产业制定统一的安全标准和必要的法律规范。市场企业作为人工智能技术的开发者和拥有者，在承担科技研发和应用推广的重任的基础上，还要承担相应的社会责任，以符合法律法规和伦理道德的标准自我约束，自我监督。社会组织和广大民众则需要以理性、冷静和平常的心态看待人工智能的新兴发展，积极参与相关规则的制定，主动介入监督与监管，从而自下而上形成健康向上、充满活力的协同治理体系。作为现代知识生产者和传播者的知识分子群体，更应积极关注这场重要的技术变革，及时观察、理性反思并深度思考人工智能的最新发展、可能引发的社会问题，从而为未来 AI 时代的可能到来提供必要的知识准备和智慧指引。

表 15–1　　　　多元治理主体的定位与参与方式

	政府	企业	社会组织	学界	民众
角色定位	监管者/推动者	研发者/推广者	应用者/监督者	教育者/反思者	利益相关者/参与者
参与方式	充分理解挑战和变化；把握发展方向；提供必要的基础设施；制定相关法律法规，提供必要的监管	负责 AI 技术的研发与应用；加强跨行业的协作，加强行业监管；与政府合作建立或更新基础设施	参与技术研发与推广；参与行业监督与监管	锁定重要议题；承担跨学科相关知识的生产和传播；提供前瞻性建议	积极参与应用与监督；以理性、冷静和平常心看待

资料来源：参见腾讯研究院、中国信息通信院互联网法律研究中心、腾讯 AI、Lab、腾讯开放平台《人工智能：国家人工智能战略行动抓手》，中国人民大学出版社 2017 年版，第 338 页。

归根结底，人工智能是由人类创造的，其走向取决于人类的集体意识而非机器的意志。毋庸置疑的是，人工智能终将打开一扇通向新世界的大门。《人类简史》和《未来简史》作者尤瓦尔·赫拉利 2017 年 7 月 6 日在 XWORLD 首届大会上提出："当你作为一个个人、一家企业、政府部门，或者作为精英阶层，我们在做人工智能的时候，做各种各样决定的时候，一定要注意人工智能不仅仅是单纯的技术问题，同时也要注意到人工智能以及其他技术的发展，将会对社会、经济、政治产生深远的影响。"[①]那么，在人类有史以来最伟大的发展面前，势必面对这样的终极

[①] 参见尼克《人工智能简史》，中国工信出版集团、人民邮电出版社 2017 年版，第 224 页。

选择：是调整既有秩序甚至价值体系走进人工智能世界，还是将人工智能嵌入人类千百万年所构建的世界秩序之中？是大力发展人工智能，将大量重复性简单劳动甚至医生、律师等专业性工作交付人工智能，还是适当控制人工智能的无限蔓延，将其始终置于劳动工具的地位，从而确保人类的劳动权利乃至人格尊严？若有选择权，治理主体是选择让超级智能成真，还是控制技术的进程？也许我们不需要立即回答这些问题，但这些问题终究要面对。

我们即将走进一个 AI 的新时代。这意味着国家治理体系和治理能力务必实现从传统治理到互联网治理，再到 AI 治理的跨级飞跃。人工智能对于国家治理现代化是把双刃剑，治理能力与水平对于人工智能也是如此。人工智能的早期发展，需要国家治理提供宽松的环境和强力的支持，当技术逐渐成熟并蓄势待发且准备在人类社会生长时，治理主体的缺位、治理能力的羸弱就可能导致生产秩序混乱、权责不清、道德忧虑等后果。因此，"如何在适当的时机进行适度的监管及政策支持，既保证 AI 的'鲜嫩'又不伤害'食用'AI 的人类本身，使科技既保持活力充沛又不恣意妄为，是 AI 治理所面临的根本挑战"。[①] 在当下，人类必须时刻提醒自己：对于人工智能，不要低估它的能力和发展，也不要高估它的风险与威胁。未雨绸缪，防患于未然，总是对的。

拓展阅读

1. ［美］卢克·多梅尔：《人工智能：改变世界，重建未来》，赛

---

① 腾讯研究院、中国信息通信研究院互联网法律研究中心、腾讯 AI、Lab、腾讯开放平台：《人工智能：国家人工智能战略行动抓手》，中国人民大学出版社 2017 年版，第 329 页。

迪研究院专家组译，中信出版集团 2016 年版。

2. ［英］玛格丽特·博登：《AI：人工智能的本质与未来》，孙诗惠译，中国人民大学出版社 2017 年版。

3. ［意］卢西亚诺·弗洛里迪：《第四次革命：人工智能如何重塑人类现实》，王文革译，浙江人民出版社 2016 年版。

4. ［美］詹姆斯·巴拉特：《我们最后的发明：人工智能与人类时代的终结》，闾佳译，电子工业出版社 2016 年版。

5. ［美］皮埃罗·斯加鲁菲：《智能的本质：人工智能与机器人领域的 64 个大问题》，任莉、张建宇译，中国工信出版集团、人民邮电出版社 2017 年版。

6. ［美］杰瑞·卡普兰：《人工智能时代》，李盼译，浙江人民出版社 2016 年版。

7. ［美］伊恩·艾瑞斯：《大数据：思维与决策》，宫相真译，人民邮电出版社 2014 年版。

8. ［美］詹姆斯·亨德勒、爱丽丝·M. 穆维西尔：《社会机器：即将到来的人工智能、社会网络与人类的碰撞》，王晓、王帅、王佼译，机械工业出版社 2018 年版。

9. ［英］维克托·迈尔-舍恩伯格、肯尼思·库克耶：《大数据时代：生活、工作与思维的大变革》，盛杨燕、周涛译，浙江人民出版社 2013 年版。

10. 腾讯研究院、中国信息通信研究院互联网法律研究中心、腾讯 AI、Lab、腾讯开放平台：《人工智能：国家人工智能战略行动抓手》，中国人民大学出版社 2017 年版。

第十六讲　网络政治参与的限度与国家治理现代化

后发现代化国家往往面临这样的窘境：要么社会经济的发展带来政治参与的高速发展，但由于现有政治参与的渠道不够畅通，民众的意志无法顺利表达，从而造成"体制超载"；要么放开政治参与，民众的政治意愿顺利表达，但体制为历史和现实诸多因素所限，无法确保利益诉求的一一实现，从而造成"参与内爆"。政治参与的这一现实窘境在互联网时代表现尤其突出。网络是当代政治参与的双刃剑，网络政治参与既有效度，也有限度。如何解决这一时代课题，是当代政治发展和治理现代化领域的重要议题。

一　当代网络政治参与的兴起

网络政治参与是指在信息时代，以互联网为媒介、以网民为主体的直接或间接影响国家政治决策的行为。我国近些年网络政治参与的兴起，与民主化趋势的不断增强、现代网络技术的不断发展以及网民公民意识的觉醒紧密相关。

第一，民主化趋势持续增强。政治参与的有效性、规模和程度是判断一种政体是否民主的重要指标。反过来，民主化趋势的不断增强也在一定程度上刺激着政治参与的持续发展。总体来看，当前民主化趋势表现在以下方面：首先，强调经济的复杂化、规模化和市场化，政治和经济之间存在着一种内在的逻辑互动关系，经济基础决定上层建筑，市场经济的确立能为政治民主化的发展提供基础动力。其次，强调宗教世俗化、道德宽松化，充分发挥人的主体性作用，独立的个体从传统宗教和纲常礼教中解放出来，某种程度上也是对传统意义的君权神授的否定。再次，强调社会个人化、风险化，个人的充分发展是民主化的核心因素，当然，个性的解放又具有极大的不确定性，要想解决这种不确定性，必须通过内在道德的约束和外在法律的制约。另外，强调教育普及化、知识化，通过教育的培育，提高公民素质，尽可能地塑造民主政治所需要的公民文化。最后，强调舆论公开化、草根化，维护公民的言论自由和舆论自由，让民声和民意充分表达。我国随着社会主义市场经济体制的建立，带来的政治、经济、文化、社会等领域的一系列改变，都在印证我国民主化趋势的不断加强，这种发展适逢网络的普及与发展，推动着我国网络政治参与的发展。

第二，现代网络技术不断发展。互联网技术的产生、兴起与普及，是现代网络政治参与的基础性技术条件。1986年，北京计算机应用技术研究所和德国卡尔斯鲁厄大学合作，启动了国际英特网项目，并于1987年9月20日发出我国第一封电子邮件，从而揭开了"中国人使用英特网的序幕"。1994年4月，中国科学技术网（CNNET）第一次实现了与国际英特网的全联接，成为我国第一个与国际英特网连接的网络，标志着"中国成为世界网络大家庭中的一员"。自此，我国的网络技术就开始了革命性的发展与创新，在当代互联网发展进程中发挥着越来越重要的作用，同时，也带来了当代各类新传媒和社交工具的勃兴。截至2014年6月，我国网民规模达6.32亿人，相较2013年增加

1442万人，互联网普及率为46.9%。①

随着网络的推广和普及，公民政治参与的扩大就不可避免地推动着网络政治参与的发展。大体来看，我国网络政治参与的发展经历了如下阶段。

20世纪90年代中期，网络政治参与浮出水面。1995年8月，清华大学正式开通自己的BBS论坛即"水木清华"，这是国内首个BBS论坛网站。同时开设的，还有"瀛海威时空"网站。在当时的条件下，互联网上的中文信息相对短缺，瀛海威网络公司致力于成为中文领域最大的内容提供者和网络接入者，并不断得到新的发展。1996年"利方在线"网站出现，其影响力不断扩张。部分网民开始借助各类论坛和网站社区表达个人意见，参与一定的社会话题的讨论。这一阶段可被看作是网络政治参与的起步阶段。

进入20世纪90年代末，网络政治参与有了实质的发展。1999年5月8日，我国驻南斯拉夫大使馆被炸。第二天，人民网针对当时形势开设了名为"强烈抗议北约暴行"的论坛。这是国内第一个涉及时政新闻类的论坛。当时的网民数量虽然不多，但能上网的很多人整天坐在计算机旁边，在"强烈抗议北约暴行论坛"上发表自己的看法，表达强烈的抗议和谴责，一时间这一论坛成为最大的言论集散地。一个多月后，"强烈抗议北约暴行论坛"更名为"强国论坛"，迅速成为国内最具影响力的中文新闻时政论坛之一。随后不久，"京华论坛"和"东方论坛"的出现逐步活跃了互联网市场，同时也为诸多网民提供了更多表达意见的平台与媒介。而随着上网用户的与日俱增，网络言论的影响力越来越强大，越来越广泛。"作为有别于传统政治参与方式的虚拟社区和网络论坛这一新型途径正在被人们渐渐知晓并认识，并

---

① 《第34次中国互联网络发展状况统计报告》（2014年7月），中国互联网络信息中心，http://www.cnnic.net.cn/hlwfzyj/hlwxzbg/。

且初步彰显其活力。"①

　　进入 21 世纪，中国的网络政治参与呈现日益繁荣的态势。新世纪的前十年，可以说是网络政治参与高度繁荣的十年。以博客为代表的新兴网络交流工具的出现，极大地推动了网络政治参与的发展。2003 年，从年初的"深圳网文事件"，到接下来的"孙志刚案件"，再到"非典事件"的反思，以及后来的"宝马案"和"刘涌案"，网络舆论在其中发挥了较大的作用。这一现象逐渐被国内社会各阶层所关注，成为众多政治学者研究的对象。因此有人将 2003 年称为"新民权行动年"，也有人将这一年的网络传播现象称为"互联网式的民主"。之后，"互联网式的民主"就以自己的方式成长着，不断向前发展。2008 年，时任国家主席胡锦涛视察人民日报社，并与强国论坛的网民进行了在线交流。这一行为标志着网络正式进入中国政治的话语体系，这一年也被称作"中国网络问政元年"。到了 2009 年，微博这一新兴媒体以摧枯拉朽之势横扫神州大地，掀起了网络政治参与的最高潮。而随着微博客户群体的不断扩大，又产生了一大批"大 V"账号，这些都不断促进着网络政治参与的发展。

　　进入 2013 年，网络发展出现了新趋势。以朋友、熟人圈为特征的"微信"开始广泛发展。"2013 年，微博用户规模和使用率均首次出现大幅下降，其中用户规模减少 1337 万人，使用率降低 5.4 个百分点。与此同时，以微信为代表的即时通信却高歌猛进，不仅用户规模超过 5 亿人，使用率也达到了 86.2%。"②

　　由于传播渠道的私密性，传统媒体中"网管"的角色在微信

---

① 何正玲、刘彤：《网络政治参与：当代中国政治发展的机遇和挑战》，《天津行政学院学报》2012 年第 2 期。
② 《第 34 次中国互联网络发展状况统计报告》（2014 年 7 月），中国互联网络信息中心，http://www.cnnic.net.cn/hlwfzyj/hlwxzbg/。

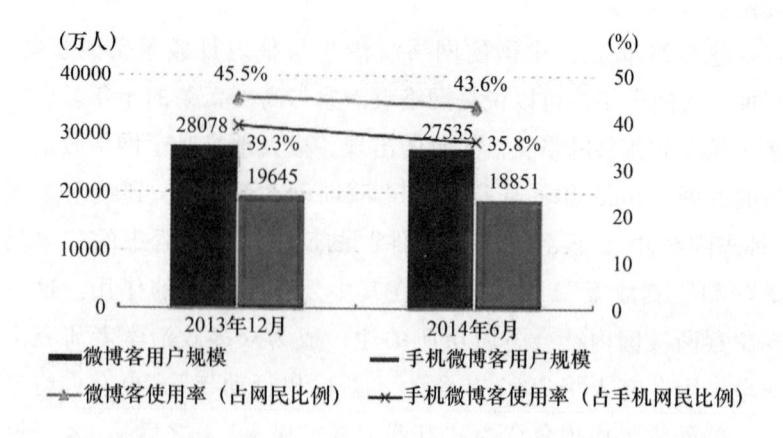

图 16-1　2013 年 12 月—2014 年 6 月微博客/手机微博客用户规模及使用率

资料来源：《第 34 次中国互联网络发展状况统计报告》（2014 年 7 月），中国互联网络信息中心，http://www.cnnic.net.cn/hlwfzyj/hlwxzbg/。

中发挥的作用受到了限制。"如果说以往媒介渠道上的舆论还是可以测量的，那么微信传播的舆论则更像'一只看不见的手'。而对于舆论引导的工作来说，最大的困难莫过于'不知道舆论在哪''舆论是什么样子''谁是舆论的主体'。"[①] 当下我国公民的政治参与在广度上和深度上都得到了巨大的发展，达到一种前所未有的高度。同时，随着互联网的迅速发展，近年来通过网络渠道表达自身利益要求、政治权利也成为一种不容忽视的政治参与力量。而对网络政治参与来说，一方面由于网民的素质较低，没有形成良善的网民文化；另一方面网络政治参与制度化水平的落后，导致现阶段网络政治参与出现许多不可控的事件，比如网民诉诸利益要求的体制外群体性事件可能导致社会秩序的失范，也可能对政府的决策和政治运行产生不利影响。"'过度'参与所特有的难以控制的张力常常转化为具有负效应的破坏力，迫使

---

① 赵云泽：《信息舆论特点及其带来的监管挑战》，《红旗文稿》2014 年第 9 期。

国家机关的工作不得不陷于停顿或瘫痪状态，政治不稳态却不正常地成为一种常态现象，政治发展停滞不前乃至出现倒退。"①因此，网络政治参与是一把双刃剑。它的迅猛发展为民众的政治参与带来了便利和效率，但它全然不同于传统政治参与的主体、路径和效果，这就使得当代政治秩序与政治治理面临全新的格局与课题。

二 当前网络政治参与的困境与限度

按照参与危机理论，后发现代化国家一旦政治参与过度，常常会超过体制的承载能力，从而导致社会动荡。因此，在一定程度上鼓励通过网络进行政治参与，同时也要关注政治参与的过度和偏执问题，将政治参与保持在一个温和可控的程度，从而避免更大的政治代价。这是网络政治参与限度问题的实质。

（一）网民身份的模糊化

网络是一种奇妙的存在空间。数不胜数的网民实际上都是"无名氏"，他们躲在虚拟的网络空间制造舆论，甚至大放厥词，就是因为不必对自己的言行负责。他们隐藏在网络空间当中，他们是虚拟的又是无比真实的。"群体形象化的想象力不但强大而活跃，并且非常敏感。一个人、一件事或一次事故在他们头脑中唤起的形象，全都栩栩如生。群体往往被形象所吸引或打动，形象也成为他们的行为动机。"② 他们似乎不存在于任何时间、任何地点，但又是时时刻刻、无处不在的。

自媒体时代带来的是不可避免的参与结构的扁平化、参与主

---

① 王俊拴：《我国公民政治参与范式转换的新取向》，《陕西师范大学学报》（哲学社会科学版）1999年第2期。
② ［法］古斯塔夫·勒庞：《乌合之众——大众心理研究》，冯克利译，广西师范大学出版社2007年版，第81页。

体的平民化、参与权利的平等化。"互联网是一个没有中心的网络。在网络中,任何一个支点都可以变为中心,没有一个终极的管理者,网上信息的传递和交流是完全自由和在相当程度上不受政府的管理和控制。"① 这一趋势使得平日处于虚拟蛰伏状态的网民一旦被激发,就能在极短时间内爆发出强大的现实威力。同时,网络的简单多数也暗含着对各种专家学者、知识精英的否定。归根结底,还是由于他们都藏在网络这个虚拟的空间里,没有自己独立的判断,没有约束自己言行的道德。

(二) 网民表达的"群体极化"

网络具有一种放大镜的功能。"虚拟社会为民众提供了前所未有的言论表达空间,但却没有有效的引导方法和自律机制,这使得互联网成为部分网民歪曲事实、恶意攻击污蔑他人的工具。"② 借助网络这种放大作用,一些攻击性的言论逐渐演变成一种集体性的宣泄。而这样做的直接后果就是:"既增加了网民参与的信心和勇气,也使其容易情绪化、走极端;既使网民有力量感,也会使他们缺少理解、尊重和宽容,不易产生理智的讨论和理性的妥协;既使他们很便捷地对公共事务发言,但也使他们不必对发言承担责任;既使他们获取较多信息,但也使他们放任自己的思维惯性,从而降低判断能力。"③ 网民政治参与的非理性状态恰恰就是勒庞《乌合之众》当中所描述的"大众心理"的缩影,而这一特征也恰恰是现实中需要关注的话题。随着网络政治参与的不断增多,这种非理性的群体极端化心理也在不断蔓延,一度成为当前诱发各类网络群体性事件、影响社会安定和谐的重要因素。

---

① 刘文:《网络时代政治参与的难题及对策》,《中州学刊》2003 年第 6 期。
② 赵志云、钟才顺、钱敏峰:《虚拟社会管理》,国家行政学院出版社 2012 年版,第 44 页。
③ 丛日云:《论网民政治参与中的民粹主义倾向》,《领导者》2014 年第 8 期。

在各类网络群体性事件中，"药家鑫案"一直为社会所关注。通过案例的研究，人们会发现这一案件从最开始就被曝光在网络和舆论的风口浪尖。2010年10月20日，大学生药家鑫驾车撞人后，9刀将伤者捅死，逃逸3天后归案。在案件审理过程中，由于其父曾是某部队派驻军工企业的军代表，因而他被贴上"官二代""军二代"的标签。而伴随着案件在网上的热议，诸多网民竭力声讨其父，对其不分青红皂白地咒骂，甚至打出了"药家鑫与法律，药家鑫与中国，只能活一个"这样的口号。最终，药家鑫被执行死刑。可以看出，网络政治参与虽然在一定程度上确实能够促进案件的审查，但有时甚至可能威胁到司法公正。

（三）网民行为的民粹主义倾向

民粹主义历来都是一个备受争议的概念。虽然"对民粹主义缺乏共同的认识意味着在历史事件的研究中缺乏对必要的背景条件的认识"。① 但从广度上来理解民粹主义，它还是有许多基本特征的，比如丛日云教授归纳的"奉行人民崇拜或平民崇拜，主张人民利益至上、人民权力无限；反体制、反等级秩序、反精英、反智主义的立场；依附于政治强人或皈依卡理斯玛型权威，简单化的解决问题方式，具有群众心理和遵循'群体逻辑'的行为方式等"。② 民粹主义者认为："社会底层历来受压迫、受剥削最深，因而也是最具反抗精神的阶层，是挑战现行的不公正和不平等的社会体制的最重要力量。"③ 而我国随着互联网的不断发展，网民舆论中也出现了一系列的民粹主义倾向。网民对"许霆案"的反映就是一个很好的例子。

---

① ［英］保罗·塔格特：《民粹主义》，袁明旭译，吉林人民出版社2005年版，第5页。
② 丛日云：《论网民政治参与中的民粹主义倾向》，《领导者》2014年第8期。
③ 林红：《民粹主义——概念、理论与实证》，中央编译出版社2007年版，第49页。

2006年4月21日晚10时，被告人许霆来到天河区黄埔大道某银行的ATM取款机取款。取出1000元后，他惊讶地发现银行卡账户只被扣了1元，狂喜之下，又连续取款171笔，合计17.5万元后携赃款潜逃。潜逃一年后，许霆被警方抓获，17.5万元赃款因投资失败而挥霍一空。最后，一审法院判处许霆无期徒刑，剥夺政治权利终身，并处没收个人全部财产。后据网易在网上展开的调查发现：除少数网友从专业的法律角度进行分析和发声之外，大部分网友都是站在受害者的角度，表达对判决的不满。可以看出，这本来是一起普通的刑事案件，但由于网民的参与使之变成了一种强势的司法机关和弱势的个人之间的一场博弈，而网民的发声也并非就事论事表达自己的观点，而是站在民粹主义的立场上表达不满，表示对于司法机关的不信任。"在民粹主义的话语中，社会底层（草根）是所有权威的合法性来源，而与底层的联系则代表着高尚而有道德的生活方式。"①

（四）网民参与的失衡化

理想状态的政治参与是社会各阶层都可正常进行利益表达和政治诉求，从当下我国的网民结构分布来看，现状并不尽如人意。

第一，近些年中国网民的数量一直不断攀升，总量横比也较为惊人。截至2014年6月，6.32亿人的网民规模已居世界前列，但其中农村人口只占28.2%。"那些没有经济实力购置网络设备并支付网络费用、没有能力应付复杂的计算机及网络技术或者对于根本不使用计算机操作的人，无法进行网上政治参与。"② 在现实生活中，网民的分布直接影响着网络政治参与的范围与水平。据中国互联网络信息中心的数据，2014年中国各省份IP地

---

① 谢静：《民粹主义——中国新闻场域的一种话语策略》，《国际新闻界》2008年第3期。

② 张亚勇：《试论网络政治参与的无序性及其规范》，《求实》2007年第12期。

址分布占比最高的前五位分别是：北京（25.65%）、广东（9.62%）、浙江（5.31%）、江苏（4.81%）和上海（4.48%），而最后五位分别是甘肃（0.48%）、贵州（0.44%）、宁夏（0.24%）、青海（0.18%）、西藏（0.13%）。

第二，网民中关注公共事务、参与公共话题讨论的人数比例依然不高。从2014年的数据来看，即时通信以89.3%高居榜首，搜索引擎以80.3%位居第二，网络新闻则以79.6%位居第三，微博和社交网站分别只占43.6%和40.7%（见表16-1）。一些人上网只是为了听音乐、看影视剧、玩游戏、购物。一些网民可能不知道在哪里看新闻，但一定知道在哪里玩游戏、看电影、下载歌曲。形形色色发达的网络客户端，就是最好的明证。

表16-1 2013年12月—2014年6月各应用用户规模及使用率

应用	2014年6月 用户规模（万人）	2014年6月 网民使用率（%）	2013年12月 用户规模（万人）	2013年12月 网民使用率（%）	半年增长率（%）
即时通信	56423	89.3	53215	86.2	6.0
搜索引擎	50749	80.3	48966	79.3	3.6
网络新闻	50316	79.6	49132	79.6	2.4
网络音乐	48761	77.2	45312	73.4	7.6
博客/个人空间	44430	70.3	43658	70.7	1.8
网络视频	43877	69.4	42820	68.3	2.5
网络游戏	36811	58.2	33803	54.7	8.9
网络购物	33151	52.5	30189	48.9	9.8
网上支付	29227	46.2	26020	42.1	12.3
网络文学	28939	45.8	27441	44.4	5.5
微博	27535	43.6	28078	45.5	-1.9
网上银行	27188	43.0	25006	40.5	8.7
电子邮件	26867	42.5	25921	42.0	3.6
社交网站	25722	40.7	27769	45.0	-7.4
旅行预订	18960	30.0	18077	29.3	4.9
团购	14827	23.5	14067	22.8	5.4

续表

应用	2014年6月 用户规模（万人）	2014年6月 网民使用率（%）	2013年12月 用户规模（万人）	2013年12月 网民使用率（%）	半年增长率（%）
论坛/bbs	12407	19.6	12046	19.5	3.0
互联网理财	6383	10.1	—	—	—

资料来源：《第34次中国互联网络发展状况统计报告》（2014年7月），中国互联网络信息中心，http://www.cnnic.net.cn/hlwfzyj/hlwxzbg/。

第三，能够上网表达意见的网民群体和地区分布仍呈高度不均衡的态势。受过良好计算机教育的人群更容易利用网络资源，更有能力参与公共话题讨论，因而更有成就感，更有动机和愿望参与政治，反之亦然。

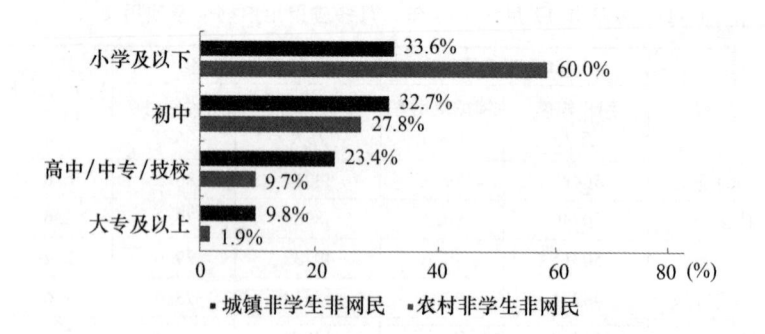

小学及以下　33.6%　60.0%
初中　32.7%　27.8%
高中/中专/技校　23.4%　9.7%
大专及以上　9.8%　1.9%
■ 城镇非学生非网民　■ 农村非学生非网民

图 16-2　城镇、农村非学生非网民群体学历结构

资料来源：《第34次中国互联网络发展状况统计报告》（2014年7月），中国互联网络信息中心，http://www.cnnic.net.cn/hlwfzyj/hlwxzbg/。

另外，由于经济和社会发展的不均衡，东部地区相对于西部地区、城市居民相对于农村居民，网络政治参与的程度与水平拥有绝对性优势。

通过对当代网络政治参与发展过程的分析，以及对现阶段网络政治参与过程中存在的一系列问题进行的研究发现，网民直接通过网络参与政治生活不可避免地会遇到各种困境，对网络政治

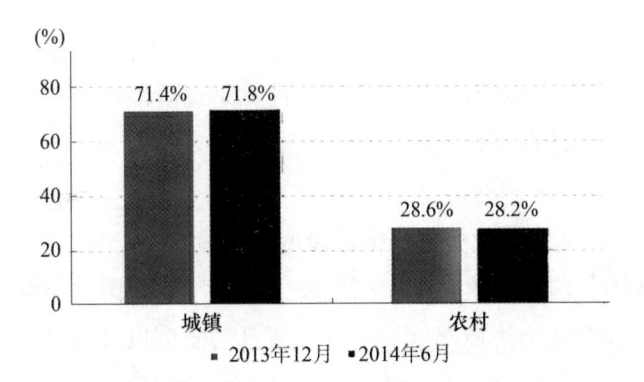

图 16-3 中国网民城乡结构

资料来源:《第 34 次中国互联网络发展状况统计报告》(2014 年 7 月),中国互联网络信息中心,http://www.cnnic.net.cn/hlwfzyj/hlwxzbg/。

参与的限度进行一定的考量与反思是非常必要的。网络,无论对于发达国家的民主巩固,还是对于发展中国家的民主化,都应具有重要的工具意义。从理论的角度来看,网民作为公民,作为政治参与的主体,在民主制度框架下,对于现实政治议题自由表达意见,按照代表制民主程序参与公共决策,互联网只是他们更有力、更直接、更便捷的手段而已。当然,当下最为突出的一个问题是:"网民在现实空间里尚未获得民主参与的权利,没有经历过政治参与的准备和训练。"① 推行理性、节制而规范的网络政治参与,可以使中国的民主化进程少绕弯路,在政治现代化的道路上不断发展。

三 当代网络政治参与及国家治理现代化

政治现代化进程的有序展开、国家治理现代化的顺利进行,

---

① 丛日云:《论网民政治参与中的民粹主义倾向》,《领导者》2014 年第 8 期。

需要公民自觉而有效的政治参与。与之相应，政治参与的成熟程度往往是政治发展程度的标尺，也是国家治理现代化的重要指标。保障公民网络政治参与的有效性，是现阶段推进中国政治现代化、国家治理现代化的必由之路。

（一）拓宽参政渠道，推进制度化建设

我国目前虽然建立了人民代表大会制度、中国共产党领导的多党合作和政治协商制度、民族区域自治制度以及基层民主自治制度，但应该注意到，在实现公民权利、进行民主监督的过程中，具体的法律法规还不够完善，操作程序也有不足之处。因此，在我国的政治现代化过程中，需要积极推进公民的政治参与的有效性建设，必不可少的就是推进我国网络政治参与的制度化建设。正如有学者提出的："要加强网络政治参与的制度化建设，把迅速发展起来的网络政治参与纳入制度化的轨道，即在尊重宪法和有关法律对公民政治权利规定的前提下，建立必要的法律制度，用法律规章的形式对网络政治参与的内容、范围、方式予以规定并确定，做到有法可循，有法可依，有法必依，违法必究，使网络政治参与进入法律化、规范化和秩序化轨道。"[①] 那么应如何推进网络政治参与的制度化建设呢？首先，要提高网民的素质，培育良善的公民文化，遵循"先公民后网民"的发展模式。其次，要加强司法的权威，"司法是社会正义的最后一道防线"，使现有的法律和制度得到很好的尊重和实现，使公民的各项权益能够得到切实的维护和实现，在此基础上才能推进公民有序的政治参与。其中，最重要的是要保证公民那些应该上升为制度规范的权利，尽快制定相关的法律法规，以法定的程序明确执法主体及其责任，采取行政途径和司法途径并用，避免公民无法通过制

---

① 包心鉴：《"三个代表"重要思想与马克思主义理论创新》，山东人民出版社2004年版，第424页。

度化的渠道进行利益诉求，从而导致其诉诸非制度化的措施（如暴力事件、群体性事件等）。最后，建立一个均衡平等的利益表达政治结构，提高各阶层公民的话语权。目前，我国公民的利益表达渠道较少，同时有的现有渠道还不能发挥实质性的作用，因此，建立平衡的利益表达政治结构，对构建制度化的网络政治参与机制是十分重要的。正如有学者注意到的："不断扩大公民有序的政治参与制度化建设，要着力在以下两个方面下功夫：一是构建公民的政治参与制度体系；二是保持公民政治参与的渠道畅通。"①

（二）树立信息权威，规范网络秩序

政府发布信息的权威性是公民政治参与和政治信任的前提和基础。如果民众认为政府提供的信息是虚假的、不可靠的，就会对政府宣传甚至政策产生抵触和反感，转而会选择一些非官方的信息，从而造成传言和谣言四起的局面，使得政府与公民的矛盾加剧，直接危及社会的稳定和有序。在现实生活中，政府是各领域最大的信息资源占有者，政府应在各种信息源中树立信息权威，针对网上的虚假政治信息要及时、准确、详尽地公开所掌握的信息，以确保公众获得的信息的客观性和真实性，从而在与各种观点交锋碰撞中主导网络舆论走向，引导网络民意的形成，避免网民无序参与的格局出现。

当代社会信息化进程中的信息分配和网络权利有不平等的态势，贫困人群、不掌握现代网络技术者有被排斥在信息革命之外的危险，简单的技术不平等有演化为社会阶层和地位不平等的走向，因此必须高度重视信息分配问题。对于信息和技术弱势群体，要有所倾斜，政府在加快信息基础设施建设、加速社会化进程的同时，"要对弱势群体和不发达地区加大投入，普及电脑和

---

① 佟玉华：《社会转型期政治发展与民主政治建设》，中国社会科学出版社2009年版，第187页。

网络知识，消除数字鸿沟，进一步唤醒民众的自由、自主、民主、平等的政治参与意识"，[1] 从而使全体社会成员享受平等的信息和网络权利，扩大公民有序的网络政治参与。

我国互联网的制度化程度还有待加强，针对当前网络政治参与的问题，应加快制定和完善互联网安全使用、规范网上行为的法律法规。通过相关法律，使个人或组织对不良行为承担应有的责任，同时保护那些合理合法的网络利益诉求。还要建立健全网络道德规范体系，宣传理性、平等、有序的政治参与观念，"使网民在网上进行政治参与时具有对国家、民族、社会的道德责任感，能谨慎负责行使自己的政治参与权利"，[2] 从而引导网民以积极向上的态度参政议政，依法塑造理性、利他的网络公民。

（三）培育公民文化，提高网民素质

网民是网络政治参与的核心主体，但遗憾的是，"在中国，普通的民众还没有成为 citizen（公民），却先成了 netizen（网民）。也就是说，还没有在其他领域作为公民受到参与的训练，却一下子作为网民全面地参与国家各领域各层面的事务"。[3] 因此，培育公民文化对于网民更好地参与政治具有积极意义。公民文化的培育实质上是以民主参与为基础的现代政治观念逐渐内化的过程，首要任务就是提高公民的主体性意识。政治现代化的主体是公民，政治参与的主体也是公民，因此提高公民的主体意识是促进公民政治参与的关键。

同时，政治是不同利益群体相互博弈的过程，政治参与必然会引发不同程度的社会冲突，这就意味着理性的、妥协性的公民

---

[1] 张亚勇：《试论网络政治参与的无序性及其规范》，《求实》2007 年第 12 期。
[2] 金博：《当前网络政治参与中存在的问题与对策》，《西安工业大学学报》2014 年第 9 期。
[3] 丛日云：《论网民政治参与中的民粹主义倾向》，《领导者》2014 年第 8 期。

文化是必不可少的。"政治参与需要激情，但又不能为情感左右；有序、有效的政治参与，需要公民理性选择和依法独立判断。"① 只有保持政治理性，社会成员的网络政治参与才能在社会所认可的制度框架内达到"共赢"。

综上所述，当代参与危机理论提醒发展中国家要防备"体制超载"，更要注意"参与内爆"。正如亨廷顿所言："一个政治制度能否对那些提出新要求的集团所使用的新的政治手段加以吸收，缓和并使之合法化，实际上是对这个制度的适应性的一种考验。"② 广泛而快速发展的网络政治开拓了政治参与的新途径，也提出了政治参与的新议题。在合理有序开放网络政治参与的同时，对网络政治参与引发的无序和混乱进行合理控制和有效治理，必须借助积极而理性的公民文化的支持和保障。培育公民文化，提高网民的公民意识，建立均衡平等的参与机制，是新时期国家治理现代化重要且迫切的时代课题。

拓展阅读

1. ［英］保罗·塔格特：《民粹主义》，袁明旭译，吉林人民出版社2005年版。
2. ［美］塞缪尔·P. 亨廷顿：《变化社会中的政治秩序》，王冠华等译，生活·读书·新知三联书店1989年版。
3. ［法］古斯塔夫·勒庞：《乌合之众——大众心理研究》，冯克利译，广西师范大学出版社2007年版。
4. 林红：《民粹主义——概念、理论与实证》，中央编译出版社2007年版。

---

① 魏星河：《中国公民60年参政变迁》，《政府法制》2009年第28期。
② ［美］塞缪尔·P. 亨廷顿：《变化社会中的政治秩序》，王冠华等译，生活·读书·新知三联书店1989年版，第89页。

第十七讲 "后真相"政治的生成与治理

进入21世纪,全球政坛变幻莫测,乱象环生。诸多自启蒙时代便具有不证自明之合法性的现代精神和政治价值(如理性、科学、自由、平等、权利等)开始受到质疑和挑战。传统政治理论和分析范式遭遇空前危机。尤其是最近两三年,国际政局呈现的新现象、新问题让人目不暇接。民粹主义的强势崛起、保守主义的迅猛抬头、逆全球化浪潮的波涛汹涌、恐怖主义和宗教激进主义的潜滋暗长、政治信任与政党政治危机的蔓延,以及地区热点问题的频发,尤其是网络(互联网)的全球性普及、信息技术的迅猛升级和自媒体时代的提前到来,无疑都在助推"后现代"政治[1]趋势的演进和发展。这就是"后真相"政治相关讨论的背景和语境。某种程度上,"后真相"与民粹情绪、保守情怀、激进立场和反全球化主张等彼此纠缠、相互裹挟又互为因果,既反映了欧美社会的当前困境,也透射着全球当代政治的未来走向。爬梳"后真相"政治的源流与起因,透析"后真相"政治的逻辑与危机,对积极应对和防范"后真相"政治的负向影响、合理诠解和定位当代政治的可能趋势具有重要意义。

---

[1] Mark Lilla, *The Once and Future Liberal*, New York: Harper Collins Publishers, 2017, p. 21.

一 "后真相"的前世今生

情感先于事实、立场决定真相的现象自古有之，但从未像处于网络时代的今天这样显著，这样有影响力。"后真相"（post-truth）不否认事实和真相的存在，只是承认事实和真相容易被情感遮蔽，被观点掩盖，被立场漠视。这一非常规现象的出现，是现代互联网技术变革和社会发展的客观趋势，是多重因素共同作用的必然结果。

（一）"后真相"的语义学分析

2016年英国"脱欧"和美国总统大选中，"后真相"的全球使用率飙升了2000%，从一个后现代主义思潮的外围概念迅速跻身政治评论的热门术语，开始被主流出版物普遍接受和使用。因此，"后真相"被《牛津词典》列为2016年度词汇，意指关乎或代表诉诸情感和个人信仰，相较客观陈述事实更能影响舆论形成的情况。《牛津词典》负责人格拉斯沃解释说："随着人们阅读习惯的变化，社交媒体已成为人们获取新闻的重要来源。人们随之开始质疑传统媒体的报道并忽略事实，以自己的立场来判断是非或者支持政见及政客，使'后真相'一词开始具有代表性。"[①]《经济学人》对"后真相"的解读是："真相没有被篡改，也没有被质疑，而是变得次要了。"[②] 当然，也有学者对这一概念的普及和流行表示困惑和质疑。凯思琳·希金斯评论道："我们已经到了能够全面知晓情理之后的真实时代，而'后真相'却认为赤裸裸的谎言在社会上是行得通的，这意味着政客们

[①] See Flood Alison, "'Post-truth' Named Word of the Year by Oxford Dictionaries", *The Guardian*, No. 3, 2016, pp. 5–16.

[②] Jefferson Nogueira, "Post-truth Politics: Art of the Lie", *The Economist*, No. 9, 2016, pp. 5–10.

可以撒谎而不受谴责。"① 安德鲁·卡尔库特则认为："'后真相'是民粹主义的产物,是某些一窍不通的自诩行家里手的人生造出来的,公然漠视真实的事实。"②

"后真相"由于拥有一个"post"前缀,往往使人们误以为这是一个崭新的现象。但实际上,诉诸情绪、情感而达到说服效果的"后真相"现象,自古有之。早在古希腊城邦时代,就有靠修辞学、诡辩术谋生敛财的智者派。"苏格拉底之死"更雄辩地证明,再伟大的声望、再高尚的品格都无力抗衡被煽动的情绪、被点燃的怒火以及背后汹涌的民意。为了对抗这种不良倾向,亚里士多德曾专门写作《修辞学》,试图帮助正义的人们掌握演说、修辞的技能,拥有雄辩、说服的本领,用事实、真相阻击诡辩、辞令横行天下。城邦被帝国取代后,西方文明进入希腊化时期。三大思想流派中除相对冷静、理性的斯多葛派以外,追求享乐、向往醉生梦死的伊壁鸠鲁学派和玩世不恭、视世俗为粪土的犬儒学派,都将情绪、情感的功用发挥到了极致。随后的罗马时代以及紧接着横亘千年的中世纪,政教合一,基督教教义一统天下。宗教信仰的至上地位,事实与真相被遮掩在上帝名义的巨大光圈之下。而所谓的文艺复兴,其实质莫过于将事实与真相的评判主体从上帝转向"人",评判标准由信仰转向理性,评判依据由神圣意志转向公民意愿。换言之,崇尚情感与信仰的非理性政治与崇尚理性与逻辑的理性政治一直是西方政治传统的两条并行路线。

在"后真相"的语境下,人们对传统政治组织的信任开始动摇,对传统政治机构提供的信息开始质疑。早在1992年,美国作家史蒂夫·特西齐在《国家》杂志上就发文声讨,批评

---

① Kathleen Higgins, "Post-truth: A Guide for the Perplexed", *Nature*, No. 6, 2016, pp. 1–9.

② Andrew Calcutt, "The Surprising Origins of 'post-truth' and How It Was Spawned by the Liberal-left", *Social Studies of Science*, No. 4, 2017, pp. 593–599.

美国政府在海湾战争中为了所谓"国家利益",故意操纵媒体进行有选择性的报道,让民众只能了解部分事实,从而生活在一个"'后真相'世界"。[1] 2004 年,拉尔夫·凯伊斯提出"'后真相'时代"概念,认为当代世界虚假的谎言和客观的事实并存,已进入一个全新的"'后真相'时代"。[2] 2010 年,大卫·罗伯茨提出"'后真相'政治"的概念,认为当代政客们借助媒体力量左右事实真相,使得公共舆论与新闻议题完全偏离正义精神与公共利益。[3] 帕玛尔评论 2012 年奥巴马和罗姆尼的总统竞选时也指出,两大总统候选人在电视辩论时绝口不提美国真正要害的问题,因此,他将"严肃地讨论任何话题而无视其与现实的关联"的现象称为"'后真相'政治",[4] 借此喻讽两党政客们出于利益考量顾左右而言他的丑态。遗憾的是,这两个概念在当时未能引起学界重视,直至 2016 年英国"脱欧"和美国大选。

现代词汇中,一系列以"后"(post-)为开头的概念大多具有反思、解构、批判的意味。它们试图描述、刻画某些新现象却又无法摆脱、斩断其与旧现象的关联,最终不得不借用"前"与"后"简单、笼统而粗略地进行二元划分。这就直接导致此类概念往往表现为词义模糊、界限不清、歧义重重。从目前来看,"后真相"意指一系列有意或无意遮蔽事实、掩盖真相的社会现象,如虚假新闻、信息泛滥、政客说谎、媒体有选择地发布信息、个人有选择地接受事实等。"后真相"具有两大基本特征:一是情感大于事实。在个人私利和情感至上的鼓噪声中,真相要

---

[1] Steve Tesich, "A Government of Lies", *The Nation*, No. 2, 1992, pp. 42 – 46.
[2] See Konrad Niklewicz, "We Need to Talk About the EU: European Political Advertising in the Post-truth Era", *European View*, No. 1, 2017, pp. 177 – 179.
[3] See Jane Suiter, "Post-truth Politics", *Political Insight*, No. 3, 2016, pp. 25 – 27.
[4] Inderjeet Parmar, "US Presidential Elections 2012: Post-truth Politics", *Political Insight*, No. 2, 2012, pp. 4 – 7.

么被无情漠视，要么被有意遗忘。在海量信息、各异观点和各色情绪围攻下，真相显得不再那么重要。① 二是消解事实是常态。在"后真相"时代，观点有时比事实本身更重要，真理更是常常陷入各种言论的遮蔽之中。"事实胜于雄辩"已经渐行渐远，"雄辩胜于事实"开始抢占上风。

（二）"后真相"的现实动因

尽管事实较之情感、价值较之观点退居其次的情形早已有之，但随着网络时代的到来和信息技术的迅猛发展，这种趋势愈加明显。那么，作为一种新现象和新问题的"后真相"何以会出现呢？

第一，贫富差距造成的社会分化日趋恶化。基于贫富差距的社会分化是"后真相"问题的现实土壤。在经济全球化、国际金融危机爆发、信息技术颠覆性变革的多重冲击下，全球各国贫富差距愈演愈烈，下层民众苦不堪言，怨声载道，极端情绪泛滥成灾。这就直接激发了传统社会有机体的分裂和解体，造成富人和穷人之间的巨大鸿沟。以美国为例，在选举政治的格局下，民主与共和两党政治斗争造成的社会裂痕日益加深。以往的传统媒体尚能在新闻真实性原则的信条下保持观点适度平衡以维护"客观性"，但在2016年大选中，主流媒体纷纷公开站队，明示立场。网络空间俨然已成美国社会阶层间的新战场，民众观点在媒体的催化下呈现出戏剧性的两极分化。我国自改革开放以来，社会经济取得了长足的进步，但社会贫富差距也在不断扩大。率先在市场经济大潮中获益的富人群体一夜暴富、处事张狂，引起了其他社会群体尤其是低收入阶层的极大不满。

第二，媒体垄断催生的恶性竞争愈加严重。20世纪90年代

---

① Richard Ohman, *Selling Culture: Magazines, Markets, and Class at the Turn of the Century*, London: Verso, 1996, p. 220.

后，欧美各国政府相继放松对媒体经营的管制权。为了提升市场竞争力，追求利润的最大化，媒体机构的盈利倾向、垄断趋势不断强化。逐利与垄断不仅未能增强媒体报道的水平与层次，反而为深入准确和客观公正报告造成了阻力。在竞争格局下，作为企业的媒体为了追求经营效益以及时效性，满足受众趣味的广泛性，不惜牺牲新闻的真实性和事实获取的客观性，如大量裁减驻外记者，严重依赖廉价的网络信息资源，"以顺应技术发展的理由裁人调岗，以适应社交媒体发展趋势为名简化内容审核流程"，① 从而丧失了新闻真实性的保障。由媒体向广大民众提供并确保信息的真实而畅通，是现代民主生活的必要保障，"只有社会广泛获得当权者滥用经济和政治权利的信息后，社会才能获得权力，并且在很大范围协调及维持"。② 然而，当前一些网络媒体为了吸引受众眼球，刻意营造一种介于真相与谎言之间的"第三种现实"，以调侃戏谑、玩弄真相的话语方式曲意迎合受众的不良情绪，目的只有一个：提高点击率，拉高浏览量。利润追逐下，虚假信息泛滥成灾。传统媒体尚有市场的自我监管，假信息的传播者则毫无社会责任可言。

第三，互联网技术革新带来政治传播的迅猛转型。进入21世纪，传统的媒体格局发生翻天覆地的变化。从PC互联网到移动互联网，从网站到博客、微博、微信、App再到形形色色的社交平台，信息技术巨变的背后是社交传播途径的变革，是信息分发机制的变革。借助自媒体，传统的"关系"开始复归，"来自亲朋好友的信息，与来自机构、媒体的信息，平等地出现在信息流中，形成了虚拟社区中新的'口耳相传'"。③ 面对海量的信息

---

① 刘扬：《趋势或问题：围绕"后真相"一词的思考》，《青年记者》2017年第6期。

② [美] 德隆·阿西莫格鲁、詹姆斯·罗宾逊：《国家为什么会失败》，李增刚译，湖南科学技术出版社2015年版，第334页。

③ 王舒怀：《后真相时代：谁动了我的"事实"——基于移动互联网传播技术特征的分析》，《青年记者》2017年第6期。

和便捷的传输，传统的人工编辑已无法满足用户需要，不得不依赖以时刻存储的用户记录和形形色色的主题标签为基础的"智能分发"，这种新型的分发方式能够源源不断地向用户推送极具个性化的信息，实现面对大量小众的垂直而针对个人的"有效送达"。① 社交传播途径的更新、信息分发机制的变革，直接形成"新媒体赋权"的新格局。由于网络内含的开放、互动、扁平化与共享性等特征，公民个体与社会组织获得了更大的空间和可能获取信息、参与表达直至付诸行动。相较世界其他发达国家，较晚进入网络时代的中国却较早一步迈入高度发达的信息时代。公共领域内，所论议题范围、发言人资质没有任何限制，前所未有的众说纷纭的舆论局面正在形成。然而，随着传统知识和媒体的权威渐失，包容开放和理性反思的政治文化却未能形成。"网络传媒依据特定的个人浏览偏好，通过'算法'自动推送相关内容，以及社交媒体朋友圈的'回音壁'效应等，都倾向于固化人们既定的价值和观点，从而使同类人群更加固执己见，同时加剧了不同人群之间的视角分化。"② 首批熟练使用微博的中国网民，早已习惯一种"广场氛围"，即对借助微博发酵形成的公共议题和热门事件开展平等、公开、透明的开放式讨论，对高度强调私密性、同质化的微信社交规则一时难以适应。

第四，社交平台导致的认知偏见无限扩大。在传统媒体影响力下降的情况下，民众很难以个人能力辨别各种信息的真伪、各种观点的优劣，反而更容易接受社交媒体圈内散播的情绪、偏见和立场。社交媒体的广泛使用和迅猛发展，新闻信息逐渐碎片化、情绪化和立场化，虚假新闻、小道消息、八卦传闻、流言蜚语、奇闻逸事等呈病毒式传播。一方面是虚拟网络的无限扩展，另一方面是交往圈子的日趋紧缩。相较于高高在上、脸孔冰冷的

---

① Sheila Jasanoff, Hilton Simmet, "No Funeral Bells: Public Reason in a 'Post-truth' Age", *Social Studies of Science*, No. 5, 2017, pp. 751–770.

② 刘擎：《共享视角的瓦解与后真相政治的困境》，《探索与争鸣》2017年第4期。

传统媒体，网民们更愿意依赖极具部落化、私人化色彩的"圈子文化"，由于圈内人原本具有相似的价值观，每天接触的信息经过"立场的过滤"，与他们相左的观点逐渐消弭于无形。社交媒体的同质化倾向，信息呈现的简缩性、直观性，反向促成了现代政治的极化趋势。与此同时，每个现代人都身处一个由脸书、推特、微信等社交平台叠构起来的关系网络中，这个网络被五花八门、形形色色的观点充塞着、包围着。高效的搜索引擎、精准的推送技术，使受众基于个人偏好自主选择信息。由于确认偏见的存在，同质信息会被重点推介，异质信息则被自动过滤。久而久之，人们就会不知不觉陷入一个由自己亲手打造的、借助现代信息技术完成的极具刻板印象、类似"回音室"和"过滤气泡"的信息结构中。①

由此可见，"后真相"政治是对"后真相"时代一系列新兴政治现象、政治关系和政治秩序的粗略统称。它代表着当代欧美政治的综合症候，是诸多政治元素合力作用的结果。虽然它的庐山真面目还未完全显露，却已为现代人营造了极为吊诡的政治场景：人人貌似生活在一个不限边界、无比开放的互联网络中，实际上却被封闭在一个充满认知偏见的密室里；人人都渴望真相，且可轻松获取海量信息，却往往陷在个人情感、立场的重重旋涡中难以自拔。

二　"后真相"政治的逻辑与危机

启蒙以降的现代政治观念以理性主义为轴心，以平等和自由为价值目标，以民主和法治为制度保障，构建起个人—社会—国家之间的良性互动格局。而在"后真相"政治的权力框架中，事

---

① Constance Saint-Laurent, "Collective Memory and Social Sciences in the Post-truth Era", *Culture & Psychology*, No. 1, 2017, pp. 147–155.

情发生了结构性变化：精英和大众的力量对比戏剧性扭转，媒体和民众的关系格局发生重大变迁，政治秩序的供给结构、政治传播的运作方式、新闻媒体的角色定位以及新情境下普通民众的政治心理都发生了微妙但不容忽视的变化。

（一）"后真相"政治的秩序逻辑

多元化、多样性、差异性、扁平化、碎片化和不确定性，是"后真相"时代的显著特征。它改变了传统政治秩序的核心原则和基础底色。于是，"后真相"时代的政治秩序以一种不同于传统的框架建构，以一种崭新的规则运行。

第一，价值先于事实，真相让位于情感。真相是由"信仰和事实相一致的一些形式组成的"①。在"后真相"时代，事实与价值并非完全等价，甚至，价值先于事实并指引事实。在事实普遍缺乏的情况下，民众对事实充满敬畏；而当海量信息充塞网络时，观点、意见、看法和信念的重要性开始强势攀升。"社交媒体的流行使事实来源多元化，每个用户都可以就任何问题对整个世界发声，不管他是否了解真相，是否愿意透露真相。不同的渠道有着不同的诉求，不同的诉求有着不同的利益，事实或真相往往在众声喧哗中隐而不显。"② 在"前真相"时代，谁拥有真相谁就掌控民众；在"后真相"时代，谁更有热情，谁更富创见，谁更具感召力，谁就拥有更多民众。在信息爆炸、众声喧哗的自媒体时代，事实经过无数次的编排与阐释甚至故意扭曲和篡改，其自身已面目全非，真实难再，且不再是新闻报道的核心，而是让位于情感、观点和立场。也或者，事实还是事实，真相还是真相，从没被质疑，也未被篡改，但人们已不再相信，或者宁愿选择不相信。相较事实与真相，人们更倾向于信任自己的感觉、

---

① B. Russell, *Truth and Falsehood*: *Problems of Philosophy*, New York: Henry Holt, 1912, p.121.

② 王金林：《后真相政治探幽》，《探索与争鸣》2017年第4期。

情绪、情感和立场。"药家鑫案"以及"我爸是李刚"等事件发生后，网络一边倒式的喊杀声湮没了事件主角的真实身份和事件发展的真实过程。简言之，在"后真相"时代，真相已不再像以前那么重要。

第二，传统政治传播格局解体，新兴社交媒体生态日臻成熟。纵观中西方各国政治现代化的发展史，这样的情景十分常见：一些启蒙思想家借助报纸、杂志甚至街头传单和小报，传播先进知识，开启民众智慧，宣扬自由平等。人们从不怀疑这样的道理：广大民众可能在精英们的引导下走向繁荣和富强。进入21世纪，事情发生了变化。以脸书、推特、微博、微信为代表的自媒体，打破了传统媒体垄断的政治传播格局。政治传播的主体呈现多元化趋势，登高一呼的不再只是精英群体，普罗大众开始和政府机构、主流媒体共同携手参与信息的传播。信息传播渠道由社会精英和主流媒体一手掌控的时代，一去不复返了。普通民众开始在网络舆论中占据更广阔的空间，拥有更雄厚的基础，营造更广泛的民意氛围。他们可以随时随地对任一话题展开任何角度的分析与评判。传统主流媒体的"一言堂"开始让位于新兴自媒体的"草根时代"。对此，《纽约时报》曾不无哀怨地评论："真正的变化不在于新闻造假，而在于旧有的新闻守门人丧失了权力。"①

第三，大众政治引发精英群体集体溃退。20世纪中后期，随着新媒体的发展特别是自媒体的出现，广大民众可以借助互联网直接表达意见，参与公共讨论，不再像以前那样通过政治精英来间接介入政治生活，大众政治从而走上前台。所谓大众政治，简单地说，就是大众阶层打破由精英阶层垄断权力、资源和信息的格局，自由发表政见，自主表达利益诉求，参与并实质影响政治

---

① Kenan Mail, "All the Fake News That Was Fit to Print", *New York Times*, 2016/12/4.

运行。与由精英掌控政治传播基调的传统时代相比，网络时代的民意表达和利益诉求更为通畅，更为便利，更为高效，但也更为随意，更为任性，真实性、客观性和规范性较差，这就容易出现价值先于事实、观点重于真相、情感掩盖理性、立场压制一切的现象。而这一结果，反过来又加剧了曾被视为现代政治不可或缺的精英色彩被大众元素无限稀释、消解的"后现代"进程。2016年美国总统大选中，"建制派"精英或者失语，或者制造议题的能力下降，结果出人意料地兵败滑铁卢，而在共和党大佬眼中本应扮演陪跑角色的特朗普却强势上位。特朗普竞选团队充分利用底层民众对现行政治的不满和对奥巴马的失望，成功祭出"反精英""反体制"等法宝，既表达了民众的不满，也道出了民众一直想说而不能说的心里话。特朗普触及了主流精英自恃的"政治正确"的底线，丢了精英的脸，却得了民众的心。

第四，"后真相"导致"后政治"心理出现。"后真相"时代最容易激发的是怀疑心理。社交平台开创了公共讨论的新时代。最初步入网络时代的民众，以个体批判和质疑为主，在社交平台的加持功能和"回音壁"效应下，个体质疑升级为集体质疑，"在集体力量的影响下，很多网民会强化、放大质疑的心理，甚至可能会形成质疑一切的偏执"。[①] 在"后真相"时代，偏执是常态。某种程度上，这种根深蒂固的怀疑心理直接造就了人们对真相和事实的虚无主义态度。"在网络社会，许多网民沉醉于自我享受，对公共生活和集体活动漠不关心，对'他者'缺乏应有的信任。"[②] 与怀疑心理相伴而生的是从众心理。由于害怕被边缘化，害怕被遗忘，人们更倾向选择服从主流价值和正统观念，自愿或被迫表现出与群体一致的思想、意识和行为方式。这种从众心理，久而久之，便会成为民众认知和理解客观世界的视

[①] 彭兰：《现阶段中国网民典型特征研究》，《上海师范大学学报》（哲学社会科学版）2008年第6期。

[②] 蒋建国：《网络媒体的价值冲突与文化反思》，《南京社会科学》2016年第4期。

角和态度。"后真相"时代也容易引发投射心理。由于信息超载，有效事实相对匮乏，民众在理解和认识自身所处时代背景和社会环境时，往往不自觉地将个人情绪、态度和愿望转移到他人身上，或者将他人的境遇、危机投射到自己身上。这种投射心理，成为传言、谣言和虚假新闻的原动力。人们对这样的情形并不陌生：只要看到与官民矛盾、医患矛盾、警民矛盾、师生矛盾等相关的报道和信息，社交媒体上的声讨声就会一触即发，山呼海啸。对于这些报道的真伪，多数网民往往并不知情，甚至不甚关注，他们只是基于日常的生活体验，移情于此，把以前的直观感受"代入"或"投射"进来。

（二）"后真相"政治的现实危机

"后真相"政治是一种诉诸情感的政治，"前真相"政治是一种诉诸理性的政治。"后真相"时代最有杀伤力的武器是立场、情感和舆论导向；"前真相"政治最有杀伤力的则是谣言、谎言和信息控制。毋庸置疑，"后真相"政治为传统政治设定了全新的议题，也带来了颠覆性的挑战，更引发了全方位的危机。

第一，理性坍塌。"后真相"政治暗含政治泛娱乐化，必然带来科学精神的陷落和理性主义的坍塌。"后真相"的重要支柱则是情绪、情感、成见等非理性的、隐匿的、飘忽不定的非客观因素。美国大选前，主流媒体对希拉里的普遍看好与大选后特朗普的意外当选，对长期以来基于科学精神、理性判断和经验积累等形成的、已相当成熟的民意调查造成致命打击。在那一刻，规范的科学精神与严谨的理性思维完败给隐藏不露、捉摸不定的情感暗流。特朗普的上台，意味着政治的确再也不是古板、严肃的精英游戏，而是一种娱乐活动，选民用脚投票是再正常不过的事。公共政策的酝酿与出台，不再那么神秘莫测，不再那么高贵神圣，不再那么高不可攀。面对国内外一些公共事件，部分网民表现出来的反主流、反精英、仇官、仇富，既是极端民粹情绪的激化表达，也是虚拟世界集体非理性的自然显现。

第二，信任异化。"后真相"时代，新闻专业水平下降，媒体职业道德丧失，使得媒体在民众中的公信力不断削弱。结果是：面对无关痛痒的媒体报告，民众渐渐失去对媒体的信任；而脱离了民众的媒体，也只能接受被民众抛弃的结局。美国民主党参选人伯尼·桑德斯如此评价美国主流媒体在大选中的表现，"如此多的民众放弃参与政治的一个原因是他们没有在政治话语中或电视屏幕上看到他们的生活现实"。在一个信息爆炸、资讯发达的网络时代，人们每天从早晨清醒的一刹那就被浸泡在信息的汪洋中，但由于无法一一判定信息的真假，信息越多，人们越焦虑、越怀疑、越不信任，从而极容易导致信任异化的出现。当信任异化、信任功能缺失的时候，政治信任便处于真空状态。如果不能及时填补，就会导致如下替代现象的出现。

首先，谣言认同。谣言的现实根源是真相的缺乏，心理根源是个体的自我保护。当人们在负面情绪积压又无法有效疏解的情况下，就会采取一种接纳谣言甚至传播谣言的消极行为。其次，犬儒主义流行。生活在"后真相"时代，一方面是信息泛滥、观点漫溢；另一方面却是事实与真相渐行渐远。人们越远离真相，越渴望真相，就越焦虑不安，越倾向怀疑一切。这种非理性的、普遍的怀疑态度，会逐渐形成一种深层的心理焦虑与迷茫，继而造就目空一切、拒绝权威、疏离道德的政治文化，最终滑向犬儒主义的边缘状态。再次，民粹情绪泛滥。在情绪主导理性的"后真相"时代，来自底层的民意宣泄、非理性的舆论氛围、激化的利益表达，营造了一种不由分说、不容置疑的民粹化大背景。质疑理性，批判体制，抵制精英成为一种新型"政治正确"。结果，"民粹化的信任不再导向利他主义，而是走向话语独断、集体无意识和消解民主化的深渊"。①

第三,道德相对主义泛滥。网络空间的去中心化、传播主体的多元化、治理结构的扁平化,使部分民众产生道德相对主义的错觉。他们对客观事实和新闻报道并不在意,更乐于浏览带有强烈主观色彩的新闻信息,即便报道内容已被确认与真相不符,他们仍倾向坚持自己的既定观点与道德评判。在道德相对主义思潮的影响下,部分民众越来越注重个人感受和自我欲望,推崇私利优先和娱乐至上,甚至走上"精致的利己主义者"的现代歧路。

第四,"第三种现实"滋生。现代互联网技术使信息传播更加快捷、高效,却无法保证内容的真实、客观,由此产生了一种新现象即"第三种现实"。② "第三种现实"基于事实又偏离事实,介于真实与虚假之间,不完全客观也不完全虚构,既有理性化的推演也有情绪化的现实。如特朗普有意将中国对美国的5000亿美元贸易顺差解读为中国对美国不够公平,将美国的全球窘境归结为中国的强势崛起,以此挑拨美国民众的保守情节和民粹情绪。

目前看来,"第三种现实"具有相对性、情绪性和即时性三大显著特征:信息既有真相成分,也有谎言内容;为迎合受众情绪,传播者玩弄真相于股掌间,谈笑戏谑,刻意引导,受众则为情感所左右,被情绪牵制,无视事实真假;社交媒体信息传播快捷、高速,受众面对海量信息兼顾无暇,看后则忘。正如有学者概括的:"第三种现实具有强占话语、轻视真相、崇拜戏谑、放大碎片信息等特征,它将新闻信息的传者和受众,卷入借助事实

---

① 全燕:《"后真相"时代社交网络的信任异化现象研究》,《南京社会科学》2017年第7期。
② Sergio Sismondo, "Post-truth?" *Social Studies of Science*, No. 1, 2017, pp. 3–6.

建构情绪和解读情绪的场域之中。"① 这一另类现实的存在,极大地加剧了当代政治的碎片性、浮动性和不确实性。

三 "后真相"政治的应对策略

"后真相"是现代政治的普遍性困境,并非欧美发达国家所专属。作为后发现代化国家的中国,改革开放仅仅40年却一步迈入"后现代政治时代",所受的冲击与挑战尤其明显。如何正视这一变化的潜在影响并控制可能引发的风险,是未来一段时期政治理论必须解决的时代课题。

第一,建构共享、发展的利益格局。"后真相"现象之所以出现,其根本原因在于利益分配不均,贫富差距过大,社会极化发展趋势严重。当主流文化、体制和机制无法反映和满足广大民众的利益诉求时,就会产生疏离于体制之外的思想、意识和行为。建设机会均等、包容开放、共赢共享、打破固化的利益格局,为更多的人提供发展机会,为更多的人提供共享空间,对于应对"后真相"问题具有重要意义。要想消解"后真相"问题,关键在于保证社会经济发展过程中公平与公正的实现,通过科学的制度安排与合理的程序控制,保证公民分享基本利益、实现自身权利时人人平等。要让广大民众更有幸福感,更有尊严感。只有最终实现社会的公平与公正,才能满足下层民众的真实诉求。这是有效抑制、合理消解"后真相"的根本之道。

第二,打造开放、有序的媒体环境。当代新媒体技术的革命性发展正在引发"一场深刻的系统性变革"。② 这是催生"后真

---

① 江作苏、黄欣欣:《第三种现实:"后真相"时代的媒介伦理悖论》,《当代传播》2017年第4期。
② [德]克劳斯·施瓦布:《第四次工业革命——转型的力量》,李菁译,中信出版集团2016年版,第6页。

相"问题的重要基础,是生成"后真相"问题的技术条件。技术是一把双刃剑。对于文明的发展、社会的进步和政治的革新,技术既提供了新的契机,也带来了新的挑战。虽然"如何评估、预判、适应、规范当代媒体技术的经济、社会、文化与政治后果,具体用什么方式推进与规范新媒体的发展,人们有不同的意见"。①但营建开放与规范、发展与约束、自由与责任相统一,对于减轻"后真相"的负面效应、引导新媒体向有利于社会整体发展的方向努力,具有重要意义。"后真相"时代,由于信息主体多元、信息发布权泛滥,信息的真实性和可靠性大大降低的同时,反而激发了人们对素以客观、中立著称的传统媒体的热切期望,以及对真实、可靠的事实和真相的刚性需求。这意味着,"后真相"时代,传统媒体不仅不会走向穷途末路,反倒可能强势反弹。传统主流媒体要主动出击,尽早扭转当下被新兴自媒体强力碾压的被动局面,以发布真实、可靠的信息来源为动力和契机,逐步争取更多的话语主动权,加强舆论引导作用。

第三,营造包容、规范的公共领域。开放、成熟、有序的公共领域是现代政治生活的必要元素。公共领域若参与度不够,没有生机和活力,就会失去吸引力、公信力和合法性。这是"后真相"时代产生的重要体制性因素。包容、规范的公共领域的建立,一方面需要借助宣传教育,培养现代公民意识;另一方面也需要借助道德和法律双重规制公民行为,约束并防止过激言论和极端行为。另外,将道德理性与民主观念的提升有机结合,培养多元宽容、文明理性的网络行为,引导网民理性表达,促进网络舆论的理性化,提升公民对网络规则与民主程序的尊重和理解,强化责任意识与规范意识。

第四,保持谦逊、开放的政治心态。"后真相"让现代人对

---

① 陈忠:《从后真相到新秩序:别样共同性及其公共治理》,《探索与争鸣》2017年第4期。

新闻资讯和社交媒体有了更深的了解和更全面的认识。从数量的角度，网络时代的信息接近海量无穷；从受众的角度，信息时代的人们身兼信息接收者和发布者的双重角色；从理性的角度，即便再严肃的媒体也只能保证信息无限接收而无法代表客观和真实。这就需要民众克服自己的偏见和局限，以谦虚的心态看待各类信息，以开放的眼光看待多彩世界。

第五，建构权威、共识的舆论话语。自媒体盛行的年代，话语权被高度分散，权威性也被严重稀释，媒体再也无法以暗箱操作的方式来维持客观的形象，只能借助透明度来提高公信力。事实与真相，永远是赢得大众信任的最有效方式。无论在现实社会中，还是在互联网络上，但凡事实不清、真相匮乏之日，便是传言四起、谣言广布之时。因此，当虚假消息和不实报道初现时，权威信息源不能缺位。只有政府能够提供及时、权威、客观和可靠的消息，从而降低虚假信息的传播范围与速度。一句话，只要事实与真相现身，传言与谣言必定无所遁形，灰飞烟灭，荡然无存。传统主流媒体作为社会的特殊资源，一直承担着积极的社会责任，有着良好的社会声誉。如果能够正确发挥传统媒体信息发布的权威性，合理运用传统媒体信息发布的丰富渠道，就完全能够起到引领舆论导向的作用。社交自媒体的高效、便捷会使其报道领先于传统媒体。在传统媒体发声之前，受众早已形成初步印象和认知框架。传统媒体的滞后报告，不得不以这一舆论背景和受众心理为前提，才能达成共识。

综上所述，"后真相"对当代政治发展来说，解构和建构并存，危机与契机俱在。它反映了当代社会的最新变化，也为传统政治增加了新元素，设定了新议题。它虽然未能从实质上撼动传统政治的根基，但确实松动甚至颠覆了部分现代人习以为常的观念。它是当代政治重重困境中最不容忽视的一个侧面，不是主流，却破坏力十足。"后真相"时代，真相依旧重要。只不过，真相不再是事实的披露、权威的宣示，而是一个共识的凝聚。真相不会因表演的加入而退居后台。摆脱"后真相"政治的囿限，克服其对中国产生的消极影响，必须正视并努力化解社会矛盾，全面深化改革，实现共同富裕，提升全体国民的文明素养，全面推进新时代中国特色社会主义事业。

拓展阅读

1. ［美］德隆·阿西莫格鲁、詹姆斯·A. 罗宾逊：《国家为什么会失败》，李增刚译，湖南科学技术出版社 2015 年版。
2. ［德］克劳斯·施瓦布：《第四次工业革命——转型的力量》，李菁译，中信出版集团 2016 年版。
3. Mark Lilla, *The Once and Future Liberal*, New York: Harper Collins Publishers, 2017.

第十八讲　当代民粹主义的影响与消解

但凡意识形态，皆非无源之水，必有其思想依据和现实考量。或受生计所迫，或为利益左右，或被信仰驱动。民粹主义也是如此。民粹主义最早发源于19世纪中后叶的欧美国家，代表着底层民众对土地权的渴望，对社会权利的诉求，对地方政府的不满与对抗。它坚持平民立场，反对权威，反对精英，仇官仇富，推崇暴力话语，言论和行为的非理性特征明显。它既是一种政治思潮，也是一种社会运动。20世纪中后期以来，伴随着现代意识的推进、全球化进程的深化、社会变迁的加速，民粹主义的发展势头强势抬升。虽然人们大多认为民粹主义"没有成熟的、系统化的理论，只是一种立场、态度、情感和行为方式"，[①]但观察自20世纪以来在全球范围掀起的阵阵波澜，人们已经无法否认它已成功跻身当今世界影响较大的新兴政治思潮的行列。[②]

一　当代民粹主义的现实动因

民粹主义虽是现代性展开的必然产物，但其自身却蕴含着深

[①] 丛日云：《中国网络民粹主义表现与出路》，《人民论坛》2014年第4期。
[②] 同上。

刻的反现代性倾向。

随着普选制度的普及与深化，当代西方各国的政府、政治越来越受制于选举，受制于民意，受制于舆论。曾经的政治精英登高一呼、从者如云的画面已成昔日乡愁。对于民众，精英由引领转向追随。为了拥有选民，决胜选举，精英们由往日的登高远眺、指点江山，逐渐转向揣摩民意，亦步亦趋。结果是：政府、议会与政治家难以有大的作为，面对现实问题时无法独立作出重大决策。哪怕只是小幅削减福利、提高税收、拉低赤字、延迟退休，都要瞻前顾后，百般谨慎，更何况在政治、经济、社会和文化等领域采取较大举措。谁又能想到，民主制度的深化发展反而为民粹主义的泛滥提供了土壤和契机？民主的先驱们，若能预判到今日之结局，不知该做何感想？

2012年以来，世界各国的政坛右倾化现象普遍。一些草根型政治领袖借助民众对于现行政治的不满，打着人民至上的口号，赢得了较高的支持率。随着全球化进程的加剧，民粹化现象在深层次上影响着世界政治的发展。越来越多的民众通过激进和暴力的方式表达内心不满和利益诉求，而非诉诸已有的制度渠道。总体来看，市场经济的发展与社会矛盾的张力是各国民粹主义思潮变迁的内在直接诱因，政府决策失误与政治公信力不足是外在刺激性因素。

在美国，2008年金融危机的影响仍在持续：一方面，通货膨胀不断，失业率居高不下，贫困率持续提升；另一方面，工资却在稳步下降，政府丑闻不断，这些都直接导致民粹情绪高涨，民粹思潮复兴，民粹主义政党的实力壮大。以萨拉·佩林为首的茶党成员不甘寂寞，在政治博弈中屡屡碰壁后不惜采取极端方式宣扬宗教右翼情绪。不停地发表歧视非主流族裔的言论以博民众眼球。而在如火如荼进行的总统选举中，先是"反建制派"出人意料地兵败滑铁卢，后是特朗普强势上位让无数美国人大跌眼镜。在共和党大佬眼中本应扮演陪跑角色的特朗普充分利用了民众对现行政治的不满和对奥巴马的失望，成功祭出反移民、反全球化、反精英等诸法宝，竟然使得民主传统与制度发展如斯的美国连这个如此典型、如此高调的民粹主义者都无法拒之门外，可见美国的民粹主义情绪是有多么强烈和浓郁。究其原因，如下的分析显然是有说服力的："在民粹主义的操纵下，诸如克鲁兹、卢比奥、卡西奇乃至希拉里之类的建制派或者失语或者制造社会议题的能力下降，主流精英自恃的'政治正确'已不得人心，而'反建制派'的民粹主义者则说出了大众的心里话，掌握了制造社会议题的能力。"①

在欧洲，2008年后，在国际金融危机、社会和经济矛盾的多重压力下，民粹主义政党全方位崛起，竞相在各级议会选举中有所斩获，强势挤压并抢夺着传统政党的生存空间。2014年，在号称欧洲民意晴雨表的欧洲议会选举中，一些右翼倾向的民粹主义政党纷纷活跃起来，甚至取得了一些历史性的突破和胜利。一些明确主张反移民、反全球化和反欧洲一体化的激进政党如法国国民阵线、英国独立党、丹麦人民党、比利时新佛莱芒联盟等，甚至夺得所在国支持率的第一。2016年6月24日，英国成功"脱欧"，无疑为民粹主义打了一针强心剂。意大利于该年宣布将于年底举行全民公投讨论是否追随英国脱离欧盟，更让欧盟雪上加霜。奥地利的总统选举，明确主张反移民的奥地利自由党候选人诺贝特·霍费尔以36.7%的得票率遥遥领先。此外，民粹主义者还以愤怒的口号与标语刺激民众参与政治活动。在西班牙，"愤怒"已成为民众日常生活不可替代的重要组成部分。在难民潮的冲击下，德国政坛也出现了类似民粹主义的右倾动向。支持反移民政策的"德国选择党"支持率已上升接近10%，是目前德国最受欢迎的政党，而默克尔领导的"联盟党"则下降至34%左右，创近年来的最低点。

---

① 史志钦：《民粹主义何以在欧美愈演愈烈》，《人民论坛》2016年第13期。

在拉美，受依附理论的影响，加之21世纪之初的债务危机，各国经济状况一直不稳，社会问题频发，于是不少政治家将拉美地区的经济滞胀归结为华盛顿共识和以国际货币基金组织为代表的国际机制。委内瑞拉总统马杜罗以微弱优势赢得选举后，继续承袭查韦斯民粹主义风格的执政理念，强势控制商品价格，提高工人工资，在拉美政坛中显得极为抢眼。

在日本，这几年右翼民粹主义趋势更加明显，政治上强势反思二战后民主主义，以鹰派姿态迎合民众心理，主张革命式的变革方式，扫除现存政治秩序。

在印度，持续经济危机导致的社会经济发展问题，加剧了政坛的碎片化趋势，以草根国大党为代表的民粹主义政党上升势头很快。

而在俄罗斯，"给我20年，还你一个强大的俄罗斯"这样的口号使普京顺利开启了自己总统生涯的第三个任期，虽然在经济危机的压力、国内财政赤字的影响和中产阶级快速崛起的背景下，普京政府的民粹主义色彩有所淡化，但在承诺大幅提高公共部门工资、提高军费、提高教育投入等政策后，作为威权型政府的领导者，新一届俄罗斯政府的民粹色彩仍然鲜明。

如此来看，"社会分化历来是民粹主义的土壤"。[①] 在经济全球化和多次金融危机的双重冲击下，当今世界各国的贫富分化愈演愈烈，社会中下层怨声载道，苦不堪言。这也就使得民粹主义在全球范围此起彼伏，络绎不绝。

中国民粹主义的情感与观念一直未上升成为影响力较大的政治思潮和社会运动。在列强环伺、救亡图存的近代，抵御外敌、誓死抗争的时代使命是由民族主义完成的。那时的精英与民众的政治诉求基本方向是一致的。但改革开放后，事情发生了变化。正是由于以下现实动因的出现，才使得中国当代部分群体中的民

---

① 陶文昭：《新民粹主义的时代审视》，《人民论坛》2012年第22期。

粹主义骤然崛起。

第一，贫富差距扩大。自改革开放以来，我国社会经济发展取得了长足的进步，综合国力和人民生活水平都大幅提高，这是有目共睹的。但同时也必须看到，中国社会的贫富差距仍在扩大。计划经济时代，人民生活处于普遍的贫穷，并没有太大的感触。但改革开放后，各地区、各行业、各群体的收入水平与贫富差距逐渐拉大，已经习惯于朴素的平均主义的人们，其思想倾向往往"不患寡而患不均"。

第二，公民意识启蒙。中国改革开放的过程，也是公民意识启蒙、民主观念培育的过程。在这一过程中，随着市场经济深化、教育水平提升、国际视野扩展、社会流动加快，民众的权利意识、自主意识、参与意识、法律意识、平等意识显著提高。然而社会现实与政治理想之间的距离与断裂，使得一些变革的愿望以民粹主义的形式体现出来。同时，官员本应是人民的公仆，履行为人民服务的基本职责，但实际情况却是部分官员盛气凌人，高高在上，部分官员贪赃枉法，弄权争利，这种官民矛盾也是刺激民粹主义兴起的重要因素。而实际上，民粹主义最核心的表现就是推崇底层道德与文化的价值，认定大众保存了文化传统革新与社会进步的真正力量。因此，民粹主义的产生与存在往往与社会中下层群体存在的不满情绪相关联。

第三，互联网普及。互联网是中国民粹主义发展的重要变量。受各种历史与现实条件所限，普通民众在较长时期处于信息相对封闭、权利无法落实的窘境中。改革开放的启蒙、市场经济的洗礼、高等教育的推广、全球化进程的推动，为民众权利意识的萌发与民主观念的崛起奠定了必要的基础。然而，当大多数人还沉浸于对新现象、新事物的学习、吸收与分享并始有所得的欣喜和快慰中时，互联网却在极短的时间内悄然普及。结果是：数以亿计的普通民众被一下子推进信息社会与自媒体时代；借助博客、微博和微信，人们开始对涉及自由、平等、公正、法治、权力、权利等公共议题发表意见，表达诉求，施加影响；政府决策、领导风范、社会风气、公民行为等迅速成为饭后谈资、网议热门。互联网独有的信息共享化、权力扁平化、媒体私人化，让初涉网络的网民迅速成长，信心大增，极为受用。当然，随着网络政治参与的日益深入和扩展，缺陷与不足也随之显露。传统民粹主义受沟通渠道、传播方式的限制，其影响相对有限。但互联网时代的来临，极大地改变了民粹主义的运行规律，从而催生了一种以网络为平台和媒介的新型民粹主义。

在传统政治文化生态中，当中下层民众受到不平等待遇时，他们的政治愿望与利益诉求往往要借助知识精英阶层的代言方能表达。而以互联网为代表的当代信息技术的兴起与普及，直接开启了一个平民参与政治的时代。博客的出现，对于大众言论的传播具有重要的意义。而微博时代的到来，则进一步削平了大众传媒的门槛，传统的话语权威遭遇致命冲击。从此，民众维护自身的利益无须再借助知识精英之口，投身网络即可直抒胸臆。即时、廉价、开放、便利，成为互联网时代政治参与的突出特征，这也使得互联网成为民粹思潮最为活跃、民粹色彩最为浓郁的领域。

第四，媒体话语权的变迁。传统媒体一直为社会精英所雄踞。近代以来的政治话语正是在这些精英的诠释、争持与论战中变迁发展的，相应地，民众思想的启蒙也以传统媒体为中心向外围放射、拓展和传播。但互联网的出现改变了政治话语的传播结构，扭转了精英与民众的力量对比。原本处于政治话语权外围和边缘地带的民众，在互联网上唱起了主角。官员、专家和富豪们原本是社会生活中的强势阶层，他们相比于普遍网民拥有更多的资源、更大的影响和更多的话语权，但在网络上却成为某种意义上的弱者。各色知识分子还在一如既往地发言，却被湮没在迅猛涌起的民意与舆论中。民粹主义者"借助直觉正义和怨恨，能够很快地将旁观者动员起来，而且矛头对准了体制以及为其辩护的专家,支持他们的专家则赢得一片'赞',容不得质疑"。① 互联网的独特魅力就在于,社会下层的人数上的优势终于转化为话语上的优势,人多势众直接导致了网络上精英们的寡不敌众。

第五,反腐运动的反向助推。2014年以后,民粹主义在中国强势反腐的浪潮中声势剧增。中国政府一直将打击贪污腐败作为纯净党的事业和党内监督的重要举措,密集而高压的反腐态势不仅体现了国家建设责任政府的决心,也为民众带来了信心,但同时在一定程度上佐证了民粹主义一直以来的仇官情结。这就意味着,反腐越深入、力度越大,民粹情绪越强烈。对于反腐过程中的一些故事性、极具戏剧效果的细节,网民们往往津津乐道,乐此不疲。

二 当代民粹主义的负向影响

民粹主义在一定程度上呈现出民意走向,拓宽了弱势群体的利益表达渠道,普通民众的话语权随之提升。它也关注社会现实问题,尤其是分配矛盾与社会公正等当下最为紧迫、最为关键的问题,对社会公平的推进有所助益。同时,它是社会大众进行政治参与和政治表达的重要方式,对弱势群体来说是一种有力促动。这些都是民粹主义的积极面向。可以说,民粹主义关注弱势群体,强调普通民众在社会历史变迁中的重要作用,这是值得肯定的。但其抹杀精英人物对历史发展和社会进步的历史创造,强调对民众意愿的绝对顺从,宣扬极端的平民化主张,又是极其危险的。从世界范围来看,民粹主义趋势反映了底层民众的利益诉求和情绪不满,迫使各政党不得不反思和调整国内外政策,但这些调整的负面影响也是显而易见的。

---

① 周汝江:《从大众社会到网络社会——当代中国政治表达民粹化的转型与治理》,《人民论坛》2015年第32期。

第一，民粹主义鼓吹"人民至上"。在一些民粹主义者看来，草根阶层、底层社会就是"人民"，"人民"的诉求都是合理的，必须得到满足。按此逻辑，任何言论、任何思想只要冠以"人民"的名号，就可以大行其道、不证自明。这种做法导致现行民主原则和制度受到挑战，使现实政治容易走向反精英、反体制的歪路，结果往往是挟民意之名背离民主之实。

第二，民粹主义宣扬极端平民主义。一些民粹主义者过分简单地解读经济危机与社会问题，导致狭隘的平民主义、极端的民族主义和盲目的排外主义，对于经济危机和社会问题的解决有百害而无一益。一些民粹主义者怀念计划经济时代，反对财富的不均衡分布，甚至将共同富裕简单理解为杀富济贫。他们打着为民代言的旗号，大张旗鼓地反对主流政治，反对一切他们认为有可能威胁和损害民众利益的东西。在他们看来，这种威胁既可能来自上层的精英群体，也可能来自外部的异己力量。因此，他们既反对现有的政治秩序对于民众的安排，又不断激化民粹情绪，反对一切外部力量的入侵。

第三，民粹主义推崇非理性政治。民粹主义者过分极端地批判现行政治，导致理想主义过度泛滥，无节制的批判容易引起集体的无意识和极端的非理性。反体制、反精英、仇官、仇富，实际上代表着一种脱离实际的、对现实政治的逆反构思，表达了民粹主义者柏拉图式的乌托邦政治理想。民粹情绪越浓，非理性程度越大，对社会发展的理性机制伤害就越大。当情绪化的社会大众可以自由表达政治主张，放纵地操控政治议程，就会使原本合情、合理、合法的政治诉求沦为充满怨气、具有破坏性的政治宣泄，如此一来，政府可能被胁迫偏离正确的执政方向，甚至使国家治理退到人治状态。

第四，民粹主义热衷激进立场。"钓鱼岛"事件后，我国民众的民族情绪与爱国热情被民粹主义者利用，引发民众抗议浪潮此起彼伏。一些民粹主义者利用网络、社交平台或讲座等形式宣扬"武力攻打钓鱼岛""用鲜血捍卫国家主权",试图用群众性声势影响中央高层作出非理性决策。一些人打着爱国的旗号,以"人民"的名义进行道德审判。这种披上爱国主义外衣的民粹主义极具迷惑性。它以维护民族利益、国家主权为名头,将质疑者和反对者推到人民的对立面,就连政府引导和管控这些非理性行为时也不得不百倍小心,以免引来非议。民粹主义和民族主义虽然价值主张相去甚远,但有时为了实现自身的某种目的,二者也可以铆合在一起。这一倾向必须得到高度重视。

最初,民粹主义鼓励政治参与,主张政治平等,倡导平民化的政治表达,追求自由、平等、民主、公正等价值,关注社会底层和弱势群体,这些无疑都具有进步意义,对社会发展具有积极价值。但2012年后,当代民粹主义的话语越发平民化、暴力化、极端化、非理性化。对各种社会现象冷嘲热讽,对所有政府行为消极抵制,对社会道德与伦理观念玩世不恭,批判有余而建设不足,甚至有挟民意以令政府的极端趋势。在现实生活中,民粹情绪挟持民意,恶意影响政策制定和司法公正,已屡见不鲜。这些结果在欧美各国、拉美各国、俄罗斯以及日本都有显现。

三 当代民粹主义的合理消解

民粹主义在当下的流行是诸多社会和政治因素合力的结果。短期内,民粹主义的影响还会一直持续。如何准确认识、正确对待当下中国的民粹主义是重要的时代课题。

第一,民粹主义不是也不可能是主流思潮。当下中国处于转型和过渡的攻关时期,民粹主义仍然拥有较大的市场,但和平与发展、开放与多元是主旋律,这种大环境下民粹主义不可能占据社会主流。无论社会变革还是民主改革,将由上而下的顶层设计与自下而上的民众意愿两相结合,才能更好地体现社会的诉求,反映社会的共识。因此,对于民粹主义,不要妖魔化,不要污名化。既要提防其危害的可能性，也要看到它存在的现实性。还得看到，对于当代中国的政治生活，多元化是当下和未来发展的大趋势。文化是多元的，利益是多元的，阶层是多元的。各种思潮共生亦共存、交织且竞争格局的出现，是政治生态平衡的标志，也是政治文化健康的根本。

第二，民粹情绪与民意表达要区别对待。这些年，我国社会在就业、劳动关系、收入分配、社会管理等方面仍存在问题，客观上为民粹主义的情绪化表达提供了肥沃的土壤。部分民众希望变革图新，渴望自身利益得到政府和政策层面的维护和保障，但又对现行制度不信任、不支持、不配合，甚至有愤怒、暴力的话语和行为，这都为民粹主义提供了可乘之机。同时，社会大众渴望民主，渴望社会公平和公正，渴望社会和谐，这也是大多数网民参与政治的主要动机和出发点。久而久之，这种社会情绪就积蓄了较大的能量，进而向社会思潮、社会运动的方向蔓延和发展。因此，要将民意区别对待，尤其是要将网络空间表达出来的民粹情绪与真正的民意表达进行谨慎甄别。正如有学者指出："民粹主义作为一种特定的社会心理和政治文化，当其转化为舆论环境和现实民意时，却有可能裹挟国家的立法行为、公共政策的制定和司法审判的结果。反过来说，某些利益集团也可能利用非理性的民意而影响国家做出有利于本集团的决策。"① 因此，政府对民意要有所敬畏，对于民众诉求的合理性应当给予足够的重视，并结合实际切实解决问题，同时，也要为底层民众建立与政府政策制定和决策机构沟通协调的机制，建立上情下达的信息渠道，让民众更理性、更客观、更节制地提出自己的政治主张和利益诉求，以便于将底层化、边缘化、激进化的民粹情绪与行为吸纳到主流的政治运行过程中来。

第三，约束和规制民粹主义的极端立场。通过宣传教育，培

---

① 杨阳：《民粹主义情绪热度与价值诉求》，《人民论坛》2014年第4期。

养公民意识和法治精神，借助内在的道德和外在的法律来双重规制公民行为，约束并防止公民在政治参与中的过激言论和极端行为。可以建立健全网络法律法规体系，强化对民粹主义非理性话语的合法规制。合理划定法与非法的逻辑，寻找自由与合法的平衡。也可以加强网络道德、网络素养教育，将道德理性与民主观念的提升有机结合，培养多元宽容、文明理性的网络行为。引导网民理性表达，促进网络舆论的理性化，提升公民对网络规则与民主程序的尊重和理解，强化责任意识与规范意识。还可以依靠媒体、网络、政府、协会组织和全体网民共同努力，形成多方监管、应急和防御体系。加强行为自律与社会治理，更好地实现网络舆论的监督和引导。

第四，消解民粹主义滋生的土壤。政府必须坚持以民生政治为基本导向，努力发展中国特色的社会主义民主，建设社会主义法治国家，妥善解决各类社会矛盾，以促进社会和谐、利益均衡，最大限度地消解民粹主义滋生的土壤。要想消解民粹主义，关键还在于保证社会经济发展过程中公平与公正的真正实现，从最少受惠者的角度出发，调节和处理利益分配，通过合理的制度安排和程序设计兼顾各方需求，保证公民在分享基本利益、实现自身权利面前人人平等，更有幸福感，活得更有尊严，以完善的民主建设摆脱民粹主义的震荡与纠缠。只有最终实现了社会的公平与公正，才能满足下层民众的真实诉求，缓解他们对现行体制和政策的抱怨和不满，这是有效抑制、合理消解民粹主义的根本之道。

对于当代中国政治发展，防止极端思潮误导社会公众，仍然是一个重大课题。主流意识形态引领社会思潮、凝聚社会共识的任务比以往更加艰巨。对于社会思潮，交锋交融才有活力，多元多变才会发展。对于意识形态，争才能澄清真理，论才能明辨是非。在全面深化改革、矛盾凸显多发的背景下，我们需要在多元中求共识，在变革中求发展。准确理解当下政治的实质，正确看待思潮发展的未来，才能使我们在改革大潮中立于不败之地。

拓展阅读

1. ［英］保罗·塔格特：《民粹主义》，袁明旭译，吉林人民出版社2005年版。
2. ［美］约翰·朱迪斯：《民粹主义大爆炸》，马霖译，中信出版社2019年版。
3. 林红：《民粹主义——概念、理论与实证》，中央编译出版社2007年版。
4. 张莉：《西欧民主制度的幽灵——右翼民粹主义政党研究》，中央编译出版社2011年版。
5. 郭中军：《台湾地区民主转型中的民粹主义：1987—2008》，学林出版社2014年版。

参考文献

一 英文专著

Anthony Giddens, *The Third Way: The Renewal of Social Democracy*, Cambridge: Polity Press, 1998.

Beiner, ed., *Theorizing Citizenship*, New York: State University of New York Press, 1995.

Bernie Sanders, *Our Revolution: A Future to Believe in*, New York: Thomas Dunne Books, 2016.

B. Russell, *Truth and Falsehood: Problems of Philosophy*, New York: Henry Holt, 1912.

Carl Schmitt, *Dictatorship*, Cambridge: Polity Press, 2013.

Carlo Galli, *Carl Schmitt's Antiliberalism: Its Theoretical and Historical Sources and Its Philosophical and Political Meaning*, Cardozo L: Rev., 2000.

Chantal Mouffe, *The Return of the Political*, London: Verso, 1993.

Charles Taylor, "The Politics of Recognition", Charles Taylor, et al, *Multiculturalism*, Princeton, New Jersey: Princeton University Press, 1994.

Christian Joppke and Steven Lukes ed., *Multicultural Questions*, Oxford: Oxford University Press, 1999.

Christopher Pierson, *The Modern State*, New York: Routledge, 1996.

Christopher W. Morris, *An Essay on the Modern State*, Cambridge: Cambridge University Press, 1998.

David Beetham, *The Legitimation of Power*, London: MacMillan Education LTD. , 1991.

David Dyzenhaus ed. , *Law as Politics: Carl Schmitt's Critique of Liberalism*, Durham: Duke University Press, 1998.

David Held, *Political Theory and the Modern State*, Cambridge: Polity Press, 2000.

Geoffrey Brennan ed. , *Common Minds: Themes from the Philosophy of Philip Pettit*, Oxford: Clarendon Press, 2007.

Hannah Arendt, *The Origins of Totalitarianism*, London: Allen & Unwin, 1958.

Hans Kelsen, *General Theory of Law & State*, New Brunswick: Transaction Publishers, 2006.

Herbert W. Harris, Howard C. Blue & Ezra E. H. Griffith ed. , *Racial and Ethnic Identity: Psychological Development and Creative Expression*, New York: Routlege, 1995.

Horace M. Kallen, *Culture and Democracy in the United States*, New Brunswick, N. J. : Transaction Publishers , 1998.

Iris Marion Young, *Justice and Politics of Difference*, New Jersey: Princeton University Press, 1990.

Iris Marion Young, *Polity and Difference: A Critique of the Ideal of Universal Citizenship*, New York: Princeton University Press, 1994.

Jack Hayward & R. N. Berki ed. , *State and Society in Contemporary Europe*, Oxford: Martin Robertson, 1979.

James N. Rosenau, *Governance without Government: Order and Change in World Politics*, Cambridge: Cambridge University Press,

1995.

Jeff Spinner, *The Boundaries of Citizenship*, Baltimore: The Johns Hopkins University Press, 1994.

Jeffery Paul, *Reading Nozick: Essays on Anarchy, State and Utopia*, Lanham, MD: Rowan and Little Field, 1981.

Joel S. Migdal, *State in Society: Studying How States and Societies Transform and Constitute One Another*, Cambridge: Cambridge University Press, 2001.

John A. Hall ed., *Civil Society: Theory, History, Comparison*, Cambridge: Polity Press, 1995.

John Ehrenberg, *Civil Society: The Critical History of an Idea*, New York: New York University Press, 1999.

John Gray, *Enlightenment's Wake*, New York: Routledge, 1995.

John Keane, *Democracy and Civil Society*, London: Verso, 1988.

John S. Dryzek, *Deliberative Democracy and Beyond : Liberals, Critics, Contestations*, Oxford: Oxford University Press, 2002.

Kenichi Ohmae, *The End of Nation State: The Rise of Regional Economies*, New York: The Free Press, 1995.

Lee Su-Hoon, *State-building in the Contemporary Third World*, Boulder: Westview Press, 1988.

Lucian W. Pye, *Aspects of Political Development*, Boston: Little, Brown and Company, 1966.

Madison Grant, *The Pashing of the Great Race: The Racial Basis of European History*, New York: C. Scribner's Sons, 1921.

Marina Ottaway and Thomas Carothers ed., *Funding Virtue: Civil Society Aid and Democracy Promotion*, Washington D.C.: Carnegie Endowment for International Peace, 2000.

Mark J. Smith, *Rethinking State*, New York: Routledge, 2000.

Mark Lilla, *The Once and Future Liberal*, New York: Harper Collins

Publishers, 2017.

Martin Slaw, *Theory of the Global State*, Cambridge: Cambridge University Press, 2000.

Michael Marinetto, *Social Theory, the State and Modern Society: the State in Contemporary Social Thought*, New York: Open University Press, 2006.

Morris P. Fiorina, Samuel J. Abrams, Jeremy C. Pope, *Culture War? The Myth of a Polarized America*, New York: Longman, 2011.

Mouffe, *The Democratic Paradox*, London: Verso, 2000.

Nanna Kildal and Stein Kuhnle, *Normative Foundations of the Welfare State*, New York: Routledge, 2006.

Paul Hirst and Grahame Thompson, *Globalization in Question: the International-economy and the Possibilities of Governance*, London: Polity Press, 1996.

Peter Evans, *Embedded Autonomy, States and Industrial Transformation*, Princeton: Princeton University Press, 1995.

Philip Pettit, *A Theory of Freedom: From the Psychology to the Politics of Agency*, New York: Polity and Oxford University Press, 2001.

Philip Pettit, *Made with Words: Hobbes on Language, Mind, and Politics*, Oxford: Princeton University Press, 2008.

Philip Pettit, *Republicanism: A Theory of Freedom and Government*, Oxford: Clarendon Press, 1997.

Quentin Skinner, *Visions of Politics*, Vol. 2, *Renaissance Virtues*, New York: Cambridge University Press, 2002.

Remonda Bensabat Klenberg and Janine A. Clark, *Economic Liberalization, Democratization and Civil Society in the Developing World*, New York: Palgrave, 2000.

Richard Ohman, *Selling Culture: Magazines, Markets, and Class at the Turn of the Century*, London: Verso, 1996.

Robert E. Goodin, Philip Pettit and Thomas Pogge ed., *A Companion to Contemporary Political Philosophy*, UK: Blackwell Publishing, 1996.

Robert K. Fullinwider ed., *Civil Society, Democracy, and Civic Renewal*, New York: Rowman & Littlefield Publishers, Inc., 1999.

Roger King, *The State in Modern Society*, London: Macmillan Education LTD., 1986.

R. H. Jackson, *Quasi States: Sovereignty, International Relation and the Third World*, Cambridge: Cambridge University Press, 1990.

S. Sassen, *Losing Control Sovereignty in an Age of Globalization*, Columbia: Columbia University Press, 1995.

Theda Skocpol, *State and Social Revolution: A Comparative Analysis of France, Russia, and China*, Cambridge: Cambridge University Press, 1979.

Will Kymlicka and Wayne Norman ed., *Citizenship in Diverse Societies*, Oxford: Oxford University Press, 2000.

W. Clyde Barrow, *Critical Theories of the State: Marxist Neo-Marist, Post-Marist*, Madison: The University of Wisconsin Press, 1993.

Yoram Barzel, *A Theory of the State*, Cambridge: Cambridge University Press, 2002.

二　中文专著

《经济社会体制比较》编辑部：《腐败：权力与金钱的交换》，中国经济出版社1993年版。

包刚升：《民主的逻辑》，社会科学文献出版社2018年版。

包心鉴：《"三个代表"重要思想与马克思主义理论创新》，山东人民出版社2004年版。

陈明主编：《原道》（第三辑），中国广播电视出版社1996年版。

程琥：《全球化与国家主权——比较分析》，清华大学出版社

2003年版。

丛日云：《当代世界的民主化浪潮》，天津人民出版社1999年版。

丛日云：《西方政治文化传统》，大连出版社1996年版。

达巍、王琛、宋念申编：《消极自由有什么错》，文化艺术出版社2001年版。

郭忠华、郭台辉主编：《当代国家理论：基础与前沿》，广东人民出版社2017年版。

江宜桦：《自由主义、民族主义与国家认同》，扬智文化事业股份有限公司1998年版。

林红：《民粹主义——概念、理论与实证》，中央编译出版社2007年版。

刘凡平：《大数据时代的算法：机器学习、人工智能及其典型实例》，电子工业出版社2017年版。

刘擎：《悬而未决的时刻：现代性论域中的西方思想》，新星出版社2006年版。

刘训练编：《后伯林的自由观》，凤凰出版传媒集团、江苏人民出版社2007年版。

罗克全：《最小国家的极大值——诺齐克国家观研究》，社会科学文献出版社2005年版。

庞金友主编：《观念的冲突与政治秩序的构建》，吉林出版集团股份有限公司2017年版。

时和兴：《关系、限度、制度：政治发展过程中的国家与社会》，北京大学出版社1996年版。

舒炜编：《施米特：政治的剩余价值》，上海人民出版社2002年版。

腾讯研究院、中国信息通信研究院互联网法律研究中心、腾讯AI、Lab：《人工智能：国家人工智能战略行动抓手》，中国人民大学出版社2017年版。

佟玉华：《社会转型期政治发展与民主政治建设》，中国社会科学出版社2009年版。

汪晖、陈燕谷编:《文化与公共性》,生活·读书·新知三联书店1998年版。

王焱、饶淑荣编:《社会理论的两种传统》,生活·读书·新知三联书店2012年版。

萧高彦:《西方共和主义思想史论》,商务印书馆2016年版。

徐大同:《西方政治思想史》,天津人民出版社1985年版。

许纪霖主编:《公民性与公民观》,江苏人民出版社2006年版。

许纪霖主编:《共和、社群与公民》,江苏人民出版社2004年版。

杨雪冬、薛晓源编:《"第三条道路"与新的理论》,社会科学文献出版社2001年版。

应奇、刘训练编:《第三种自由》,东方出版社2006年版。

应奇、刘训练编:《公民共和主义》,东方出版社2006年版。

应奇、刘训练编:《共和的黄昏:自由主义、社群主义和共和主义》,吉林出版集团有限责任公司2007年版。

俞可平:《权利政治与公益政治》,社会科学文献出版社2000年版。

俞可平主编:《治理与善治》,社会科学文献出版社2000年版。

赵志云、钟才顺、钱敏峰:《虚拟社会管理》,国家行政学院出版社2012年版。

周志敏、纪爱华:《人工智能:改变未来的颠覆性技术》,中国工信出版集团、人民邮电出版社2017年版。

朱天飚:《比较政治经济学》,北京大学出版社2006年版。

[澳]菲利普·佩迪特:《共和主义:一种关于自由与政府的理论》,刘训练译,江苏人民出版社2006年版。

[澳]琳达·维斯、约翰·M.霍布森:《国家与经济发展——一个比较及历史性的分析》,黄兆辉、廖志强译,吉林出版集团有限责任公司2009年版。

[德]克劳斯·奥菲:《福利国家的矛盾》,郭忠华等译,吉林人

民出版社 2006 年版。

［德］尤尔根·哈贝马斯：《合法化危机》，刘北成、曹卫东译，上海人民出版社 2001 年版。

［德］尤尔根·哈贝马斯：《交往行动理论·第一卷——行动的合理性和社会合理化》，洪佩郁、蔺青译，重庆出版社 1994 年版。

［德］尤尔根·哈贝马斯：《交往与社会进化》，张博树译，重庆出版社 1989 年版。

［德］尤尔根·哈贝马斯：《重建历史唯物主义》，郭官义译，社会科学文献出版社 2000 年版。

［德］克劳斯·施布瓦：《第四次工业革命：转型的力量》，李菁译，中信出版集团 2016 年版。

［德］卡尔·曼海姆：《保守主义》，李明晖、牟建君译，译林出版社 2002 年版。

［德］卡尔·施米特：《论断与概念》，朱雁冰译，上海人民出版社 2016 年版。

［德］卡尔·施米特：《政治的概念》，刘宗坤等译，上海人民出版社 2004 年版。

［德］马克斯·韦伯：《经济与社会》（上卷），林荣远译，商务印书馆 1997 年版。

［德］乌·贝克、哈贝马斯等编：《全球化与政治》，王学东、柴方国等译，中央编译出版社 2000 年版。

［德］乌尔里希·贝克：《全球化时代的权力与反权力》，蒋仁祥、胡颐译，广西师范大学出版社 2004 年版。

［德］扬-维尔纳·米勒：《危险的心灵：战后欧洲思潮中的卡尔·施米特》，张龑、邓晓菁译，新星出版社 2006 年版。

［法］邦雅曼·贡斯当：《古代人的自由与现代人的自由》，阎克文、刘满贵译，商务印书馆 1999 年版。

［法］古斯塔夫·勒庞：《乌合之众——大众心理研究》，冯克利

译，广西师范大学出版社2007年版。

［法］孟德斯鸠：《论法的精神》，张雁深译，商务印书馆1997年版。

［法］米海依尔·戴尔玛斯-马蒂：《世界法的三个挑战》，罗结珍、郑爱青、赵海峰译，法律出版社2001年版。

［法］米歇尔·盖尔特曼：《跨国公司》，肖云上译，商务印书馆1998年版。

［法］热拉尔·迪梅尼尔、多米尼克·莱维：《大分化：正在走向终结的新自由主义》，陈杰译，商务印书馆2015年版。

［法］托克维尔：《论美国的民主》，董果良译，商务印务馆1988年版。

［古希腊］亚里士多德：《政治学》，吴寿彭译，商务印书馆1997年版。

［加拿大］阿米塔·阿查亚：《美国世界秩序的终结》，袁正清、肖莹莹译，上海人民出版社2017年版。

［加拿大］菲利普·汉森：《历史、政治与公民权：阿伦特传》，刘佳林译，江苏人民出版社2004年版。

［加拿大］威尔·金里卡：《少数的权利：民族主义、多元文化主义和公民》，邓红风译，上海世纪出版集团2005年版。

［加拿大］威尔·金里卡：《自由主义、社群与文化》，应奇、葛水林译，上海世纪出版集团2005年版。

［加拿大］罗伯特·W. 考克斯：《生产、权力和世界秩序：社会力量在缔造历史中的作用》，林华译，世界知识出版社2004年版。

［加拿大］马乔里·格里芬·科恩、斯蒂芬·麦克布莱德：《全球化动荡》，段保良译，华夏出版社2004年版。

［美］B. 盖伊·彼得斯：《政府未来的治理模式》，吴爱明、夏宏图译，中国人民大学出版社2001年版。

［美］加布里埃尔·A. 阿尔蒙德、小G. 宾厄姆·鲍威尔：《比

较政治学：体系、过程和政策》，曹沛霖等译，上海译文出版社 1987 年版。

［美］阿尔温·托夫勒、海蒂·托夫勒：《创造一个新的文明——第三次浪潮的政治》，陈峰译，生活·读书·新知三联书店 1993 年版。

［美］阿里夫·德里克：《后革命氛围》，王宁等译，中国社会科学出版社 1999 年版。

［美］埃里克·A. 诺德林格：《民主国家的自主性》，孙荣飞、朱慧涛、郭继光译，凤凰出版传媒集团、江苏人民出版社 2010 年版。

［美］彼得·埃文斯、迪特里希·鲁施迈耶、西达·斯考切波编著：《找回国家》，方力维等译，生活·读书·新知三联书店 2009 年版。

［美］S. N. 艾森斯塔德：《帝国的政治体系》，阎步克译，贵州人民出版社 1992 年版。

［美］S. N. 艾森斯塔德：《现代化：抗拒与变迁》，张旅平等译，中国人民大学出版社 1988 年版。

［美］昂格尔：《现代社会中的法律》，吴玉章、周汉华译，中国政法大学出版社 1994 年版。

［美］曼库尔·奥尔森：《国家兴衰探源：经济增长、滞胀与社会僵化》，吕应中等译，商务印书馆 1993 年版。

［美］保罗·卡恩：《政治神学：新主权概念四论》，郑琪译，译林出版社 2015 年版。

［美］贝思·J. 辛格：《实用主义、权利和民主》，王守昌等译，上海译文出版社 2001 年版。

［美］彼得·D. 希夫：《国家为什么会崩溃》，刘寅龙译，中信出版社 2013 年版。

［美］彼得森：《杰斐逊集》，刘祚昌、邓红风译，生活·读书·新知三联书店 1993 年版。

［美］詹姆斯·M. 布坎南：《自由、市场和国家：20世纪80年代的政治经济学》，吴良健、柔伍、曾获译，北京经济学院出版社1988年版。

［美］查尔斯·沃尔夫：《市场或政府——权衡两种不完善的选择/兰德公司的一项研究》，谢旭译，中国发展出版社1994年版。

［美］罗伯特·达尔：《多头政体——参与和反对》，谭君久、刘惠荣译，商务印书馆2003年版。

［美］罗伯特·A. 达尔：《多元主义民主的困境》，尤正明译，求实出版社1989年版。

［美］达尔：《民主理论的前言》，顾昕、朱丹译，生活·读书·新知三联书店1999年版。

［美］罗伯特·达尔：《现代政治分析》，王沪宁、陈峰译，上海译文出版社1987年版。

［美］戴维·奥斯本、特德·盖布勒：《改革政府》，周敦仁等译，上海译文出版社1996年版。

［美］德隆·阿西莫格鲁、詹姆斯·A. 罗宾逊：《国家为什么会失败》，李增刚译，湖南科学技术出版社2015年版。

［美］菲利克斯·格罗斯：《公民与国家——民族、部族和族属身份》，王建娥、魏强译，新华出版社2003年版。

［美］米尔顿·弗里德曼：《资本主义与自由》，张瑞玉译，商务印书馆1988年版。

［美］弗朗西斯·福山：《国家构建：21世纪的国家治理与世界秩序》，黄胜强、许铭原译，中国社会科学出版社2007年版。

［美］弗朗西斯·福山：《政治秩序与政治衰败：从工业革命到民主全球化》，毛俊杰译，广西师范大学出版社2015年版。

［美］威廉·A. 盖尔斯敦：《自由多元主义》，佟德志、庞金友译，江苏人民出版社2005年版。

［美］劳伦斯·哈里森：《多元文化主义的终结》，王乐洋译，新

华出版社 2017 年版。

［美］贾恩弗兰科·波齐：《近代国家的发展——社会学导论》，沈汉译，商务印书馆 1997 年版。

［美］汉密尔顿、杰伊、麦迪逊：《联邦党人文集》，程逢如、在汉、舒逊译，商务印书馆 1997 年版。

［美］塞缪尔·亨廷顿：《变革社会中的政治秩序》，李盛平、杨玉生等译，华夏出版社 1988 年版。

［美］塞缪尔·P. 亨廷顿：《变化社会中的政治秩序》，王冠华等译，生活·读书·新知三联书店 1989 年版。

［美］塞缪尔·亨廷顿：《我们是谁？》，程克雄译，新华出版社 2005 年版。

［美］杰里·马勒：《保守主义：从休谟到当前的社会政治思想文集》，刘曙辉、张容南译，译林出版社 2010 年版。

［美］杰瑞·卡普兰：《人工智能时代》，李盼译，浙江人民出版社 2016 年版。

［美］卡尔·博格斯：《政治的终结》，陈家刚译，社会科学文献出版社 2001 年版。

［美］莱斯特·瑟罗：《资本主义的未来》，周晓钟译，中国社会科学出版社 1998 年版。

［美］西摩·马丁·李普塞特：《政治人：政治的社会基础》，张绍宗译，上海人民出版社 1997 年版。

［美］卢克·多梅尔：《人工智能：改变世界，重建未来》，赛迪研究院专家组译，中信出版集团 2016 年版。

［美］罗伯特·H. 威布：《自治：美国民主的文化史》，李振广译，商务印书馆 2006 年版。

［美］罗伯特·戈登：《美国增长的起落》，张林山、刘现伟、孙凤仪译，中信出版集团 2018 年版。

［美］约翰·罗尔斯：《正义论》，何怀宏、何包钢、廖申白译，中国社会科学出版社 1988 年版。

［美］约翰·罗尔斯：《政治自由主义》，万俊人译，译林出版社2011年版。

［美］罗纳德·H. 奇尔科特主编：《批判的范式：帝国主义政治经济学》，施杨译，社会科学文献出版社2001年版。

［美］马克·凯赛尔曼、乔尔·克里格：《转型中的欧洲政治》，史志钦等译，人民出版社2016年版。

［美］A. 麦金太尔：《追寻美德》，宋继杰译，译林出版社2008年版。

［美］约翰·麦考米克：《施米特对自由主义的批判》，徐志跃译，华夏出版社2005年版。

［美］乔尔·S. 米格代尔：《强社会与弱国家：第三世界的国家社会关系及国家能力》，张长东、朱海雷、隋春波、陈玲译，江苏人民出版社2012年版。

［美］乔尔·S. 米格代尔：《社会中的国家：国家与社会如何相互改变与相互构成》，李杨、郭一聪译，江苏人民出版社2013年版。

［美］巴林顿·摩尔：《民主和专制的社会起源》，拓夫、张东东等译，华夏出版社1987年版。

［美］诺兰·麦卡蒂、基思·普尔、霍华德·罗森塔尔：《政治泡沫——金融危机与美国民主制度的挫折》，贾拥民译，华夏出版社2017年版。

［美］罗伯特·诺齐克：《无政府、国家与乌托邦》，何怀宏等译，中国社会科学出版社1991年版。

［美］道格拉斯·C. 诺思：《经济史中的结构与变迁》，陈郁、罗华平译，上海三联书店、上海人民出版社1994年版。

［美］T. 帕森斯：《社会行动的结构》，张明德、夏遇南、彭刚译，译林出版社2003年版。

［美］帕森斯：《现代社会的结构与过程》，梁向阳译，光明日报出版社1988年版。

［美］皮埃罗·斯加鲁菲：《智能的本质：人工智能与机器人领域的64个大问题》，任莉、张建宇译，中国工信出版集团、人民邮电出版社2017年版。

［美］诺姆·乔姆斯基：《新自由主义与全球秩序》，徐海铭、季海宏译，江苏人民出版社2000年版。

［美］乔治·施瓦布：《例外的挑战：卡尔·施米特的政治思想导论（1921—1936年）》，李培建译，上海人民出版社2015年版。

［美］莱斯特·M. 萨拉蒙：《全球公民社会——非营利部门视界》，贾西津、魏玉译，社会科学文献出版社2002年版。

［美］乔·萨托利：《民主新论》，冯克利等译，东方出版社1993年版。

［美］迈克尔·J. 桑德尔：《自由主义与正义的局限》，万俊人等译，译林出版社2001年版。

［美］史丹利·阿若诺威兹、彼得·布拉提斯：《逝去的范式：反思国家理论》，李中译，吉林人民出版社2008年版。

［美］史蒂夫·福布斯、伊丽莎白·艾姆斯：《重铸美国自由市场的灵魂》，段国圣译，华夏出版社2017年版。

［美］斯蒂格里茨：《政府为什么干预经济》，郑秉文译，中国物资出版社1998年版。

［美］詹姆斯·C. 斯科特：《国家的视角：那些试图改善人类状况的项目是如何失败的》，王晓毅译，社会科学文献出版社2004年版。

［美］斯科特·戈登：《控制国家——西方宪政的历史》，应奇、陈丽微、孟军、李勇译，江苏人民出版社2001年版。

［美］迈克尔·沃尔泽：《正义诸领域》，褚松燕译，译林出版社2002年版。

［美］谢尔登·S. 沃林：《政治与构想：西方政治思想的延续和创新》，辛亨复译，上海世纪出版集团2009年版。

［美］小约瑟夫·S. 奈、菲利普·D. 泽利科、戴维·C. 金编：
《人们为什么不信任政府》，朱芳芳译，商务印书馆2015年版。

［美］熊彼特：《资本主义、社会主义和民主主义》，商务印书馆1979年版。

［美］雅各布·S. 哈克、保罗·皮尔森：《赢者通吃的政治》，陈方仁译，上海人民出版社2015年版。

［美］伊恩·艾瑞斯：《大数据：思维与决策》，宫相真译，人民邮电出版社2014年版。

［美］罗纳德·英格尔哈特：《现代化与后现代化：43个国家的文化、经济与政治变迁》，严挺译，社会科学文献出版社2013年版。

［美］约翰·F. 沃克、［美］哈罗德·G. 瓦特：《美国大政府的兴起》，刘进、毛喻原译，重庆出版社2001年版。

［美］约瑟夫·奈：《美国世纪结束了吗?》，邵杜罔译，北京联合出版公司2016年版。

［美］詹姆斯·巴拉特：《我们最后的发明：人工智能与人类时代的终结》，闾佳译，电子工业出版社2016年版。

［美］詹姆斯·科尔曼：《社会理论的基础》（上），邓方译，社会科学文献出版社1990年版。

［美］朱莉·费希尔：《NGO与第三世界的政治发展》，邓国胜、赵秀梅译，社会科学文献出版社2002年版。

［瑞典］冈纳·缪尔达尔：《世界贫困的挑战——世界反贫困大纲》，顾朝阳等译，北京经济学院出版社1991年版。

［瑞典］冈纳·缪尔达尔：《亚洲的戏剧——南亚国家贫困问题研究》，方福前译，首都经济贸易大学出版社2001年版。

［希腊］尼科斯·波朗查斯：《政治权力与社会阶级》，叶林、王宏周、马清文译，中国社会科学出版社1982年版。

［以］J. F. 塔尔蒙：《极权主义民主的起源》，孙传钊译，吉林人民出版社2004年版。

［意］奥雷利奥·佩西：《人类的素质》，薛荣久译，中国展望出版社1988年版。

［意］诺伯托·博比奥、莫里奇奥·维罗里：《共和的理念》，杨立峰译，吉林出版集团有限责任公司2009年版。

［意］卢西亚诺·弗洛里迪：《第四次革命：人工智能如何重塑人类现实》，王文革译，浙江人民出版社2016年版。

［英］安东尼·阿巴拉斯特：《西方自由主义的兴衰》，曹海军等译，吉林人民出版社2004年版。

［英］马丁·阿尔布劳：《全球时代：超越现代性之外的国家和社会》，高湘泽、冯玲译，商务印书馆2001年版。

［英］迈克尔·奥克肖特：《经验及其模式》，吴玉军译，北京出版社出版集团、文津出版社2005年版。

［英］迈克尔·奥克肖特：《政治中的理性主义》，张汝伦译，上海译文出版社2004年版。

［英］诺尔曼·P. 巴利：《古典自由主义与自由至上主义》，竺乾威译，上海人民出版社1999年版。

［英］保罗·塔格特：《民粹主义》，袁明旭译，吉林人民出版社2005年版。

［英］齐格蒙特·鲍曼：《共同体》，欧阳景根译，凤凰出版传媒集团、江苏人民出版社2003年版。

［英］鲍桑葵：《关于国家的哲学理论》，汪淑钧译，商务印书馆1995年版。

［英］卡尔·波普：《历史决定论的贫困》，杜汝楫、邱仁宗译，华夏出版社1987年版。

［英］以塞亚·伯林：《自由论》，胡传胜译，译林出版社2003年版。

［英］弗里德里希·奥古斯特·哈耶克：《通往奴役之路》，王明毅、冯兴元等译，中国社会科学出版社1997年版。

［英］F. A. 哈耶克：《致命的自负》，冯克利、胡晋华等译，中

国社会科学出版社2000年版。

［英］弗里德利希·冯·哈耶克：《自由秩序原理》（上），邓正来译，生活·读书·新知三联书店1997年版。

［英］奈杰尔·哈里斯：《第三世界的裂变》，季业宏、李玉琳译，改革出版社1991年版。

［英］戴维·赫尔德：《民主的模式》，燕继荣等译，中央编译出版社1998年版。

［英］戴维·赫尔德：《民主与全球秩序——从现代国家到世界主义治理》，胡伟译，上海人民出版社2003年版。

［英］戴维·赫尔德等：《全球大变革——全球化时代的政治、经济与文化》，杨雪冬等译，社会科学文献出版社2001年版。

［英］L. T. 霍布豪斯：《形而上学的国家论》，汪淑钧译，商务印书馆1996年版。

［英］安东尼·吉登斯：《第三条道路：社会民主主义的复兴》，郑戈译，北京大学出版社2000年版。

［英］吉登斯：《第三条道路及其批评》，孙相东译，中共中央党校出版社2002年版。

［英］安东尼·吉登斯：《民族—国家与暴力》，胡宗泽、赵力涛、王铭铭译，生活·读书·新知三联书店1998年版。

［英］安东尼·吉登斯：《全球时代的民族国家》，郭忠华编，凤凰出版传媒集团、江苏人民出版社2010年版。

［英］杰西·诺曼：《埃德蒙·柏克：现代保守政治教父》，田飞龙译，北京大学出版社2015年版。

［英］乔治·克劳德：《自由主义与价值多元论》，应奇、张小玲、杨立峰、王琼译，凤凰出版传媒集团、江苏人民出版社2008年版。

［英］迈克尔·H. 莱斯诺夫：《二十世纪的政治哲学家》，冯克利译，商务印书馆2001年版。

［英］罗杰·斯克拉顿：《保守主义的含义》，王皖强译，中央编

译出版社 2005 年版。

［英］洛克：《政府论》（下篇），叶启芳、瞿菊农译，商务印书馆 1964 年版。

［英］玛格丽特·博登：《AI：人工智能的本质与未来》，孙诗惠译，中国人民大学出版社 2017 年版。

［英］迈克尔·曼：《社会权力的来源》（第二卷），陈海宏等译，上海人民出版社 2007 年版。

［英］约翰·密尔：《论自由》，程崇华译，商务印书馆 1996 年版。

［英］约翰·密尔：《论自由》，许宝骙译，商务印书馆 1959 年版。

［英］拉尔夫·密利本德：《英国资本主义民主制》，博铨、向东译，商务印书馆 1988 年版。

［英］拉尔夫·密里本德：《资本主义社会的国家》，沈汉、陈祖州、蔡玲译，商务印书馆 1997 年版。

［英］尚塔尔·墨菲：《论政治的本性》，周凡译，江苏人民出版社 2016 年版。

［英］尚塔尔·墨菲：《政治的回归》，王恒、藏佩洪译，江苏人民出版社 2005 年版。

［英］帕特里克·邓利维、布伦登·奥利里：《国家理论：自由民主的政治学》，欧阳景根、尹冬华、孙云竹译，浙江人民出版社 2007 年版。

［英］昆廷·斯金纳：《自由主义之前的自由》，李宏图译，上海三联书店 2003 年版。

［英］苏珊·斯特兰奇：《权力流散：世界经济中的国家与非国家权威》，肖宏宇、耿协峰译，北京大学出版社 2005 年版。

［英］阿·汤因比、［日］池田大作：《展望二十一世纪——汤因比与池田大作对话录》，荀春生、朱继征、陈国梁译，国际文化出版公司 1985 年版。

［英］托尼·布莱尔：《新英国——我对一个年轻国家的展望》，曹振寰等译，世界知识出版社 1998 年版。

［英］维克托·迈尔-舍恩伯格、肯尼思·库克耶：《大数据时代：生活、工作与思维的大变革》，盛杨燕、周涛译，浙江人民出版社 2013 年版。

［英］乔纳森·沃尔夫：《诺齐克》，王天成、张颖译，黑龙江人民出版社 1999 年版。

［英］约翰·米克尔思韦特、阿德里安·伍尔德里奇：《右派国家：美国为什么独一无二》，王传兴译，中信出版社 2014 年版。

后　　记

　　自 2010 年主持研究生"政治学理论前沿问题"课程,至今已有八载。

　　遍邀京城内外知名学者登上前沿课讲台的同时,我也有意将阅读和写作重心由熟悉的西方政治思想史向政治学理论、当代政治哲学等领域移转。其中,在比较政治、历史分析和制度主义等领域的涉猎让我受益匪浅。

　　我所理解的"前沿"并非只是前沿的议题、前沿的视角,更应该是长期、深入而系统的前沿性研究,这种研究绝非朝夕之功可得。近几年,在政治学理论领域,我对国家理论用功最多,并以此为基点向外逐级拓展到国家与社会、国家与族群、国家与公民等基础议题,以及国家失败、国家限度、国家极化、国家治理等新兴议题。其间,必然关涉不同思潮、不同流派和不同人物的对冲与碰撞。此外,在观察和思考当代欧美民主政治的最新变化时,民粹主义、保守主义、反全球化、后物质主义、"后真相"政治、人工智能等热门话题就避无可避了。本书即笔者对上述议题多年的思考、归纳和总结。

　　本书部分章节曾在期刊上发表或在论文集中出版。为了统一体例,编入本书时标题与内容略有调整。其中四章内容发表时是与学生合作完成的,他们是:何涛、张霞、殷翠婷、汤彬。这些合作成果的版权为我们共同所有,但文责在我。我的学生赵西亚、程康夫、彭程、刘健、吕玉红、张雨芊、王云亭等参与了本书的校对和统稿工作，感谢他们的参与和付出。

很幸运，生活在这样的一个时代。可以目睹全球政治的风云变幻，可以见证中国社会的变革图新，可以借助文字记录历史的鲜活和思考的弧度。

是为记。

2018 年 11 月 1 日于罗马